电子商务
文案策划与写作

何　洋　王欣荣　隋东旭 编著

清华大学出版社
北京

内 容 简 介

本书以电子商务文案岗位所必须掌握的知识和技能为逻辑线索,将电子商务行业的新发展融入其中,同时遵循学生的认知规律,循序渐进行编写。全书共9个项目,包括电子商务文案概述、电子商务文案创意策划与写作、电子商务文案卖点的创作技巧、电子商务网店内页文案写作、电子商务海报文案写作、电子商务品牌文案写作、电子商务微信文案写作、电子商务微博文案写作、电子商务其他网络文案写作。

本书配套提供教学课件、教案、期末试卷及答案、教学大纲、教学进度表等资源,可有效辅助教学。本书不仅可作为相关院校"电子商务文案"课程的教材,也可供相关人员参考使用,还可作为相关培训机构的教学用书。

图书在版编目(CIP)数据

电子商务文案策划与写作 / 何洋,王欣荣,隋东旭编著.
北京:清华大学出版社,2025.5. --ISBN 978-7-302-68973-7

Ⅰ.F713.36;H152.3

中国国家版本馆 CIP 数据核字第 2025E6U360 号

责任编辑:吴梦佳
封面设计:常雪影
责任校对:李 梅
责任印制:丛怀宇

出版发行:清华大学出版社
  网 址:https://www.tup.com.cn,https://www.wqxuetang.com
  地 址:北京清华大学学研大厦 A 座   邮 编:100084
  社 总 机:010-83470000   邮 购:010-62786544
  投稿与读者服务:010-62776969,c-service@tup.tsinghua.edu.cn
  质量反馈:010-62772015,zhiliang@tup.tsinghua.edu.cn
  课件下载:https://www.tup.com.cn,010-83470410
印 装 者:三河市人民印务有限公司
经 销:全国新华书店
开 本:185mm×260mm   印 张:15.75   字 数:381 千字
版 次:2025 年 7 月第 1 版   印 次:2025 年 7 月第 1 次印刷
定 价:49.00 元

产品编号:108948-01

前 言

FOREWORD

在"互联网＋"时代,电子商务作为一种新型的交易方式,正在飞速发展并渗入人们的生活中,越来越多的企业加入这一领域,导致竞争日益激烈,电子商务的竞争焦点已从拼货品、拼价格、拼速度转变为拼融合(线上主体开始积极走到线下,线下传统产业加速拥抱互联网)、拼生态(电子商务平台为商家和消费者提供交易、支付、物流等多方面、全周期的支持与服务,各大平台与平台商家之间的依存越来越紧密)、拼创新(虚拟现实、增强现实、直播电子商务、社交电子商务等新技术与新模式)和拼数据(在大数据驱动下对市场变化做出科学预判,快速反应,调控生产,随时进行人、货、场的优化重构)。

与此同时,在电子消费蓬勃发展的背景下,人们对商品的需求越发多元化,商品除了要满足人们基本的物质需求,更要满足人们潜在的心理需求。如何用最小的成本,巧妙地抓住和挖掘消费者的潜在心理需求并满足它,成为摆在众多电子商务企业面前的一道难题。

电子商务文案的出现很好地解决了这个问题,它不仅可以展现商家的文化和商品,体现消费者需求,吸引消费者购买,还能促进品牌资产的积累,产生良好的整合与互动作用。电子商务文案在电子商务时代的重要性不言而喻,它不仅是电子商务的一个代表性产物,也是目前流行且有效的网络营销推广方式。正因如此,企业对既懂电子商务又懂文案创作的复合型人才有着巨大的需求。为了顺应时代发展的需要,我们在综合调查电子商务发展趋势的基础上,结合电子商务企业用人需求编写了本书,旨在为企业市场人员、高校毕业生、电子商务从业者、个人创业者等提供帮助。

本书的编写思路

本书以电子商务行业的发展为导向,突出了"以应用为主线,以技能为核心"的编写特点,体现了"导教相融、学做合一"的思想。本书系统阐述了电子商务文案的基础知识和写作技巧,以"实用、适度、够用"为原则,重点突出"应用"和"能力",旨在让读者在了解电子商务文案岗位要求的基础上,快速掌握电子商务文案的写作方法、技巧并应用到实践中。

本书的内容

本书从单一的营销形式入手,逐一清晰地讲解了各类电子商务文案的写作方法及技巧,包括电子商务文案概述、电子商务文案创意策划与写作、电子商务文案卖点的创作技巧、电子商务网店内页文案写作、电子商务海报文案写作、电子商务品牌文案写作、电子商务微信文案写作、电子商务微博文案写作及电子商务其他网络文案写作,全方位、多角度地介绍了电子商务文案从业人员必须掌握的各种知识和实战技能,旨在帮助读者在今后的实际工作中能有效运用电子商务文案写作策略和技巧,以胜任运营相关岗位。

项目一以电子商务行业迅猛发展作为背景,结合当前电子商务的营销环境,按照文案认知、电子商务文案认知及电子商务文案岗位认知的逻辑顺序,对电子商务文案的工作流程进行梳理和把握,为后期的分项写作打好基础。

项目二首先介绍了电子商务文案策划相关知识,然后从电子商务文案的标题写作、正文写作及结尾写作三个维度全面讲解了如何写好一篇电子商务文案,以满足消费者的需求。

项目三首先定义了文案核心卖点的定义;其次讲解了电子商务文案中常见的卖点,在写作电子商务文案时,可以根据这些卖点展开内容;最后重点介绍了如何挖掘商品的核心卖点,探讨了商品核心卖点的提炼方法和技巧。

项目四多角度、深层次地剖析了电子商务网店内页文案写作的策略与方法,内容涵盖产品标题的拟定、关键词的选取、产品详情页框架的设计、产品详情页文案的撰写等,详细解密电子商务网店内页文案的写作技巧,帮助读者快速掌握电子商务网店内页文案写作的实战方法,有利于提升企业与个人的推广能力。

项目五从电子商务海报文案的基础认知着手,全面分析了电子商务海报文案的起源,细致、详细地剖析了电子商务海报文案的特点,帮助读者进行电子商务海报文案的创作,并找到适合自己的海报文案拟写方法。

项目六从电子商务品牌文案的基础知识入手,通过品牌和"互联网+"的融合,多维度地对电子商务品牌文案写作进行诠释,找到玩转电子商务品牌文案的策略和技巧,以帮助电子商务企业做大做强品牌,进而实现品牌变现。

项目七以电子商务微信文案为例,深入讲解微信文案的写作方法及技巧,由浅入深,从微信文案的基础知识、微信公众号文案、微信朋友圈文案和微信 H5 推广文案等方面逐步诠释微信文案写作的奥秘。

项目八从电子商务微博文案着手,以层层深入的方式,全面阐述了微博文案的基础认知,细致、详细地剖析了微博文案的写作密码,帮助读者认识微博文案,并拟写出适合自己的微博文案内容。

项目九综合介绍了电子商务其他网络平台(如直播平台、抖音短视频等)文案的写作方法及技巧,帮助读者全方位学会拟写不同类型的电子商务文案。

本书的特色

本书每个项目开篇均设有"学习目标""学习重点、难点""思维导图""引例"模块,引导学生在掌握理论知识的同时在技能方面得到锻炼;在项目中穿插案例及知识拓展,设置了"小思考"模块,引导学生了解企业实际应用案例,并利用理论进行分析;每个项目都融入了"素养提升",以加强对电子商务文案人才素养的培养;在每个项目最后还设有"技能实训"和"本项目考核检测评价"等模块,以帮助学生提升实践和应用能力,达成"学习目标"中设定的要求与目标。本书主要呈现以下特点。

(1)系统规划、全面提升。在内容规划上具有系统化、全面化的特点,不仅包含了目前核心热门"两微一抖"的相关内容,而且对短视频、直播等平台的文案写作也进行了详细讲解。系统化的内容安排有利于读者全面地建立自己的知识体系。

(2)紧跟时代、内容详尽。本书采用了项目式结构,以充分结合电子商务文案的理论知识与实际撰写,使读者全面掌握电子商务文案的知识和技能。同时,内容紧跟时代的发展潮流,对电子商务各类型文案都进行了深度诠释,帮助读者全面提升电子商务文案的撰写能力,解决电子商务文案写作中的痛点和难点。

(3)案例指导、学以致用。本书根据网络资源整理编写了大量精彩的实际案例,并对一些典型案例进行了深度解析。读者可以从中汲取丰富的经验,快速掌握电子商务文案写作的精髓。本书既重视实战操作的技能讲解,也注重实战背后的策略介绍。技能与策略并重让读者不仅能"知其然",还能"知其所以然"。"懂策略、善执行"是本书传达的核心理念。

(4)板块新颖、提升素养。本书在板块设计上努力做到将"学思用贯通"与"知信行统一"相结合,还在理论教学及案例中融入了先进技术、前沿知识、文化传承、职业道德等元素,以加强对电子商务文案人才素养的培养。本书不仅能开阔读者的眼界,还能激发读者的家国情怀和责任意识。

(5)配套微课、提供资源。本书注重易懂性和扩展性,文中设计了"引例""知识拓展""小思考"等栏目,其中总结了电子商务文案写作的相关知识拓展,同时也增强了本书与读者的互动性。本书提供了丰富的教学资源,配备了教学课件、教案、教学大纲、期末试卷等,读者可以登录清华大学出版社官网下载。

本书由何洋、王欣荣和隋东旭编著,具体分工如下:何洋负责编写项目一～四,王欣荣负责编写项目五～八,隋东旭负责编写项目九。

本书从规划、编写到出版,历经长时间的修改和完善。在此,我们衷心感谢对本书的编写、出版给予过指导和帮助的学者、老师,并特别感谢所有参考书籍和资料的作者!

在编写过程中,由于编者水平有限,书中难免存在不足和疏漏之处,请各位专家与读者不吝赐教。

编　者

2025 年 1 月

目 录
CONTENTS

电子商务文案概述

学习目标

(1) 认识文案的基本要求。
(2) 了解电子商务文案的概念。
(3) 识别电子商务文案和传统文案的区别。
(4) 熟悉电子商务文案的常见类型。
(5) 熟悉电子商务文案岗位的基本职责和能力素养。
(6) 掌握电子商务文案的基本工作流程。

学习重点、难点

1. 重点

(1) 电子商务文案的常见类型。
(2) 电子商务文案岗位的基本职责和能力素养。
(3) 电子商务文案的基本工作流程。

2. 难点

运用电子商务文案概述的相关知识分析问题、解决问题。

思维导图

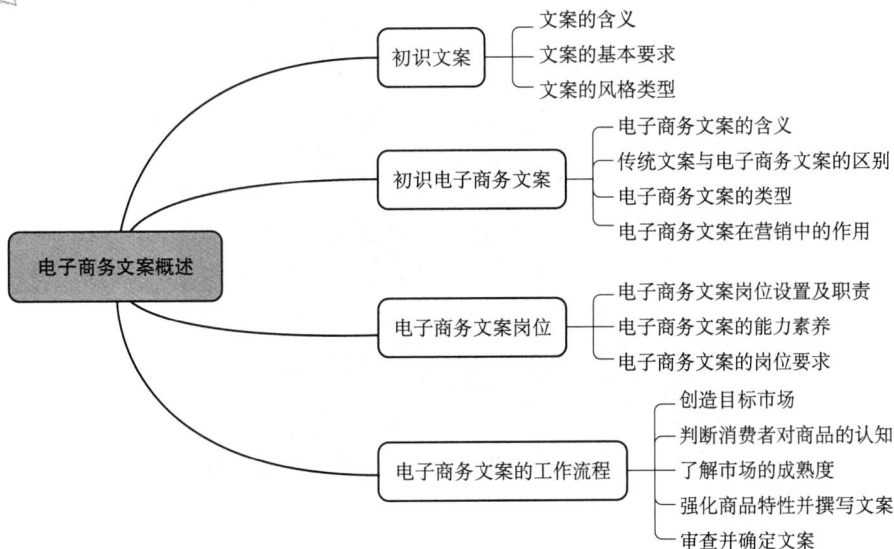

📖 引例

"小饭围"电商创意文案

小饭围,一碗冒着热气的米饭,一个简单的品牌名。这个可爱的"小饭围"是黑龙江省政府通过"互联网＋农业"模式,打造的农业品牌。做有态度的品牌,做一粒有态度的大米。

于是来自东北久负盛名的五常大米,终于有了一个精致的名字——小饭围,如图1-1所示。小饭围的文案专业并且唯美,正如它的产品特性一样,散发着浓郁的来自黑土地最自然的味道。小饭围创意文案如图1-2～图1-4所示。

靠着文艺清新风走红的"小饭围",仿佛在用它的文案告诉我们:从前慢,车马慢、日子慢,如今我们忙碌得甚至没认真地好好吃一顿饭。一颗经历了春种、夏长、秋收的大米,来到你的面前,请不要辜负它的情谊。好好和爱的人,一起吃饭。

小斟小酌小饭围,小打小闹小生活。

辩证思考:分析以上文案内容,思考并谈谈你对电商文案的认识。

分析提示:随着电子商务市场的繁荣,电子商务文案在商品销售、企业品牌传播等方面的作用越来越重要。在这个以视觉营销为主要手段的电商时代,图片是吸引消费者的主要元素,而文字则起着画龙点睛的作用。图片效果决定着消费者能否在第一时间被吸引,文字表达则直接影响消费者的购买欲望。因此,图文结合的文案才是电子商务文案的主要表现形式。

图1-1　小饭围文案

稻·生于水

简
单
·
不
简
单

高纬度一年一度的精耕细作
荟萃农人的土地智慧
145天的漫长生长期
凝聚自然的精华
三山环绕、风物清奇的地理环境
广袤森林落叶后千百年积淀的肥沃黑土
安静敦厚的林地水脉
悠长冬季的休养生息
造就五常大米的饱满和稀缺
煮饭简单，种好米不简单

图 1-2　小饭围创意文案一

稻香可饭

农
民
心
中
的
天
平

立夏种稻、小满插秧、芒种拔节、夏至抽穗、
待到秋季，金黄遍地
每个农人心里都装着一杆秤，
一端放着时节，一端放着勤勉
只有农人知道土地和风物的脾性
只有农人知道种出放心的好米需要付出多少努力
当稻穗终于压弯枝头，
稻禾摆出谦卑的姿态
农人们终于可以喜上眉梢、醇和一笑
呼！可以过个好年啦！

图 1-3　小饭围创意文案二

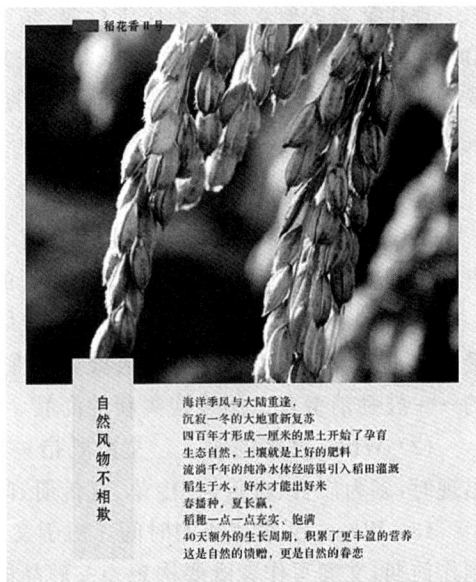

稻花香Ⅱ号

自
然
风
物
不
相
欺

海洋季风与大陆重逢，
沉寂一冬的大地重新复苏
四百年才形成一厘米的黑土开始了孕育
生态自然，土壤就是上好的肥料
流淌千年的纯净水体经暗渠引入稻田灌溉
稻生于水，好水才能出好米
春播种，夏长赢，
稻穗一点一点充实、饱满
40天额外的生长周期，积累了更丰盈的营养
这是自然的馈赠，更是自然的眷恋

图 1-4　小饭围创意文案三

　　想要成为一名合格的电商文案写作者，不仅要了解文案、精通文案的写作方法，还要了解电子商务市场，以及电子商务环境中文案的相关知识，掌握电子商务文案岗位的要求和职业素养等。

任务一　初识文案

　　文案到底是什么？一定不是那凭空而来的所谓创意灵感，而是经过逻辑思考和精心构思而成的作品。

一、文案的含义

"文案"二字,原指古代官衙中掌管档案、负责起草文书的幕僚,也指官署中的公文、书信等。在现代,"文案"被赋予了新的内涵。文案主要用在商业领域,通常是指企业中从事文字工作的职位,或以文字来表现已经制定的创意策略的人或作品。

1. 古代文案的概念

在中国古代,文案通常有两种意思,一种是指物,文案又称作"文按",包括公文案卷或者办公的桌子,后来甚至把桌上的相关办公物品都称为文案,如笔筒、笔洗、笔舔、笔架等;另一种是指人,包括旧时衙门里草拟文牍、掌管档案的幕僚等。

> **知识拓展>>>**
>
> "文案"不同于"策划",这两者之间有本质的区别。但岗位设置的特殊性和人员素质的差异性,使很多行业的文案写作者常常需要和策划人员、设计人员进行配合,策划人员也需要撰写一些文案,这使很多人误认为文案和策划工作性质类似,甚至常常把策划与文案混为一谈。

2. 现代文案的概念

现代文案的概念来源于广告行业,是"广告文案"的简称,多指以文字的形式表现广告的信息内容,如广告标题、正文、口号等都是文案的常见形式。文案是一个与广告创意的表现、发展和深化相关的过程。作为目前主流的宣传手段之一,文案被广泛应用于公司广告、企业宣传、新闻策划等多个领域。

3. 文案定义的 6W 法则

文案应用在不同的领域时,通常会有不同的表现形式和表达目的,但对于大多数行业而言,文案其实就是广告中用来吸引消费者的文字。文案定义的 6W 法则如下。

(1) Why:文案的写作目的。文案的写作是以使用为目的的,其目的多为向消费者展示最新信息,说服他们改变观点或鼓励他们采取行动,多数电商文案都只有唯一的商业目的——鼓励消费者试用或购买新的商品。

(2) What:文案的定义。文案既指一种职位,也指一种表达形式。当它作为表达形式出现时,多为广告、宣传语、传单、宣传册、邮件、用户指南、文章、视频等具体内容。

(3) When:文案完成的时间。由于文案写作要与创意打交道,因此,文案通常是在广告制作前期,文案写作者既要构想相关商品的概念和主题,也要通过对已有内容的"再创新"为广告附加更多价值。

(4) How:如何进行文案的撰写。在撰写文案时,文案写作者主要通过计算机和文字处理软件来处理大段的文字,或用笔和纸来记录随时迸发的灵感。在撰写过程中,文案写作者不仅要结合商品的特色,还要考虑客户的体验,通过反复修改和完善内容,不断提高文案质量。

(5) Who:文案写作者的资格。文案的创作者并不需要取得相关"资格",文案最主要的要求是创意,只要能在创意的基础上满足客户的需求,你就能成为一名合格的文案。当然,一名优秀的文案还需要具备一定的基本特质,如精通文学、充满创造力、具有极强的思考能力、有一定的纪律性、有适当的好奇心,以及有比较广泛的知识积累等。

(6) Where:文案写作者的工作岗位。在企业中,文案写作者与设计师、Web 开发人员、会计主管和销售经理等协同工作,其至一些独立的文案写作者直接为客户和代理公司工作。

二、文案的基本要求

随着广告业的迅猛发展,广告公司的经营范围、操作流程、工作方式都在发生变化,文案也逐渐走向前台,从配角变成了主角。现代文案经历了多年的发展,其内涵已经不再局限于广告用语这个概念。在这个网络化的时代,信息的传播非常快速且趋于简洁。为了适应这种情况,现代文案必须具备以下特点。

1. 准确规范、点明主题

广告需要实现对主题、创意和内容信息的有效表现和传播。第一,规范和完整,避免语法错误和表达残缺;第二,准确,避免产生歧义;第三,符合语言表达习惯,不可自己创造鲜为人知的词汇,并避免使用冷僻及过于专业化的词语,如图 1-5 所示。

图 1-5　公益广告宣传文案

2. 简明精练、言简意赅

文案主要由文字组成,所以在文字语言的使用上,要简明扼要、精练概括。第一,为了实现广告信息传播的有效性,要以尽可能少的文字表达出广告商品的特点;第二,为了方便广告受众迅速记住广告信息,需要在文案中使用简明精练的文字,这也有助于吸引广告受众的注意力;第三,为了方便受众的阅读和理解,要尽量使用简短的语句,如图 1-6 所示。

图 1-6　红牛宣传文案

3. 通俗易记

广告中的文案需要易识别、易记忆和易传播,这样才能很好地表现广告的主题和创意,产生良好的广告效果,实现广告的传播目的。

4. 生动形象、具体逼真

在文案中展示出真实的商品更能激发广告受众的兴趣。根据数据统计,文字和图像能引起人们注意的百分比分别是35%和65%,因此,一个优秀的宣传文案需要采用生动活泼、新颖独特的文字来增强图像的表现力,如图1-7所示。

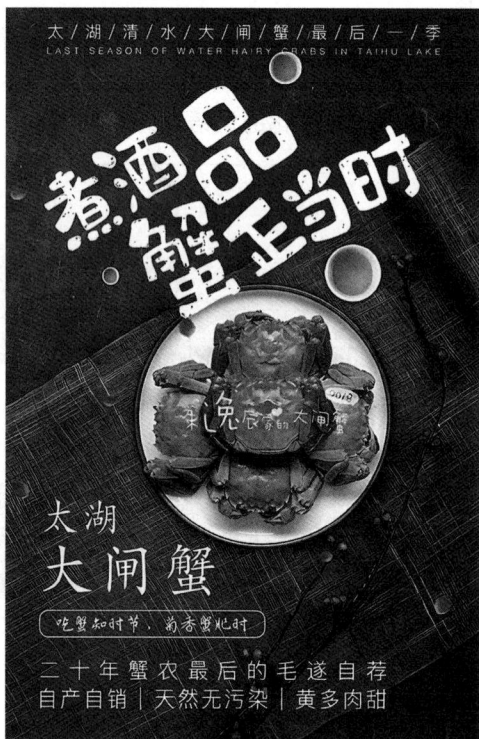

图1-7　某大闸蟹宣传文案

三、文案的风格类型

常见的文案风格有丧与燃、冷淡与热烈,具体介绍如下。

1. 丧与燃

这里的丧与燃是指两种完全对立的生活态度。通俗地说,丧是沮丧,是一种颓废的表达方式;燃则是燃烧,是一种积极的表达方式。

（1）丧文案。丧文案与人们的工作和生活密切相关,类似于黑色幽默,多为人们生活和工作状态的一种自我解嘲。由于这种文化所表达的内容通常为大多数人的常态,因此可以让消费者产生强烈的认同感,在无形中缩短与消费者的心理距离。丧文案是人们对生活和

> **知识拓展>>>**
> 无论是哪种风格的文案,都要根据商品或品牌的特性来选择,虽然以上都是目前流行的文案类型,但我们也不能完全模仿,盲目跟风不仅缺乏个性,还容易做无用功。

工作中不如意事情的一种"发泄",也是排解压力的有效手段,可以让大部分消费者通过这种文案找到"认同感",如图 1-8 所示。

（2）燃文案。燃文案是一种积极向上的文案,能激起消费者的激情,激励消费者进步,也能打动消费者的心。很多运动品牌一直热衷于燃文案,通过鲜明的色调、激昂的背景音乐、热血的文字、向上的态度来展现商品,如图 1-9 所示。

图 1-8　丧文案　　　　　　　　　　　图 1-9　燃文案

2. 冷淡与热烈

冷淡与热烈是两种风格的文案,它们的主要区别在于对极简与繁复艺术的运用。冷淡主要是指文案的内容简单、外观简约,热烈则是指文案的内容直白、外观鲜明。

（1）冷淡文案。冷淡文案的风格通常是一个画面,一句文案,文案绝口不提与商品有关的任何字眼,只关注四季时令、生活心情及社会环境,从而延伸出一句"走心"的话。冷淡文案采用"润物细无声"的方式,打造品牌形象,引起消费者注意,并使其形成偏好,直至深入人心。

（2）热烈文案。热烈文案的风格简单直白、热烈刺激,常常配合多彩绚烂的海报形式,给人以强烈的视觉冲击力。热烈文案往往会摒弃含蓄婉转的想象,更直接凸显主题与商品,直击消费者的痛点。

素养提升>>>

全媒体时代,舆论生态、媒体格局、传播方式都发生了深刻的变化。电商文案从业者工作面临新的挑战,做好文案舆论导向应按照守住红色地带、改变黑色地带、转化灰色地带的基本要求,从时机、力度和效果着力,体现时度效要求,发扬社会正能量。

案例 1-1

江小白:《这里藏着我的秘密》

江小白这篇"扎心"文案展示了一个"空巢青年"的内心独白,这是否与自己的生活情景相吻合,根据选择给出你的空巢指数,如图 1-10 所示。

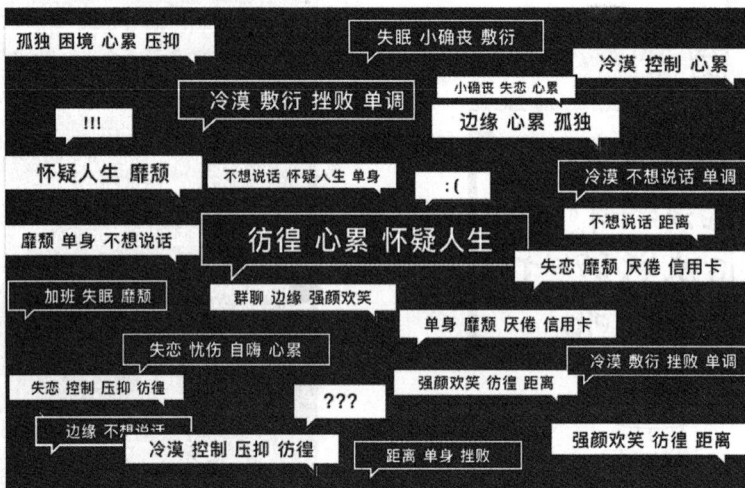

图 1-10　江小白"扎心"文案

现代人快节奏的工作生活,日益激烈的竞争等种种痛点使"扎心"文案营销成为爆点。不少品牌已经敏锐地捕捉到这个趋势,玩起"扎心"文案营销更是得心应手。江小白的"扎心"文案正是通过对当下年轻人的网络语言、文化表达、生存环境的深刻剖析与再现,用文字"扎痛"用户的心,切中用户痛点,使之产生情感共鸣。

任务二　初识电子商务文案

随着经济、文化的发展,文案由原本放书的桌子演变为文字职位。而新媒体时代的到来,以及电子商务发展的驱动,又使服务于电子商务的广告文案顺势产生,并逐步发展壮大,成为商家宣传、推广企业和商品的一种有效途径。

一、电子商务文案的含义

传统文案主要在大众媒体上刊登发表。电子商务文案则是基于网络平台传播的一种文案形式,这种文案以商业目的为写作基础,通过网站、论坛、微博和微信等交流平台进行发布、传播,达到让消费者信任并引起其购买欲望的目的。

小思考>>>

分别从网上搜索 2~3 篇典型的电商文案,并分析其内容,找到文案中产品或品牌的宣传重点。

电子商务文案除文字外,还包括图片、视频和超链接等,它们能够丰富文案的内容,使文案更富有吸引力。事实上,电子商务文案更像是一种营销文案,它不仅展示了文案写作者的文字功底和创意,更重要的是通过文案内容与消费者沟通,并打动、说服消费者。

案例 1-2

苏宁易购 App 的重阳节文案

"空巢老人"一直是一个关注度比较高的话题,很多年轻人背井离乡远离父母,陪伴父母的时间很少。苏宁易购 App 的重阳节文案以老人叙述的形式进行设计,文案内容的反向意义更大,更能引起读者的共鸣,如图 1-11 所示。

图 1-11 苏宁易购 App 的重阳节文案

另外,文案在界面中的占比设计、文字颜色和背景反差设计等都非常吸睛,冲击力很强。

电子商务文案服务于电子商务,无论是文案的主题表达,还是具体的商品信息传播,都是为了促进交易的产生和完成。首先,电子商务文案通常采用环环相扣的表达方式来串联文章内容,不同的环节会有不同的侧重点和注重方向,每一部分文案的表达都分工明确,从而让消费者层层深入,逐渐对文案所表达的内容形成较为全面的认识,从而激发消费者的购买欲望。

其次,电子商务文案中可以使用网络语言,用语相对而言更加自由,也会在第一时间使用网络中流行的新词、热词来吸引消费者的关注。例如,2021 年流行的"元宇宙"这个带有科幻色彩的词汇,一度成为股市和热搜的宠儿。"元宇宙"这个词源于 1992 年的科

素养提升>>>

在我国电子商务的发展过程中,逐渐涌现出了许多优秀的电子商务企业,并且随着《中华人民共和国电子商务法》的施行,我国的电子商务发展也获得了根本性的制度保障。这要求电子商务文案写作者在借助文案宣传企业过程中,应遵循该法律有关规定,以保证我国电子商务的健康、长远发展。

幻小说《雪崩》，小说描绘了一个庞大的虚拟现实世界，在这里，人们用数字化身进行控制，并相互竞争以提高自己的地位。而2021年流行的"元宇宙"，则是指一个虚拟时空的集合，由一系列的增强现实（AR）、虚拟现实（VR）和互联网（Internet）所组成。通俗来讲，"元宇宙"就是一个虚拟的现实世界，类似于《头号玩家》里的神秘绿洲。

二、传统文案与电子商务文案的区别

传统文案是通过报纸、杂志、书籍和直接邮寄等方式，进行广告信息内容表现的一种形式。它具有一定的局限性，只能通过文章或图文并茂的形式来进行静态宣传。而电子商务文案却拥有更加丰富的表现形式和传播途径，它不仅提高了文案的使用价值，还使文案促销成为一种低成本、高效能的营销模式。

尽管传统文案和电子商务文案的目的相同，但它们在实现过程、效应时间等方面却有很大差别，各自拥有独特的优势与不足。下面针对两者之间的不同之处进行总结，具体内容如表1-1所示。

表 1-1 传统文案与电子商务文案的区别

项目	传统文案	电子商务文案
主体	以大中小企业或工厂为主	以网站站长、网商及店长为主
对象	用于广告和新闻中	贯穿整个网络平台，作用范围更加广泛
媒体	基于纸质媒体，是静态的	基于网络媒体，是动态的
渠道	投放渠道有系统、有规模，读者较为固定，忠诚度高	投放渠道呈松散状态，网民忠诚度较低
传播	不宜转载，传播力度弱	传播速度快，且极其容易被复制和传播
布局	较为正式，一般采用文章的正式写法，有头有尾，徐徐道来	较为随意，更注重文案的整体美观效果，更具有设计感
要求	对文章的质量和语言有较高的要求，具有较强的可信度	用语自由，可信度相对较低
存储	寿命较短，难以保存	寿命长，可以存储在数据库中或计算机中
成本	成本高	成本低
时间	发布的时间长且门槛高	发布及时，且可以迅速获得受众的反馈

相比较而言，电商文案在传统文案的基础上，具有更强的层次性、时尚性、交互性和延伸性，它是一种在传统文案的基础上衍生出来的新型广告文案，更加注重文案写作者的写作能力与创作思路，且更符合当下消费者的生活和消费习惯。

三、电子商务文案的类型

电子商务文案的种类繁多，不同的文案适用于不同的情景，所达到的效果也大不相同,可以大致将电子商务文案分为横幅文案、网店内页文案、电商品牌文案、网络推广文案 4 类。

1. 横幅文案

横幅广告是网络中最常见的一种广告形式,一般以 jpg、png、gif 等格式的图像文件出现在网页中,用于表达广告的内容。横幅广告一般放置在网页中较为醒目的位置,如网站主页的顶部,如图 1-12 所示。

图 1-12　华为官网首页的横幅广告

横幅文案一般是一个简短的标题加上标志或是一个简洁的招牌,主要起到提示的作用,暗示消费者单击图片打开其他页面,以了解更详尽的广告信息。对于文案写作者来说,要进行横幅文案的创作,需要结合一定的创意来进行表现,尽量表现广告主题的独创性和新颖性。

2. 网店内页文案

网店内页包含的页面众多,如商品列表页、搜索页、商品展示页等。对于文案写作来说,网店内页文案主要是为了描述商品展示信息而写作的文案,常表现为商品标题文案、商品促销文案、商品描述文案等。

(1)商品标题文案。消费者通过搜索关键词可以在电子商务网站中获得与搜索关键词相关的所有商品信息,而搜索结果与搜索关键词和商品标题内容的匹配度有密切关系。在不考虑商品其他因素的情况下,商品标题文案与消费者搜索关键词之间的匹配度越高,搜索结果中出现该商品的概率就越高,消费者单击该结果进入内页查看的概率也就越高。

因此,商品标题文案是非常重要的,它不仅需要包含与消费者搜索意向相匹配的关键词,还要在符合电子商务平台对商品标题限制的条件下,合理地将关键词与其他词汇组合起来,使其形成语句连贯、关键词突出、信息包含完整的标题内容,才能最大可能地被电子商务平台检索出来,并呈前列显示在消费者眼前,吸引消费者对商品产生兴趣。例如,在淘宝网中以关键词"女靴 2022 年新款"进行搜索的结果中可以看到,商品标题与消费者搜索关键词相匹配的词语是组成商品标题的关键性词语,可以通过不同的组合方式关联商品的其他信息,使其成为点击率高的商品标题文案,如图 1-13 所示。

需要文案写作者注意的是,商品标题文案不需要华丽的辞藻和夸张的修辞,而是要在综

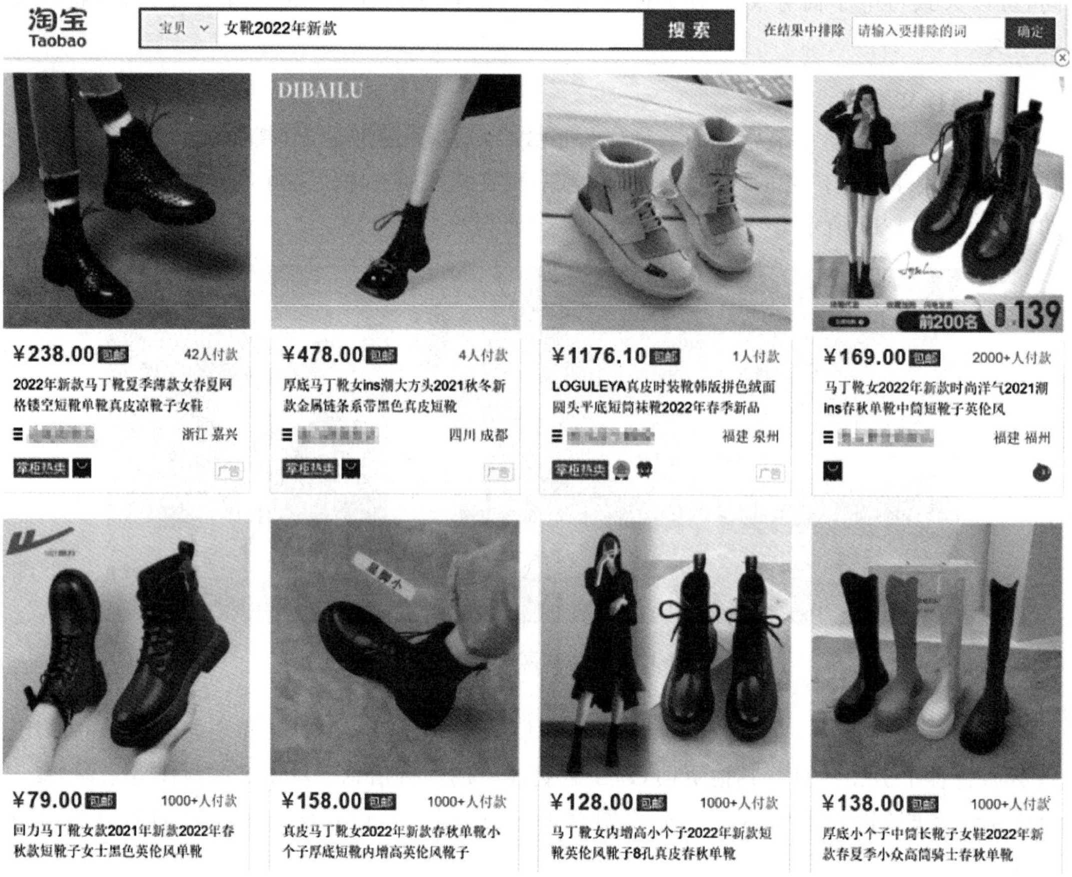

图 1-13　商品标题文案

合考虑消费者搜索需求的基础上,按照电子商务平台搜索引擎的搜索规则来进行写作,以实用性为主。

(2) 商品促销文案。为了宣传商品,商家常常会通过一些促销文案来吸引消费者,这类文案的目的是刺激消费者产生购买商品的欲望,增加商品的浏览量与销量。商品促销文案的重点是促销,文案内容常以口号的形式号召消费者参与购物,因此,用语相对简洁,内容简短,以突出性的商品卖点、优惠价格、促销力度等内容为主。例如,某品牌"红点锅"商品详情页中的促销文案,主要包括促销海报和商品卖点两部分。文案首先通过 3 张优惠促销海报展示促销信息,不仅向消费者展示了本商品"直降 70 元"的优惠信息,还展示了店铺内的其他商品促销信息,以此增强商品的关联营销力度,并提升消费者对其他商品的跳转率;其次,还以"有点不一样"文案展示了商品的基本信息,说明商品是一款平底锅,但又与其他的平底锅不一样,引起消费者想要一探究竟的欲望,延长消费者在商品详情页中的停留时间,进而继续浏览商品信息,最终达到提升销量的目的,如图 1-14 所示。

促销海报是促销电商文案的重点,海报要尽量以突出的文字和图片的组合体现出视觉吸引力,以提高消费者对促销商品的认知,激发他们的购买欲望。在策划促销海报时,要注意海报文案的内容形式并不是固定的,既可以是"标题＋副标题＋活动规则",也可以是"标

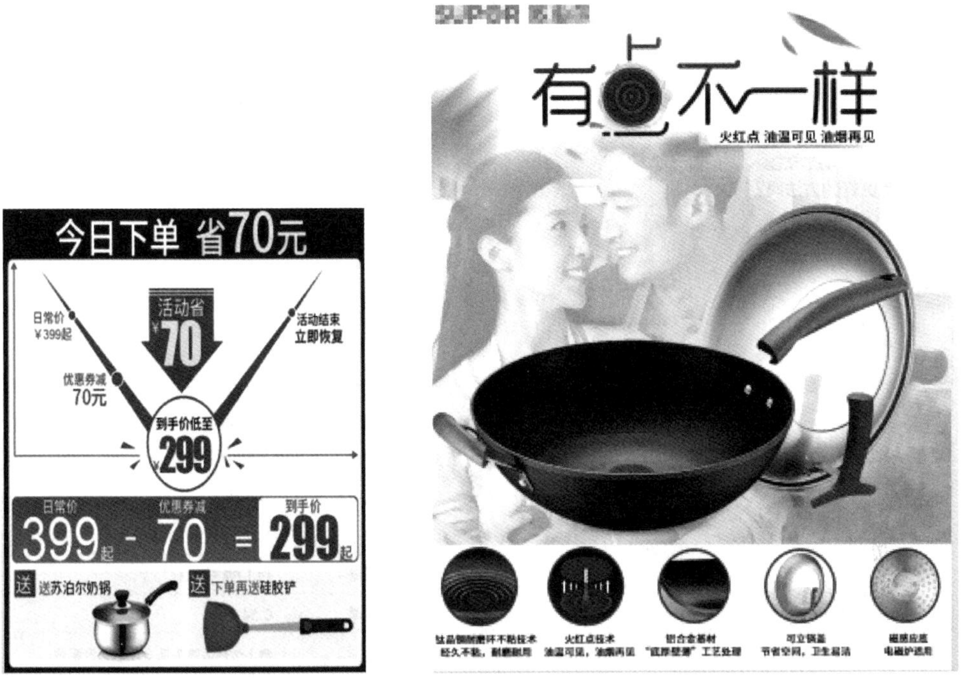

图 1-14　商品促销文案

题＋副标题＋销售话语"，还可以添加商品卖点、促销力度、活动时间或最低价等内容，若是线下实体店也有活动，还可在海报上添加实体店的活动地点。由此可以看出，海报文案的内容非常灵活，商家可以根据促销目的进行灵活安排。

　　（3）商品描述文案。商品描述文案是用于进行商品信息说明的文案，其作用是解释说明商品的各项信息，包括功能、性能、规格、参数、使用方法等，让消费者对商品有一个全面详细的了解。商品描述文案主要围绕商品信息进行写作，其内容一般较多，贯穿在整个商品展示页面，因此要注意描述语言的风格统一和用词准确。在商品详情页中，常通过详细的商品描述文案来说明商品，如商品颜色、商品细节、工艺技术等内容。例如，某无线吸尘器的部分描述文案，说明了商品的参数组成、先锋技术等信息，让消费者对这款商品的主要功能有所了解，继而打动他们，产生购买欲望，如图 1-15 所示。

> **知识拓展**›››
>
> 　　除了网店内页中的促销海报文案，网店其他页面也可能出现海报文案，这些海报的内容既可以是新商品的宣传、优惠促销，也可以是活动推广。

3. 电商品牌文案

　　电商品牌文案主要用于进行品牌建设、累积品牌资产。一般来说，电商品牌文案主要通过故事进行品牌形象的建立与传播，文案内容的好坏直接决定着品牌故事的好坏，因此要注重故事的塑造和所要表达的思想。一个好的品牌故事能够体现其核心的品牌文化，并达到脍炙人口、源远流长的效果。

图 1-15 某无线吸尘器描述文案

　　品牌故事文案的核心是"故事",通过一定的描写手法来构建一个具有感染力的故事,让消费者融入故事情节中,产生自我代入情绪,从而更好地感染消费者,打动消费者的内心,赢得他们的认可与共鸣。品牌故事文案写作不能太过天马行空,可以选取比较具有代表性的事件、品牌领导人、企业来历等角度来切入,这样更容易触动消费者,便于消费者记忆和传播。品牌故事文案要写清楚故事发生的时间、地点、人物,事件发生的起因、经过和结果,要在故事的发展中融合品牌的来历、理念、价值等信息,这样才能通过故事来提高品牌的知名度和影响力。例如,长春礼物城市荣光文创月饼礼盒从品牌故事、城市文化、商品介绍写作的品牌故事文案,体现了商品的高品质,给消费者留下了良好的品牌印象,如图 1-16 所示。

4. 网络推广文案

　　电子商务文案服务于整个网络平台,为了推广并宣传自己的商品、品牌或服务,商家可以通过各种网络渠道(如微博、微信、资讯类网站和社群)进行宣传,相应地,文案写作者就要在这些平台中写作并发布商品、品牌或服务的推广文案。网络推广文案由于推广平台不一,其写作方法和表现形式也有所不同,但相同的是,它们都是通过写作具有吸引力的内容来吸引消费者,提高消费者对话题的关注度,并引导他们积极参与话题讨论,在无形中将商品的特性和功能诉求详细地告诉消费者,激发他们的关注度和购买欲。例如,下面两则广告,它们借势"女神节",将品牌、商品与热点融合起来,借用热点来宣传商品,这种策略是网络推广文案中常用的一种手法,如图 1-17 和图 1-18 所示。

图 1-16　品牌故事文案

图 1-17　圣地美食风情街推广文案

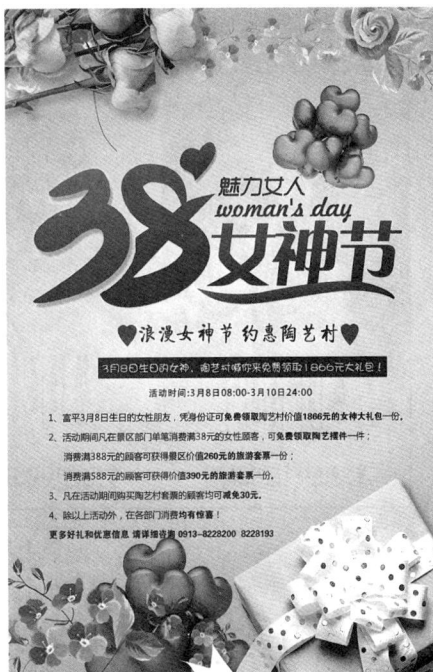

图 1-18　陶艺村推广文案

案例 1-3

京东春节文案《红的寄托》

"春节"对于中国人来说,是非常重要的传统节日,自然也备受品牌关注。年,是什么颜色?在中国传统中,年就是"红色",红色不仅象征着过年的气氛,更是人们情感的寄托。

京东曾在春节期间推出广告《红的寄托》,广告以红色为主线,讲述人们和红色物品之间的故事,并进一步描述了这些红色物品对于他们所蕴含的意义,如图 1-19 所示。

送母亲一支口红,希望帮她留住风华;父亲久久不愿按下的红色挂断电话标识,是对儿子的思念和不舍;送爱宠一条红绳,作为重逢的信物;送孩子一双红鞋垫,寄予踏实的期许……

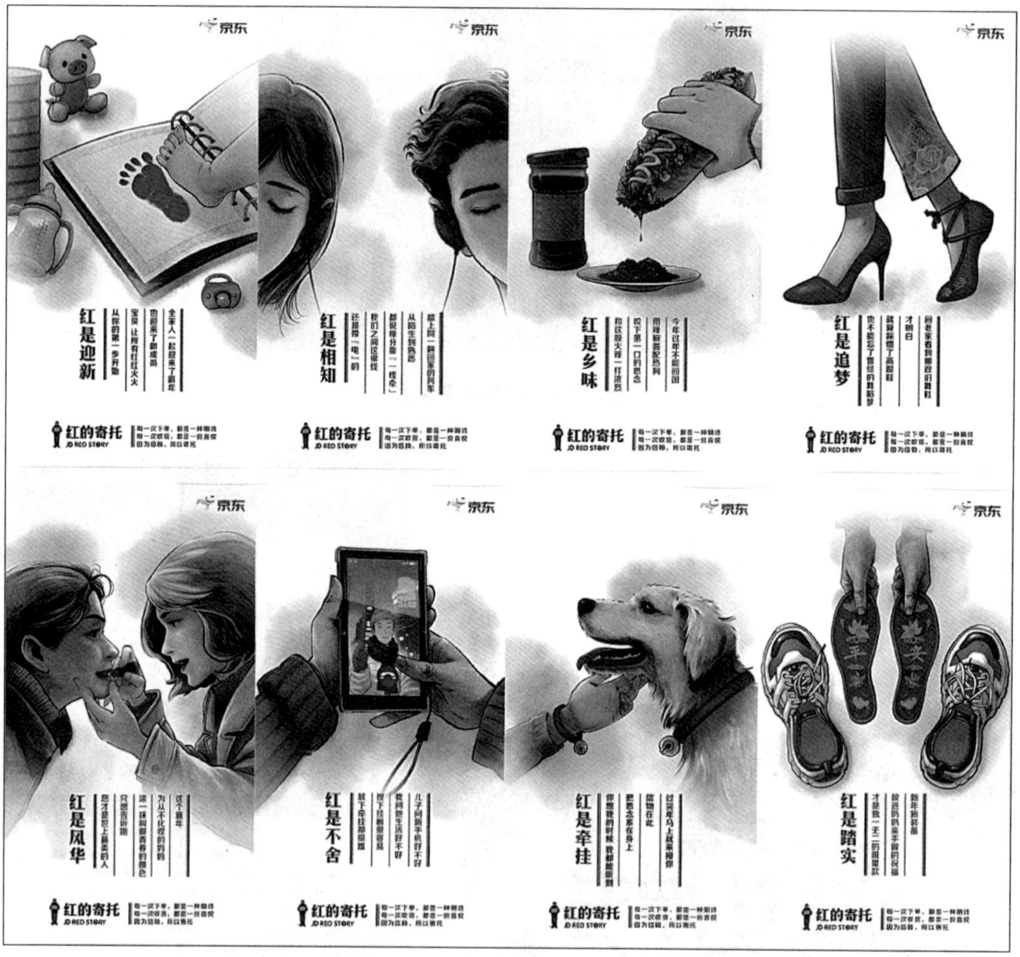

图 1-19 《红的寄托》系列文案

四、电子商务文案在营销中的作用

在新消费时代背景下,人们对商品的需求越发多元化,除了要满足其实际需求,更要满足其潜在的心理需求。如何巧妙地抓住消费者的心理,用最小的成本唤起消费者的共鸣,挖掘并满足消费者潜在的心理需求,成为摆在众多商家面前的一道难题。而电子商务文案的出现,很好地解决了这些问题。电子商务文案不仅可以展现商家的文化和商品,还能更好地体现消费者需求,吸引消费者购买。

文案既是一种销售手段,又是一种广告载体。文案也被人称为纸上推销术,它可以清晰地描述商品的全部卖点,把控消费者心理,激发购买欲望,达成销售的目标。成功的电商文案可以带动商品的销量,优秀的文案更可以带动整个店铺的销量。当然,文案不仅包括文字,也需要图片、视频等元素共同增强文案的吸引力,以起到事半功倍的作用。曾经有人讲过把梳子卖给和尚、把冰块卖给因纽特人的故事,用来赞扬优秀的销售人员。文案通过塑造商品的差异化优势,可以快速地寻找到明确的目标客户群,从而带动销量的提高。

熟练掌握文案营销并辅助视觉设计,可以解决大部分店铺的流量问题和转化问题,优秀的文案可以提升商品的价值,促进销售,同时还可以增加消费者对店铺的信任度,提升品牌影响力。文案在本质上属于创作,但最终目的是实现基于商品本身的销售目标。随着电商竞争的日渐激烈,文案也成功地走在了电商竞争的前端。文案在营销中的作用主要表现在以下方面。

1. 促进品牌资产的积累

随着市场与商品竞争的不断加剧,企业及商品品牌之间的竞争也越来越受到商家的重视。同时,消费者也更容易因受到品牌影响进而选择购买商品。一般来说,品牌资产包括品牌认知、品牌形象、品牌联想、品牌忠诚度和附着在品牌上的其他资产。

文案可以将企业和商品品牌以形象生动的文字表达出来,让消费者了解品牌的形成过程、企业所倡导的文化精神及品牌所代表的意义等,提升品牌的形象,加深消费者对品牌的好感和信任。长此以往,这将逐渐积累品牌的美誉度,使公众在品牌的质量可信度、社会公信力、市场竞争力、服务诚意、致力公益和回报社会等方面形成积极而全面的正面评价。

> **知识拓展>>>**
>
> 品牌认知即品牌的知名度,是指消费者对该品牌的内涵、个性等方面的了解。
>
> 品牌形象是指消费者对某一品牌的总体质量感受或在品质上的整体印象。
>
> 品牌联想是指消费者对品牌或商品的联想,包括与有关商品的属性定义或服务功能的联想,以及有关商品的服务、购买或消费的外在联想。
>
> 品牌忠诚度是指消费者在购买决策中,多次表现出对某个品牌有偏向性的行为反应,它是一种行为过程,也是一种心理(决策和评估)过程。

案例 1-4

王老吉 vs 加多宝经典营销大战:"对不起"pk"没关系"

广州市中级人民法院裁定加多宝禁用"改名"广告的禁令曾经轰动一时。就此禁令,加多宝官方微博连发4条主题为"对不起"的自嘲系列文案,并配上幼儿哭泣的图片,引发上万网友转发。而在同一天的傍晚,微博上马上出现了王老吉版的"没关系"文案,配上幼儿微笑的图片,回应加多宝的"对不起"。

两条微博引起了网友的广泛关注,短短数小时内,转发量便已达到10多万条。品牌营销专家认为,加多宝在和王老吉的竞争中,感情牌打得非常好。在被裁定禁止使用原广告语之后,其传播渠道仍在努力争取公众的同情。而当时正值春节营销旺季,双方展开的这场娱乐性质的"交锋",引发媒体、名人、网友的自发转发,可谓是一场"双赢"的成功营销战。

加多宝:"对不起"体,发道歉微博"叫屈"。

#对不起#是我们太自私,连续6年全国销量领先,没有帮助竞争队友修建工厂、完善渠道、快速成长……

#对不起#是我们无能,卖凉茶可以,打官司不行。

#对不起#是我们出身草根,彻彻底底是民企的基因。

#对不起#是我们太笨,用了17年的时间才把中国的凉茶做成唯一可以比肩可口可乐的品牌。

画面中的主角是一位天真可爱但不知为何而号啕大哭的小男孩,像是被夺走心爱的玩具那般委屈。这组画面,再辅以"对不起"的诉求,让人立即想起了加多宝和王老吉的商标之争,以及双方落槌的官司,如图1-20所示。

加多宝的道歉微博一经发布,便引起广泛关注。新浪数据显示,发布后短短数小时,"对不起"系列微博的转发量已超过17万,覆盖粉丝数逾3亿。而小男孩的无言哭诉,赚足了同情分。

图 1-20　加多宝"对不起"体

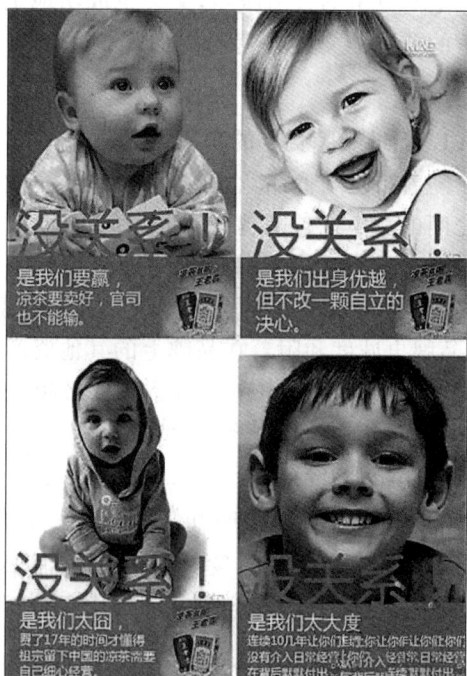

图 1-21　王老吉"没关系"体

王老吉:"没关系"体,若真道歉会说"没关系"。

#没关系#是我们要赢,凉茶要卖好,官司也不能输。

#没关系#是我们出身优越,但不改一颗自立的决心。

#没关系#是我们太困,费了17年的时间才懂得祖宗留下中国的凉茶需要自己细心经营。

#没关系#是我们太大度,连续十几年让你们放手去做,没有介入日常经营渠道建设,在背后默默付出。

在加多宝发布道歉微博短短几小时之后,网上突然出现了王老吉版的4条"没关系"体微博,以可爱的幼儿配图,回应加多宝的"对不起"。"没关系"体同样引来上万网友的快速转发,并惊叹"王老吉的反应速度真快",如图1-21所示。

2. 取得消费者的信任

电子商务文案是一种带有销售性质的文案,它的主要目的是让消费者信任文案中所描述的商品并产生购买欲望。因此,电子商务文案可以看作一种销售行为,其核心在于信任的建立。而文案恰恰能够建立起商家与消费者之间的信任关系,文案中详细的商品信息展示、第三方评价和权威机构认证等都是很好的文案宣传素材。

不仅如此,文案还能在更准确地把握消费者心理的基础上,从多方面出发,做到动之以情、晓之以理,从而激发消费者平时没有关注到的潜在需求,引起情感共鸣,促使消费者产生购买欲望。

例如,海飞丝的文案"对我来说,一个干净的肩膀,让她随时依靠,就是我对她的支持""去头屑,让你靠得更近",不仅说明了洗发水的超强去屑功能,还可以引起消费者对头屑问题的联想,加深消费者对这个问题的重视程度,进而产生对商品的需求。

3. 整合与互动作用

在网络平台上,电子商务文案可以无处不在,只要消费者具备上网的条件,就可以轻松浏览。商家也可以通过各种平台进行文案推广与宣传,扩大其作用范围,如网页、邮件、微博、论坛、QQ和微信等都可以进行推广与整合营销。商家还能及时获得公众的意见与回复,增加彼此之间的互动,展开讨论。互动的范围和讨论的话题具有一定的话题性,可以有效地进行宣传与营销,起到事半功倍的效果。

文案是手段,销售才是广告的最终目的。电子商务文案是为了将受众的注意力吸引到商品上,有效传达文案中所包含的商品信息,使受众在解读这些信息后,将自己的需求与商品、品牌联系起来,进而起到促销的作用。因此,电子商务文案的撰写,必须以销售为导向。

> **知识拓展》》》**
> 　　整合营销是一种将各种营销工具和手段进行系统整合,根据环境变化进行即时性动态调整,以使交换双方在交互中实现价值增值的营销理念与方法。整合就是把各个独立的营销综合成一个整体,以产生协同效应。这些独立的营销工作包括广告、直接营销、销售促进、人员推销、包装、事件赞助和客户服务等。企业应战略性地审视整合营销体系、行业、产品及客户,从而制定出符合企业实际情况的整合营销策略。

4. 增加外部链接与点击量

电子商务文案的一个优势是可以添加外部链接,以便带来更多的外部流量并提升网站的PR值(网页级别)。首先,消费者可以通过单击这些外部链接来访问更多的网页,了解企业或商品的更多信息。其次,从搜索引擎优化的角度来考虑,网页的外部链接越多,越能够被搜索引擎发现和收录,这就意味着网页越能够被消费者搜索到,产生的流量也会越多。

当消费者的需求得到满足时,他们就会产生愉悦的心理感受,同时会对满足其需求的商品或品牌产生好感。相反,如果需求不能得到满足,则容易对商品或品牌产生排斥。而文案就是为了实现与消费者的良好沟通,改变消费者的固有观念,促使他们产生购买行为并树立商品和品牌良好形象而产生的。商品的长期销售需要企业有效地塑造品牌形象,优秀的电子商务文案必须承担起塑造品牌或企业形象的责任。这就要求电子商务文案能准确、有效地展示商品或企业独特的个性,并通过长期传播,最终将这种个性升华为品牌内涵。

任务三　电子商务文案岗位

一名优秀的文案写作者不仅可以写出成功的文案,引起读者的共鸣,还能配合企业其他部门的人员进行商品或服务的推广与宣传。但是,是否每家企业都应该设置"文案"岗位呢?当然不是,企业应该根据自身规模及需要来设置文案岗位。同时,还应该对岗位上的工作人员进行规范和约束,要求其不仅要具有文案工作能力,还要有优秀的职业素养。

一、电子商务文案岗位设置及职责

电子商务文案岗位工作人员的工作能力与职业素养决定着文案的质量是否优秀。一名优秀的文案写作者不仅可以写出成功的文案,引起网友的共鸣,还能配合公司其他部门进行商品或服务的推广与宣传。

1. 电子商务文案岗位描述

相信很多人都有这样的困惑——电子商务文案到底是一个什么样的岗位?顾名思义,电子商务文案岗位适用于电子商务行业,要求从业者具有一定的营销策划和文案撰写能力,还要知识面宽广、思维活跃、逻辑清晰。从某种意义上来说,电子商务文案就像一个"杂家",需要了解很多知识,及时掌握时事热点。

2. 电子商务文案岗位的基本职责

不同行业、不同地域的文案通常有不同的工作重点,行业发展的差异带来了文案岗位需求及基本职责的差异。以旅游行业来讲,旅游行业相对发达的省市和几乎没有旅游行业的省市的旅游文案的职责及其工作内容有很大的差异,前者的文案工作内容要涉及旅游发展、旅游策划等,而后者的文案在这方面的要求则相对较少。

电子商务文案是文案的一种,是一种特殊的文案形式,它的岗位职责有狭义和广义两种。

> **素养提升》》》**
> 我国职业教育每年培养约1000万技能人才,现代制造业、战略性新兴产业和现代服务业等领域的从业人员大多来自院校毕业生,我国对高素质技术技能人才的需求非常大,每一位大学生都应该努力提升自身的综合能力,为国家的发展贡献力量。

1)狭义的电子商务文案岗位职责

狭义的电子商务文案岗位职责是指从事电子商务企业的商品设计和广告宣传的工作,主要包括以下几项。

(1)根据公司或企业的品牌定位及商品风格,对商品进行创意思考及文案策划。

（2）分析市场上的同类竞争品牌和受众心理，撰写品牌文案，提升品牌形象。

（3）抓住卖点，跟进热点，编写能突出商品特点、展现商品价值、使消费者产生强烈购买欲的商品描述。

（4）能够撰写商品文案、广告文案、品牌宣传文案、活动文案等各类营销文案或软文。

（5）协助公司或企业推广团队完成推广方案的文案策划和撰写。

（6）熟练掌握和运用各种新媒体营销推广渠道进行文案的撰写和发布，提高公司或企业的品牌知名度。

2）广义的电子商务文案岗位职责

广义的电子商务文案岗位职责包括品牌策划、活动策划、平面设计、新媒体运营、美工设计和美术指导等所有与电子商务营销、宣传和推广相关的工作。

（1）品牌策划。品牌策划是通过对品牌进行宣传和推广，使企业形象和商品品牌在消费者脑海中形成一种个性化的区隔，并使消费者与企业品牌和商品品牌之间形成统一的价值观。由于文案设计和宣传是品牌策划活动中重要的组成部分，因此也可以将以下工作纳入电子商务文案的职责范围。

① 负责商品品牌的定位、规划与策划。

② 负责市场活动的策划与统筹。

③ 负责广告投放与运作。

④ 负责制订所负责商品的战略计划，包括商品的设计、开发、管理，以及后期的市场营销。

⑤ 负责制订商品计划时间表，并控制整个计划的进程。

⑥ 负责寻找新的应用以促进商品的销售，进而延长商品的生命周期。

⑦ 负责公司内部与生产该系列商品相关的职能部门之间的协调工作。

（2）活动策划。活动策划是提高市场占有率的有效手段，可有效提升企业的知名度及品牌美誉度。活动策划通常需要一份可执行、可操作、创意突出的活动策划案，在很多时候，活动策划案就是一份文案，因此，也可以将以下工作纳入电子商务文案的职责范围。

① 负责公司各平台的活动（如聚划算、天猫主题活动、无线活动、商家联合活动、第三方活动等），商品、广告等文案的撰写及店铺活动的策划。

② 负责公司互动营销平台（如微淘、微博、帮派等）推广活动的策划与维护。

③ 负责活动的执行和跟进、效果的评估和改进，以及商品详情页文案的撰写和卖点挖掘文案的撰写。

④ 熟悉电商平台的后台操作，了解电子商务，善于挖掘网络关键词等。

⑤ 负责店铺海报、日常活动主题和文案的撰写；负责活动款商品详情页卖点的撰写和活动期间关联销售商品的选定；负责营销活动期间店铺活动的

> **知识拓展>>>**
>
> 以文案为关键词进行搜索可以发现，新媒体运营类文案职位的招聘信息发布的数量最多，其次是网站编辑、内容运营、网络运营专员助理、微信推广等。可见，针对社交类媒体文案的岗位较多，需求量也较大，而新媒体文案、内容运营等都包含在电子商务文案中。因此，电子商务文案的发展前景十分乐观。

策划。

⑥ 负责协调客服、仓管、美工、策划等岗位之间的工作。

⑦ 负责对接活动的数据整理与分析,协助运营推广方面的事宜。

(3)平面设计。平面设计以"视觉"作为沟通和表现的方式,通过多种方式或结合符号、图片和文字,传达想法或信息。平面设计也指制作(设计)过程和完成的作品。由于电子商务的各种文案通常都是图片和文字的结合,其中图片(特别是商品文案和宣传文案)大多需要进行平面设计,因此也可以将平面设计的以下工作纳入电子商务文案的职责范围。

① 负责品牌策划设计、VI设计制作、画册招商手册设计等。

② 负责商品包装设计、品牌形象广告平面设计、助销物料(商品手册、折页等)设计、促销活动主题形象设计等。

(4)新媒体运营。新媒体运营是用互联网手段,通过SNS、微信、微博、贴吧等新兴媒体平台进行商品宣传、推广、营销的一系列运营方式。它是通过策划品牌的优质传播性内容和线上活动,充分利用粉丝经济,向客户广泛或精准地推送消息,从而提高品牌或商品的知名度,实现相应的营销目的。新媒体运营同样需要撰写文案,因此也可以将以下工作纳入电子商务文案的职责范围。

① 负责微信、微博等自媒体运营策略的制定和执行,能够独立策划主题及方案。

② 负责自媒体的专题制作、活动策划、用户互动,用以提高品牌的影响力和关注度。

③ 负责新媒体渠道用户群的经营,以粉丝数和用户活跃度为考核标准。

④ 负责对新媒体渠道的数据进行分析评估,总结优化传播内容。

⑤ 负责拓展新媒体合作平台,与各家媒体达成多元化的合作并增进联系。

(5)美术设计。美术设计的职责范围很广,主要包括平面设计、环艺设计、工业设计、服装设计、广告设计、戏剧美术设计、建筑设计等,电商企业的美术设计主要是对电商商品的各种宣传页面和海报进行美术设计。在设计过程中,还需要兼顾文案的设计和撰写,因此也可以将以下工作纳入电子商务文案的职责范围。

① 负责网店整体风格的设计、装修、美化,商品详情页的设计等。

② 负责各种活动及专题页面的制作。

③ 负责优化店内商品描述,美化商品图片。

④ 负责各类海报、页面的广告设计。

(6)美术指导。美术指导多指在电影制作中负责协调灯光、摄影、特效、服装、道具、剪辑,设计整体视觉风格的工作。在电子商务企业中,美术指导则是指导其他美术人员工作的人,负责美术设计中信息的传达和表达等。因此,美术指导同样涉及文案的设计和创作,也可以将以下工作纳入电子商务文案的职责范围。

① 负责协助创意总监执行项目前期创意,完成创意构想、创意执行、后期设计、制作跟进等工作。

② 负责提供专业视觉表现支持,保证高效率、高

知识拓展>>>

　　一个合格的电子商务文案团队,应汇聚多元人才,包括文案、编辑、摄影、后期,以及具备不同特质与风格的成员,如资深"笔杆"、青涩少年、文艺小姐姐、呆萌"怪蜀黍"。他们紧密合作,用手中的笔和镜头,记录着文案工作中最客观、最温暖、最有吸引力的每一个瞬间。

质量地完成工作。

③ 负责了解客户需求,并密切与其他相关部门合作,能够把客户的需求贯彻到创意之中。

④ 负责配合设计团队确保项目及时推进。

案例 1-5

文案需要写出具有"代入感"的场景

很多时候,文案聚焦于描述负面的痛苦场景。毕竟产品带来的美好享受尚需想象,但痛苦却是他们亲身经历过的。

"忘带钥匙"可以说是几乎每个人都体验过的,360 智能家居在其安全门锁的产品海报中,就通过描绘"忘带钥匙"带来的尴尬场景,让用户产生代入感,意识到能用指纹开门的便利,如图 1-22 所示。

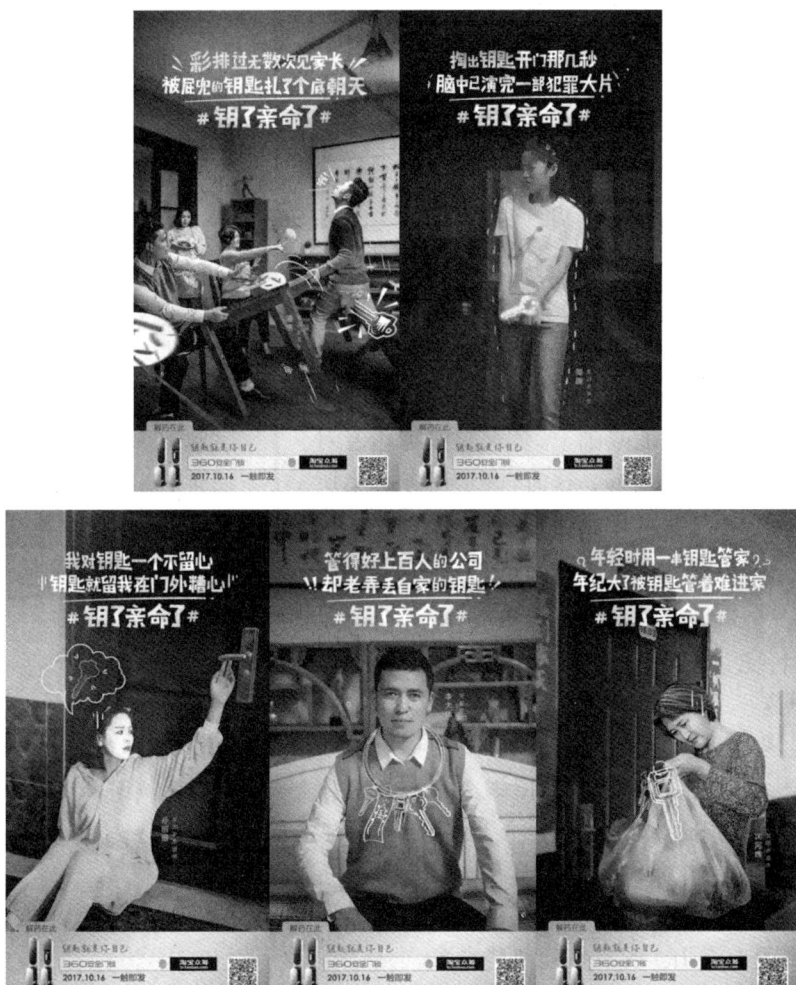

图 1-22　360 智能锁系列文案

该海报通过一组充满细节的人物设定(年轻插画师、CEO、退休老人等),让不同年龄、职业的用户群体都能从中找到共鸣,从而凸显360安全门锁"钥匙就是你自己"这一理念相比于传统门锁的优势。

二、电子商务文案的能力素养

当代社会的商业竞争十分激烈,为了寻求发展,很多传统行业都在由传统模式向互联网模式转变,成功实现转变的企业,亟需的人才不仅要懂得市场的定位策略、营销本质、消费者特点、铺货渠道等,还要熟知互联网营销和推广的本质,而这也是企业对电子商务文案岗位人才的要求。

1. 文案需要掌握的技能

从横向维度来看,文案需要掌握的工具有 Office 软件、Photoshop、InDesign,还需要 SEO 知识及摄影技能。

从纵向维度来看,在自媒体时代,从早期的博客,到后来的微博,再到现在的微信,每隔几年就会有一种新的媒体需要文案去学习。文案所接触的媒体环境在持续变化,当新一代的年轻消费者成为消费主力军之后,文案又需要学习新的语境。

2. 电子商务文案的基本素质

一名优秀的文案,最核心的素质在于具备深刻的洞察力,这要求他们能以大众喜闻乐见的方式,将文案作品呈现给受众。当从一个初级文案逐步走向品牌主管、品牌策划总监的岗位时,这种洞察力又应该建立在已有的品牌意识的基础上,要求文案写作者对行业和商品进行深刻的理解。这时,电子商务文案所面临的问题不仅是考虑怎样快速把商品卖出去,还要思考如何赋予商品独特的气质,使自己的商品能够与同类商品有着鲜明的区别。

> **知识拓展》》**
> ### 职场竞争大道理
> 没伞的孩子就该拼命奔跑,错!没伞的孩子应该多看天气预报。
>
> 没伞跑得再快也会淋湿,有准备的人只会选择晴天出门。
>
> 李笑来的《通向财富自由之路》中提及了多维竞争力的重要性。
>
> 他说,单个维度,大家比的是长度;两个维度,大家比的是面积;三个维度,大家比的是体积。

案例 1-6

优秀的招聘文案

都说"金三银四"是招聘的好时机,公司可以抓紧这个机会注入新鲜血液。但是,如何找到适合的人呢?为什么公司如此优秀,招聘的邮箱却空空如也呢?

也许,是因为招聘文案不够吸引人。

一些关于招聘的好文案,或许可以帮你招到想要的人。

例如,中国台湾104人力银行招聘文案。

你未必出类拔萃,但肯定与众不同(见图1-23);没有了偏见,留给他们的就是无限(见图1-24)。

图 1-23 中国台湾 104 人力银行系列广告一

图 1-24 中国台湾 104 人力银行系列广告二

三、电子商务文案的岗位要求

1. 写作能力要求

社会上有一种比较普遍的观点,认为文案是电商商品营销中的一个关键环节,做文案的目的是促进商品营销,善于营销的人就适合做文案。文案的确是电商商品营销的一个重要技能,而锻炼这个技能,需要基于对消费者和营销商品的了解,要能够精准地挖掘消费者的需求和痛点。

对于电子商务文案来说,创意非常重要,但创意并不能解决所有问题,最有用的文案才是最好的文案。对以营利为目的的电商企业来说,其营销推广的最终目的就是提升转化率,提高商品销量,而转化率的高低与流量质量直接相关。因此,找到高质量的消费者,然后通过文案刺激他们产生购买行为,才是电子商务文案的最终目标。

> **素养提升>>>**
>
> 电子商务文案写作者应具备一定的职业道德,只有立足本职、精通业务,按章办事,文明礼貌、诚实守信,才能更好地维护电子商务环境,给广大消费者提供更好的服务,维护社会的健康、稳定发展。

(1)阅读能力。书籍是知识的载体,也是人类进步的基础。人们在学习某项技能时,除了亲身实践,最有用的方法就是通过书籍来学习。电子商务文案岗位常与文字打交道,所以需要通过阅读书籍来提升自身的创作能力。文案写作者在阅读书籍时,除了学习专业的知识,还要留意文章的表达结构和构思,词语的选择和组合。

文案岗位的工作量比较大,通常一个文案小组在一天之内就要完成一篇文案,高强度的工作对文案写作者的基础积累提出了很高的要求。因此,建议文案写作者养成勤于阅读的好习惯,以丰富自己的知识量,进而更快、更好地完成文案创作。

(2)资料收集能力。对于文案来说,资料的收集也非常重要,任何有价值的资料都很可能成为下一篇文案的主要内容。在已有资料的基础上进行文案创作,不仅可以极大地提高创作速度,还能有效保证文案质量。

在网络上,有成千上万篇文案的技巧值得学习,"梅花网""广告门"等论坛中也提供了大量的文案学习资料。此外,在微信公众号中搜"文案",也能查阅到大量的文案知识。当然,除了通过网络途径进行学习,在平时的生活或工作中也要养成随时积累的习惯。例如,看到一句精彩的广告语就及时记录下来;在网上看到有创意、有趣味性的内容,也可以保存下来。随时关注、随时思考、随时记录,不断积累素材,最终才能在创作文案时信手拈来。

对于文案来说,收集资料不仅是将资料收集起来,还需要将其转化为自己的知识,通过资料的收集、理解、融合,完成自己的文案创作。在这个信息化的时代,资料的收集变得更加方便快捷,一名优秀的文案写作者不仅要有收集资料的好习惯,还要对收集到的资料进行吸收,在透彻理解的基础上将收集到的资料转化成自己的知识,融会贯通,实现自我提升。

(3)坚持写作能力。很多人认为,文案只需要创意,文案的创作必须依赖灵感的闪现,其实不然。文案的写作更依赖于长期创作的积累,写得多了,甚至不需要灵感,在往常的积累中随便选择一条,就是激发创意的灵感来源。

> **知识拓展>>>**
>
> 文案写作中的创新能力非常重要,充满新意的想法能使文案不落俗套,从而吸引受众的注意并引发共鸣。

最终决定文案岗位工作质量的是文字,因此文案写作者应该养成练笔的好习惯,最好给自己制定一个写作目标,例如,每天写×××字或每天写×××条等。坚持写作也是积累创作经验的一种有效方式。

案例 1-7

英盛网招聘文案

英盛网招聘文案如图 1-25 所示。

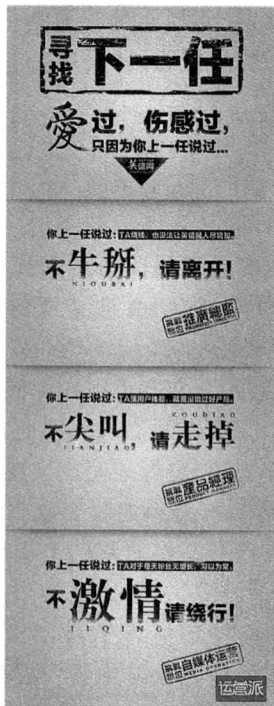

图 1-25 英盛网招聘文案

2. 思维能力要求

作为一名文案,除了需要不断地学习、积累和写作,创意和灵感对文案也必不可少。人的创造力水平在很大程度上取决于自我意识,即在面对创造性活动时,自己的想法和观点。这意味着我们可以通过实践来增强自己的创造力,提高熟练度,以更好地应对设定的目标。

在进行文案创作时,文案需要通过以下 3 点来让自己的思维保持在最佳水平。

(1)创造性思维能力。提高创造性思维能力的方法有很多种,但对于电子商务文案来说,主要有以下两种。

① 客户开发。客户的开发质量在很大程度上决定文案的收入,在网络时代,文案的转发量和阅读量都关乎商品的销量,因此文案应该具备开发客户的能力。而客户的发现和开发通常建立在了解的基础上,也就是说,文案必须先了解目标客户群体,才能写出受他们欢迎的文案。

② 提示购买动机。文案在创作过程中,必须创造性地进行提问,才能准确发现客户的需求并促进其产生购买行为。消费者对于任何促销方式都有天然的抗拒心理,他们往往不会告诉卖家在什么情况下他们才有可能购买商品。因此,文案写作者应该站在客户的角度分析他们真正的需求,并在文案创作的过程中满足他们的需求,或让客户自己发现自己的需求,从而促成客户最后的消费行为。

(2)洞察力和创造力。优秀的文案能够帮助客户发现新商品的用处,通过有创造力的文案可以发掘出使用商品的新方法,从而产生新的销售机会。因此,电子商务文案写作者要能够快速并准确地捕捉商品亮点,对网络受众进行深入分析,并具备思维活跃、洞察力强、富有创意的潜质,同时还要对互联网及电子商务行业的热点和流行趋势有较强敏感度和理解能力。此外,电商文案写作者要善于发现别人忽略的真理,并能够用生动、准确、形象的语言表现,如图 1-26 所示。

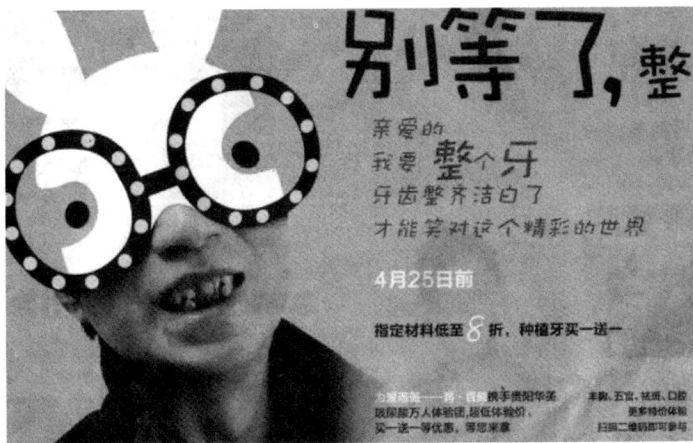

图 1-26　某美容医院经典文案

（3）理解商品内涵的能力。优秀的文案始于对商品或服务的彻底了解，文案写作者对自家商品的理解越深，就越有机会创造性地销售它。同时，对自家商品与同类商品相比的优越性了解得越多，就越有利于用文案说服用户，消除购买阻力，如图 1-27 所示。

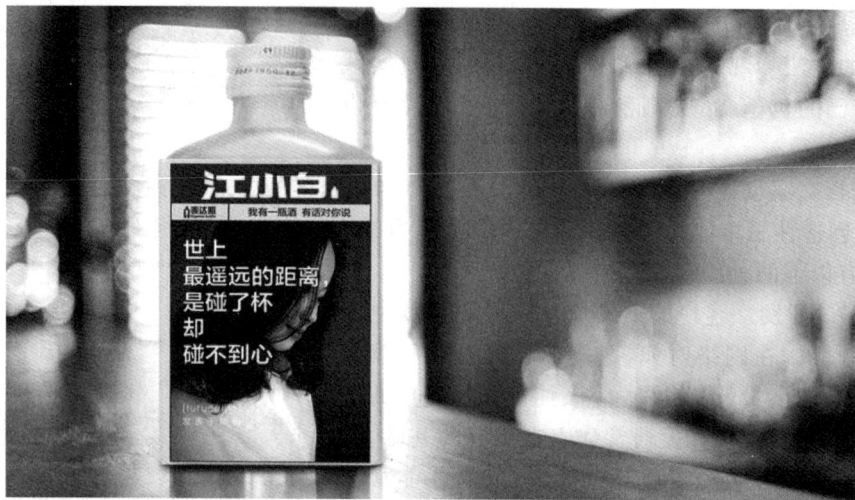

图 1-27　江小白经典文案

3. 其他能力要求

电子商务文案写作者除具备写作能力，还必须具备创造性的思维能力、敏锐的洞察力和丰富的想象力。除此之外，要想成为一名合格的电子商务文案写作者，还要拥有能够胜任该岗位的其他能力。

（1）合理的知识结构。电子商务文案写作者应该掌握精深的专业知识，要有广博的知识储备和丰富的生活经验。只有拥有扎实的基础，才能将知识技能与生活工作中的所感、所想结合在一起，从受众的角度和需求出发看待问题。

（2）团队协作能力。团队是确保工作正常进行的前提，没有任何人单凭一己之力就能成功，那些成功的人背后一定有一个强大的团队的支持。因此，对于电子商务文案写作者而言，仅有文笔和创意还不够，在实际工作中，与团队的协作能力至关重要。能进行良好的沟通、协调自己与同事之间的工作，对工作保持高度的责任心及严谨的工作态度，是创作出好作品的关键。

（3）良好的职业道德。良好的职业道德应该在每个行业的每位工作者身上都得以体现。电子商务文案写作者的职业道德主要表现为两个方面：一方面是要有敬业精神，热爱文案工作，对自己追求的目标锲而不舍；另一方面是要有责任心，不仅对公司负责，对消费者也要负责。

（4）审美能力。只有文案创作人员本身具备欣赏美的能力，才能写出让受众感受到美

> **知识拓展》》》**
> 　　审美能力可通过解析优秀文章来进行提升，在观摩优秀文章时，可以分析它的文案排版及文字是否颇具节奏、韵律与美感，包括每段、每行、每句甚至是标点符号等细节的设计。切记版块不要太多，颜色不可太杂，保证整体的简洁舒服。

的文案。对美的把握可从这些方面入手:注重文字排版的整体风格、字体大小、颜色、字间距、行间距等,图文搭配协调,版面整洁优美,文案读来让人觉得简练而有重点等。

任务四　电子商务文案的工作流程

早在几年前,中国电子商务的个性之战已经打响,在淘宝与天猫的线上商圈中,文案作者不断涌出,有些文案作者是通过雇佣关系而负责广告创作的,而有些文案作者就是店主自己,他们自主完成广告创作。作为目前最炙手可热的文案类型,电子商务文案利用紧抓用户眼球的方式赚取点击量、销量和人气,获得了十分不错的效果,电子商务文案的工作流程也在不断发生变化和完善。

一、创造目标市场

当大量消费者都希望做某一件事,都想要购买某一种商品时,那么说明这一市场的发展空间非常大,其文案创作也有无数种可能。在撰写商品文案之前,必须充分挖掘消费者的"渴望",找到消费者真心"想要"或"渴望"的内容,并将它们在文案中清楚地表达出来。

每一个商品市场都想要满足消费者不同的需求,而文案的首要任务就是精准地找到这些需求,然后把它们放在商品描述里面。

例如,以中年女性为主要客户群的服装市场,这部分女性人群基本上有两个核心的渴望,一方面希望自己变得有魅力;另一方面希望能保持青春,延缓衰老。如果商品文案针对这部分人群,那么就需要在商品描述中撰写出可以打动中年女性群体的文字,并通过文案表达商品可以满足她们的需求,如图 1-28 所示。

图 1-28　中年女性服装文案

这是某品牌服装的商品文案,文案的目标消费者是喜欢简约风格的中年女性,所以文案用"简约领口""尽显迷人脖颈""领部演绎简约的优雅,彰显脖颈之美"描述商品,如此正中目标消费者的下怀，促使她们购买。

二、判断消费者对商品的认知

在明确目标市场后，就需要了解这部分消费者对商品的认知情况。文案必须思考一个既简单又常被忽略的问题：消费者对于商品能满足他们需求和期待的程度了解多少？针对不同类型的消费者，在撰写商品文案时，肯定会有不同的方式。例如，撰写一篇针对全新白酒品牌的文案时，为了有效吸引并销售给已定位好的目标消费者，那么文案中就需要更多地展现商品优点的细节，指出该商品如何满足目标消费者的需求，并且激发他们对该商品的渴望。下面介绍针对不同认知程度的消费者的文案创作技巧。

1. 完全了解商品

这种情况是指消费者通常有非常明确的购买目标，以及知道要买的商品的用途。因此，文案通常不需要使用更多的描述去"推销"，大部分该类型的消费者比较关注的是商品的价格。

2. 了解商品但不愿购买

这种情况是指消费者可能对商品有基础的认识，但并不了解该商品与其他商品的差别，或是商家还不能说服他购买这种商品，这也是目前市场上大部分的商品或品牌面临的问题。这时，可以采用以下两个方法加速潜在消费者的转变。

（1）用刺激眼球的文案效果展现商品。使用能够勾动情绪的字词，让消费者可以"看到"和"感觉到"商品。电商商品难以让消费者直接接触到实体，因此需要文案用大量的视觉化信息满足潜在消费者感受商品效果的需求。研究显示，当文案能够唤起消费者的"想象力"，让他们感觉到自己已经拥有商品时，就能大幅提高消费者购买的欲望。

（2）更多可信的保证。当文案提供更多的商品细节、商品评论、代言人保证、国家认证等时，商品或服务将更有说服力。需要注意的是，在这个阶段，消费者可能仍在观望，因此文案要解释商品相比竞争对手优势所在，并激发消费者的购买欲望。

3. 快速上新

这种情况是指电商知道消费者有商品需求，但不知道所提供的商品是否能够满足这个市场。例如，大部分科学研究的突破、关于健康的科技商品等，通常会被归类在快速上新这个类别中。在这种情况下，文案可以通过以下 3 个步骤循序渐进地介绍商品。

（1）展示消费者渴望解决的问题。因为消费者不知道新商品能否满足他们的需求，因此文案在这个阶段描述商品内容是没有作用的。文案应该直接描述问题本身，也就是消费者可能遇到或需要解决的问题。

（2）证明商品提供的解决办法可以被实现。在这个阶段，文案要告诉潜在的消费者如何通过商品解决他们的问题，并向他们展示这样的想法如何实现。当文案能够提供更多的细节时，潜在消费者将会更容易相信商品。

（3）证明商品就包含了这样的解决方法。在这个阶段，文案要说明和展示该商品解决消费者需求的过程和步骤。例如，展示某厨房用品为什么不需要清洗。

三、了解市场的成熟度

市场的成熟度指在商品推出以前,市场上有多少相似的商品。也就是说,竞争对手越多,商品所在的市场就越成熟。这样的市场状况,也是目前大部分电商所面临的问题,此时增加商品的可信度就显得十分重要。下面对市场成熟度的几个阶段进行介绍。

1. 原生市场

这是市场成熟度的第一个阶段。在这个阶段,市场上没有其他相似的商品,也就是没有竞争对手,这时文案需要全面展示商品的内容,说服消费者购买,这和消费者认知程度的第三个阶段是一样的。

2. 中度成熟的市场

这是市场成熟度的第二个阶段。在这个阶段,市场上可能有一些相似的商品,而消费者也对那些商品有所认识。在这个状态下,撰写文案前应该观察竞争对手在做些什么,他们采用了什么样的手法,他们如何描述商品,从哪个角度撰写,用什么样的营销方式等。然后,在竞争对手的策略上进一步优化。例如,电商竞争最火热的女装市场,大部分人会以为这是一个非常成熟的市场,机会很少。其实,在网络购物日益成熟、年轻人成为电商消费主力的今天,人们往往容易忽略一些细分领域,如中老年、大码女装等,而"上新"永远是这个行业的关键词。

3. 非常成熟的市场

这是市场成熟度的第三个阶段。在这个阶段,市场上有非常多的类似商品,俗称标品市场,消费者很难发现新的商品。不过这个市场永远都有受众,市场也会汰旧换新。例如,家用电器商品就是一个非常成熟的市场,因为知名品牌数量并不多,但是消费者的家用电器随着时间的流逝会更新换代。同时,随着技术水平的提高和更新,还可能出现新品牌或商品。

四、强化商品特性并撰写文案

在做好以上工作后,接下来就要强化商品特性并撰写文案。大部分文案中的商品页面描述都存在重复描写同样的信息、样式过于标准化等问题,这样很难引起消费者阅读的兴趣。只有好的商品页面描述,才能增进电商和潜在顾客之间的关系,鼓励消费者重复购买,甚至是增加购买量。

1. 展现商品特征和消费者的获益

文案的描述不仅要说明商品的优势及使用方法,还要说服消费者为什么应该拥有这个商品,告诉消费者当他们购买了这个商品后会获得什么样的好处。

例如,OPPO手机商品文案,如图1-29所示。该文案突出的是手机的快速充电功能,将"充电5分钟"这个商品特征与消费者获得的好处"通话2小时"联系起来,解决了用户手机电量消耗殆尽后无法通话的问题。

2. 定义文案语言的风格

在通常情况下,为了避免商品页面显得单调无味,文案会使用独特的语言风格,目的是

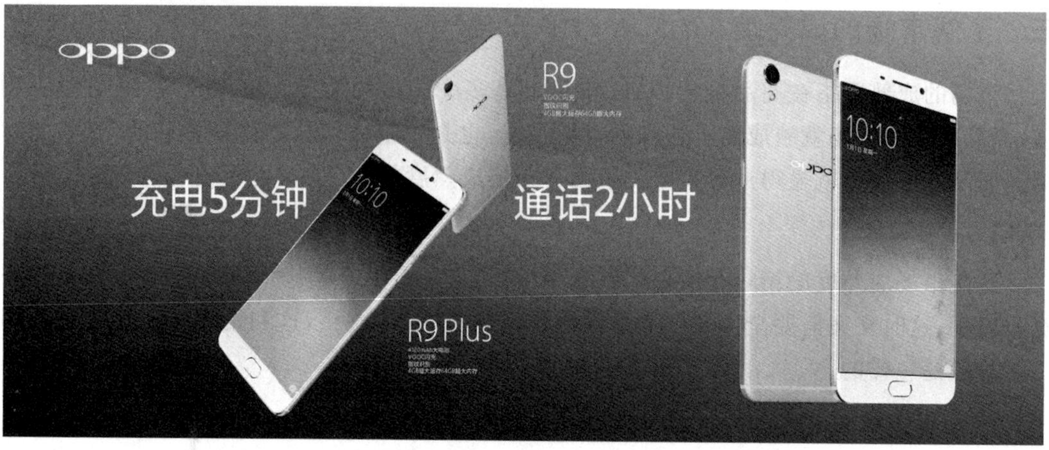

图 1-29　OPPO 手机商品文案

和竞争对手有所区别,同时也能增加消费者的体验感,建立电商品牌的印象、传播自己的组织文化和彰显自己的个性。简单来说,语言风格独特的文案不仅可以突出商品的亮点,还能通过独特的语言风格传递出友善、平易近人的感觉,传达出对每一位潜在消费者的重视和竭力提供服务、解决问题的决心。

例如,茶具文案"冲泡能力:最多六杯",这种描述就是普通、呆板的茶具文案的语言风格;如若换成"为你自己来一杯,或为自己的兄弟同时提供热腾腾的清茶——六杯! 都让你自己决定",这种描述则是从消费者的角度出发,在和使用商品的人对话,更容易打动消费者。

3. 设计文案内容

在定义好语言风格之后,就可以对文案的整个页面进行设计了。通过以下注意事项,可以快速抓住文案内容设计的重点。

(1) 罗列项目,强调重点。

(2) 用标题抓住消费者的目光。

(3) 字体够大,排版干净整齐。

(4) 通过视觉内容增加消费者对商品的渴求。

(5) 减少消费者购买的愧疚感。

(6) 增加潜在消费者的想象力。

(7) 挑起消费者的情绪(多使用动作动词或情绪形容词)。

> **素养提升》》》**
>
> 在我国传统文化中,"利他"思想占据重要的地位。"利他"与个人的修养有密切联系,如果一个人能把"利"给予没有血缘关系的陌生人,那他就具备了很高的道德修养。

(8) 在页面只呈现需要的内容。

消费者在浏览一个页面时,实际看到的内容大约只有 16%。因此,商品文案必须保证可以在很短的时间内让消费者看出其与其他竞争对手的差异,或是与其他众多商品的差异。

例如,华为手机商品文案,如图 1-30 所示。这是淘宝中华为 P50 pro 手机的详情页页面,文案清晰明确地表明了商品的卖点——防水。对于追求手机性能的消费者,特别是年轻消费者来说,这个文案会非常具有吸引力。

图 1-30 华为手机商品文案

4. 优化 SEO 和内容页面

SEO 是英文 search engine optimization 的缩写，中文意思为"搜索引擎优化"，这里的优化是指在文案中使用消费者喜欢使用的一些关键词，方便消费者通过网络进行搜索。因此，在商品页面内容写好之后，除了需要针对商品买家做调查，也要分析网店的关键词流量，尽量将主要的关键词添加到商品标题中，这对商品排名来说是很重要的。

> **知识拓展〉〉〉**
>
> 在撰写文案时，最好试着把自己转换成买家的角色，想一想如何才能打动消费者，才能创造出可以让消费者有所共鸣的内容，不要只是专注在商品的特色上，而忽略了商品对消费者的实际意义。

在优化内容页面时，应尽量避免专业术语，除非买家都是专业人士，并要将具有诱惑性的词语用在文案的标题和正文中（但不要过度使用）。在优化文案的商品图片时，可以标示买家可能会在意的特色，还可以为图片添加标题、描述和文字标签。最好不要与同行使用相同的商品页面内容，如图 1-31 所示。

5. 优化行动呼吁

这是很多人在撰写文案时非常容易忽略的一个步骤，如果未能激发消费者的行动，文案就发挥不了作用。让消费者采取的行动要越简单越好，越具体越好，越明确越好。不能让他们需要做很多的努力才能够购买到商品。文案必须给他们一个立刻行动的理由，以明确、积极、主动的文字，呼吁消费者采取行动购买商品。例如，聚划算就是淘宝电商中对于消费者进行行动呼吁的典型,如图 1-32 所示。很多参加电商活动的商品,都会使用一些行动呼吁的文案词语,吸引消费者快速下单。

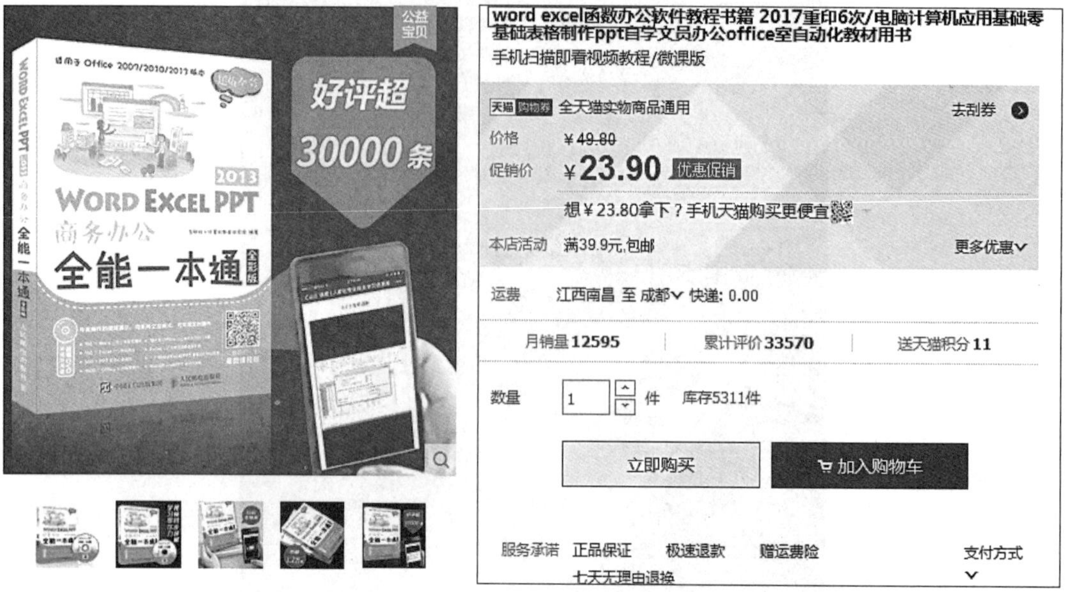

图 1-31　某商品标题中的关键词

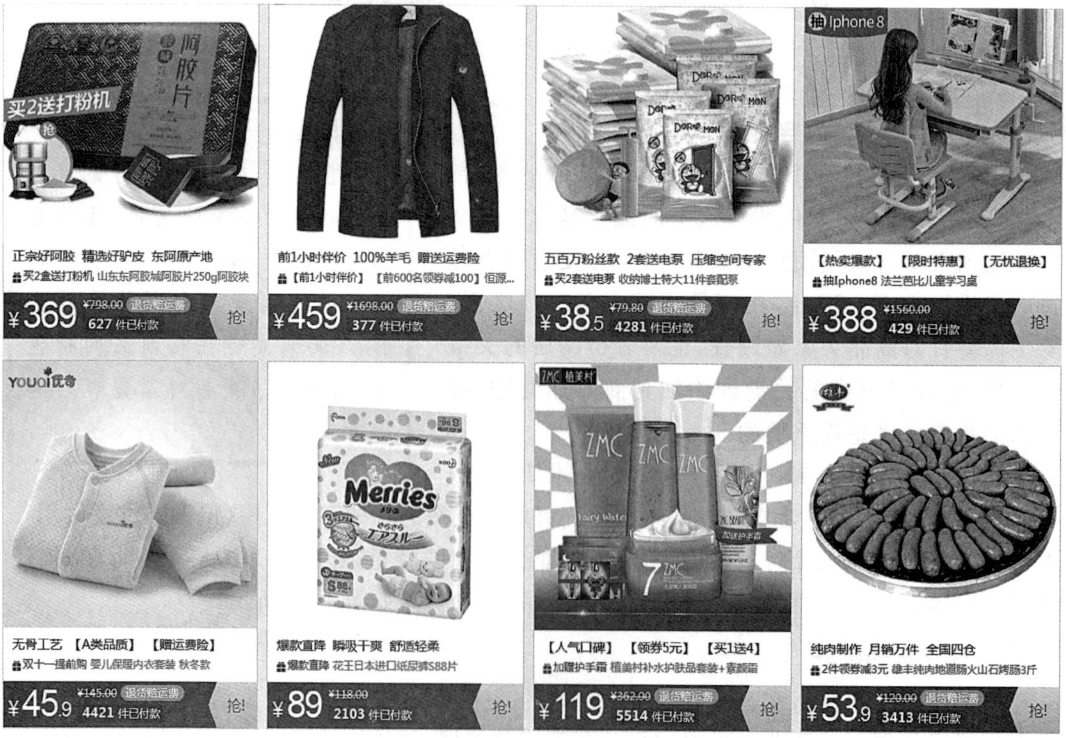

图 1-32　聚划算

6. 设置常见问答

虽然有时候文案已经写得非常详细了,但也会漏掉消费者特别关心的一些问题。因此,写文案时,需要站在消费者的角度去思考,并在文案中解答这些问题。消费者经常提到的问题主要包括送货问题、质量问题、退货问题、安全问题、使用问题等,我们在撰写文案时考虑得越周详,消费者就会越放心,越满意,如图 1-33 所示。

图 1-33 常见问答

五、审查并确定文案

对文案进行审查是指针对特定时间段所策划的、具有特定目的的一组(一次或多次)审核,包括策划、组织和实施审查的所有必要活动。审查需要电商的最高管理者对审查方案的管理进行授权,通常是授权管理者代表对文案进行策划和管理。

> **小思考》》**
>
> 利用思维导图或者 Office 中的 SmartArt 图形工具,绘制电子商务文案的工作流程图。

审查通常是由一个部门或一个工作小组进行的,它针对商品或品牌的要求对文案进行修改。修改完成后,由文案和部门负责人联系商品或品牌宣传负责人,再次对文案进行审查,并按照其要求进行一次或多次修改,直到满意并确定方案。

技 能 实 训

1. 实训题目

电子商务文案概述实训。

2. 实训目标

(1)通过教师讲解、案例讨论掌握相应知识点。

(2)初步学习团队合作,发挥每一位团队成员的能力,学习小组讨论、分析评价的方法,并对讨论问题进行记录和文字小结,完成案例讨论。

(3) 形成初步的独立思考能力。

(4) 培养初步的自主学习能力。

3. 实训内容与要求

(1) 由教师介绍实训的目的、方式、要求,调动学生实训的积极性。

(2) 由教师布置模拟实训题目,题目如下:请登录拉勾网、智联招聘、58 同城等大型招聘网站,查询还有哪些岗位需要电子商务文案写作的能力。

(3) 对学生进行分组,确定各小组的组长和人员分工,学习小组学习方式,制订小组计划,明确团队任务及目标。

(4) 由教师介绍电子商务文案概述的相关案例及讨论的话题。

(5) 各小组进行讨论,并记录小组成员的发言。

(6) 根据小组讨论记录撰写讨论小结。

(7) 各小组相互评议,教师点评并总结。

实训成果与检测

1. 成果要求

(1) 提交案例讨论记录:教学分组按 3~5 名学生为一组,设组长 1 人、记录员 1 人,每组必须有小组讨论、工作分工的详细记录,以作为考核成绩的依据。

(2) 能够在规定的时间内完成相关的讨论,学习团队合作方式,撰写文字小结。

2. 评价标准

(1) 上课时积极与老师配合,积极思考、发言。

(2) 认真阅读案例,积极参加小组讨论,展现出较好的问题分析思路。案例分析基本完整,能结合所学理论知识解答问题。

(3) 团队配合较好,积极参与小组活动,分工合作较好。

本项目考核检测评价

1. 填空题

(1) 文案主要用在_____领域,通常是指企业中从事文字工作的职位,或以文字来表现已经制定的创意策略的人或作品。

(2) 冷淡与热烈是两种风格的文案,它们的主要区别在于对_____的运用。

(3) 电子商务文案在传统文案的基础上,具有更强的层次性、时尚性、交互性和_____。

(4) 商家常常会通过一些促销电商文案来吸引消费者,这类文案的目的是_____,增加商品的浏览量与销量。

(5) 平面设计以_____作为沟通和表现的方式,通过多种方式或结合符号、图片和文字,传达想法或信息。

2. 判断题

（1）电子商务文案由文字、图片、视频和超链接等组成，它们能够丰富文案的内容，使文案更富有吸引力。　　　　　　　　　　　　　　　　　　　　　　　（　　）

（2）电子商务文案使用书面语言，用语相对规范、正式。　　　　　　　　　（　　）

（3）传统文案和电子商务文案的目的相同，实现过程、效应时间等也基本相同。（　　）

（4）新媒体运营是用互联网手段，通过 SNS、微信、微博、贴吧等新兴媒体平台进行商品宣传、推广、营销的一系列运营方式。　　　　　　　　　　　　　　　　（　　）

（5）电子商务文案所面临的问题仅仅是怎样快速把商品卖出去。　　　　　（　　）

3. 简答题

（1）简述文案的基本要求。

（2）简述电子商务文案的含义。

（3）简述电子商务文案的工作流程。

（4）简述电子商务文案的写作能力主要包含哪几项内容。

（5）罗列广义的电子商务文案的岗位职责。

（6）简述电子商务文案在营销中的作用。

项目二

电子商务文案创意策划与写作

（1）掌握电子商务文案写作策划的思路。

（2）了解电子商务文案的思维方法。

（3）学会拟写电子商务文案的标题。

（4）掌握拟写电子商务文案开头的写作技巧。

（5）掌握拟写电子商务文案正文的写作技巧。

（6）掌握拟写电子商务文案结尾的写作技巧。

学习重点、难点

1. 重点

（1）电子商务文案写作策划的思路。

（2）电子商务文案标题、开头、正文和结尾的写作技巧。

2. 难点

运用电子商务文案策划与写作的相关知识分析问题、解决问题。

思维导图

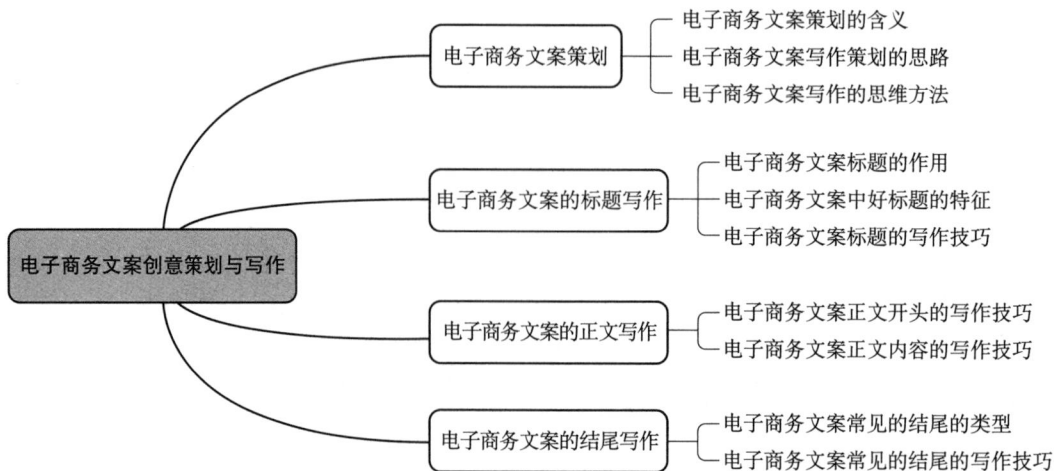

引例

我们的精神角落——豆瓣经典广告

豆瓣曾是文艺青年的代名词,可在移动互联网时代,豆瓣好像一直都慢了几个拍子,直到豆瓣在其成立十年后,第一次发声,推出其品牌首支短片广告——我们的精神角落,一经推出,就刷爆全网,掀起了一场清新风。一起来看看这个经典文案吧。

"我张开双臂拥抱世界,世界也拥抱我,我经历的、未经历的,都是我想表达的。

我自由,渴望交流,也懂得与人相处,但不强求共鸣。

我勇敢,热爱和平,总奋不顾身地怀疑,怀疑……我在哪里,该去哪里?

童年,或许还有过去,小时候的事,只有大人才记得。

我健康,偶尔脆弱,但从不缺少照顾,也尝过爱情的滋味。

如果不联络,朋友们并不知道我在哪里,但他们明白,

除了一个小秘密,我只是一个极其平凡的人。

我有时会张开双臂拥抱世界,有时,我只想一个人。"

豆瓣如是说:这是一首影像诗,也像一个寓言故事,所以愿你带着阅读诗的心情来观看它。多年来,豆瓣对受众的理解,抑或自我解读,都通过这幕主观视觉化的影像记录得以告白释意,并还原为别具意义的画面与声音,袒露在你的面前。这是一个人穿梭自我精神世界的旅程,也是一群人交换精神感受的心声。如果你在影片中,看见自己的影子,你可以说自己很豆瓣;如果你在影片中,看见一群人的模样,那他们,就是豆瓣,就是我们的精神角落,如图 2-1 所示。

图 2-1　我们的精神角落——豆瓣经典广告

辩证思考:分析以上文案内容,讨论并思考豆瓣经典文案给你带来的启示。

分析提示:豆瓣的这则广告很真实地把艺术和现实结合起来。配乐、剪辑、精准的文案、浓浓的文艺气息,以及对于主 slogan "我们的精神角落"的诠释,都非常完美。豆瓣真的很清楚自己的受众是什么,也明白自己对受众的价值,用这种文艺电影的方式把网络、精神与现实融合,将信息传递给受众。

在网络时代,电子商务已经成为电商商家重要的品牌和商品推广平台,甚至成为主要的营销宣传渠道。因为对于电商商家来说,消费者所带来的流量和转化率就是其生存的基础,而以今日头条、抖音等为代表的电子商务平台中就存在大量的潜在消费者。在这些平台中策划和写作推广文案,会为电商商家带来相当数量的消费者,且能完成引流和转化的任务,从而实现推广品牌和销售商品的目标。

任务一 电子商务文案策划

电子商务文案是消费者了解商品和品牌的一个重要方式,要使文案能够吸引消费者,并使其产生购买行为,电子商务文案必须做到重点突出、结构清晰、内容连贯。也就是说,电子商务文案写作者在开始写作文案内容前,就得在文案的构思上下功夫,需要对文案的结构框架、主题、信息分布和写作技巧等方面进行宏观策划和部署。

一、电子商务文案策划的含义

电子商务文案策划就是通过细致周密的市场调查与系统分析,充分利用已经掌握的知识(信息、情报与资料等)和先进的手段,科学、合理、有效地部署活动的进程。简言之,电子商务文案策划就是对文案活动运作的全过程进行预先的考虑与设想,对文案整体战略与策略进行运筹与规划。

正确理解电子商务文案策划的概念,有以下几个关键点。

(1) 文案策划的目的是追求广告进程的合理化与广告效果的最大化。

(2) 企业的营销策略是文案策划的根本依据,文案策划不能脱离企业营销策略的指导。

(3) 文案策划有其特定的程序,这种程序应该是科学、规范的,而不是盲目地凭空设想与随心所欲。

(4) 文案策划应该是对企业活动的整体策划,而不是停留在具体操作层面上的文案计划。

(5) 文案策划必须以市场调查为依据,良好的市场调查可以为广告策划提供市场环境、消费心理和竞争对手等多方面的重要信息。

(6) 文案的心理策略、定位策略、规划策略、创意策略、文案写作、媒体策略及效果评估是文案策划的核心内容。

(7) 文案策划书(文本)是文案策划结果的一种可见的形式,它为广告运动提供了运行的蓝图与规范。

(8) 文案效果的测定方法与标准应该在文案策划中预先设定。

二、电子商务文案写作策划的思路

在完成电子商务文案写作的前期准备工作后,很多文案写作者通常会根据收集到的一些经典案例来模仿写作。但是,电子商务文案的写作并不是简单的字词组合,其背后有一个完整的写作基本思路。对于文案写作者来说,了解并掌握写作的基本思路是非常重要的。

1. 确定电子商务文案的主题

文案写作者在写作电子商务文案前需要知道,文案主题将始终贯穿整个文案写作的过程,并统筹文案策划和写作的方向。主题对文案的最终呈现效果有着很大的影响,对内,主题能影响文案的创作、传播和投放;对外,主题还担当着传播者的角色,消费者通过文案透露出的主题能够知晓宣传推广的重点信息,而文案的好坏对能否激起消费者的参与欲望也有重要影响。因此,主题的选择是否恰当直接影响着电子商务文案的质量,并关系到文案所能带来的商业价值。确定文案主题也就成了文案策划和写作过程中非常重要的一个环节。

1)了解确定文案主题的思路

一切社会活动都是有规律的,人们可以根据规律来研究活动的整个过程。同样的道理也适用于文案主题的确定。在确定主题前,文案写作者需要了解选择主题的步骤和思路。文案写作者通常通过以下4个步骤来进行电子商务文案的主题选择。

(1)关注。文案写作者需要持续关注社会问题、流行文化和近期热点。

(2)筛选。文案写作者要从所关注的内容中筛选出真正具有新意、冲突性、趣味性或者话题性的部分,并将其作为备选主题。

(3)梳理。在经过关注和筛选两个素材积累的阶段后,文案写作者需要为备选主题找到一个正确清晰的切入角度。

(4)提炼。在明确切入角度后,文案写作者需要通过过硬的文字功底和文案技巧,去提炼观点、突出卖点,将主题清晰地呈现出来。

例如,满记甜品的海报文案主题就是通过关注现在年轻人最流行的毕业和职场内容提炼出来的,如图2-2所示。

图 2-2　甜品海报文案

该文案围绕着刚毕业的年轻人对未来的迷茫,在职场上渴望被认可、被看到的情绪来写作。该文案将情怀注入甜品中,将"人们生活中的甜"和"商品之甜"相关联,凸显出文案主题——该品牌甜点能够给予消费者跨越年龄层级和生活差异、直击内心、让人感同身受的甜美。消费者能够从文案中找到可以引起自己共鸣的内容。该文案触及了消费者的"痛点",能引发消费者转发或者购买的冲动。

2)归纳文案的主题

如果把文案比喻成一个人,那么内容就是文案的"血肉",主题就是文案的"灵魂",灵魂依附在血肉之中。因此,文案的主题需要从内容的角度来进行归纳。

(1)文案主题应该与日常生活相关联。日常生活是商品、文案与消费者相互联系的纽带,也是创意和文案的最佳产地,任何宣传都比不上朋友圈的口碑推荐更令人信任,真实的生活感受永远是能带动消费者情绪的好文案。很多好文案都是从生活中提炼出来的,一些随手创作的有关生活感悟的句子,因为和消费者的生活及身边的事情关联度高,便非常容易引起消费者的讨论、分享、关注和回应。文案写作者在选题时,如果有意识地去满足这个规律,那么文案成为爆款的概率就会增加。例如,红星二锅头的品牌海报文案,如图 2-3 所示。

一个个故乡里的孩子,在北京拼着命长大。

有句话说"理想就是离乡",还真是这样,年轻的人们在城市里摸打滚爬飞快成长,也让青春飞快流逝,往往没等故事便已出故。

没有酒 说不好故事

图 2-3 与日常生活相关联的主题文案

该文案主题是很多在"北上广"打拼的消费者日常生活,其表现了年轻人在梦想和家人的支撑下在"北上广"打拼和奋斗的不屈精神,让消费者有了感同身受的触动,并引起了消费者的共鸣。

(2)文案主题应该与消费人群相关联。在写作文案前,通过分析目标消费者可知,不同的消费人群会有一些共同的话题,这些话题很容易触动这些消费者的敏感神经。例如,房价、升职、马拉松和健身等话题非常容易引起上班族群体的关注;学生群体则对情感、运动和游戏等话题很感兴趣,就业、求职、食堂、美食等也是其关注的焦点;妈妈群体平时关注的则是海淘、代购、辅食、幼教等话题。如果文案内容涉及这些话题,并展示对应的关键词,会更容易提醒这些特定目标消费人群去关注和浏览。

(3)文案主题应该与热点事件相关联。由于网络传播的信息速度非常快,热点事件也就具有迅速收获大量关注和迅速扩散的能力。因此,文案写作者可以使用热点事件作为文案的主题。筛选热点事件有以下 3 点注意事项。

① 反应快。要第一时间利用热点事件进行文案的关联写作和编辑。

② 挖掘话题。选择的热点事件要能进行话题延伸,给予消费者一些新的内容和信息,这样的文案才能刺激消费者进行转发和传播,从而凸显品牌或商品的价值。

③ 与品牌或商品相关联。选择的热点事件应具备和文案推广的品牌或商品相关联的因素,这样才能起到宣传或推广的效果。

2. 选择电子商务文案的诉求方式

诉求是指电商商家通过文案向目标消费者传递某种信息,以博取关注或引起共鸣,最终达到引导消费者购物的目的这一过程中所给出的理由。诉求从性质上可分为理性诉求、感性诉求及情理结合诉求 3 类。

1) 理性诉求

理性诉求是指电子商务文案的诉求定位于消费者的理智动机,真实、准确、公正地传达商家、企业、商品和服务的客观信息,使消费者经过判断、推论等思维过程,理智地做出判断和决定。采用理性诉求方式写作的电子商务文案,侧重点在于展示商品的实际功能、价值等卖点,给消费者营造具体、实在的消费场景,让消费者直接从文案中发现商品带来的实际利益。采用理性诉求方式写作的电子商务文案以表达商品的客观信息为主,通常有以下几种类型。

(1) 直陈式。直陈式文案直截了当、精练准确地表述品牌、商品和服务的客观特性,以提供数据佐证、列图表等方法,对消费者进行说服。例如,某手机的详情页文案,如图 2-4 所示。

4000万超感光徕卡四摄*
潜望式10倍混合变焦,最大50倍数码变焦

超感光录像、变焦录像、双景录像*

3200万像素前置摄像头
HDR+逆光智美自拍

4200mAh大电池,强劲续航*
40W超级快充,支持15W无线快充

6.47英寸OLED曲面屏*,屏内指纹
屏幕发声,IP68级防尘抗水*

麒麟980芯片,卓越性能
EMUI 9.1系统,便捷流畅

图 2-4　直陈式的详情页文案

该文案通过数据直接展示了商品的六大卖点,并且该文案只负责阐述事实(即商品或品牌的核心诉求点),这就是典型的用数据说话的理性诉求。

(2) 论证式。论证式文案以说理为主,在展示商品的同时,传达给消费者新的消费观念、商品选择观念、品牌理念等,并通过充分的论据、严密的论证对消费者进行说服。若消费者认同了文案中包含的观点,也就接受了文案的诉求。

（3）比较式。比较式文案以用商品或服务与竞争对手进行比较（可以不指名,也可以针锋相对）为主要内容,以此来突出自己商品或服务的优势和特色（优势品牌通过比较展示自身的优势；弱势品牌通过比较提升品位,展示独特之处）。例如,冷酸灵牙膏的海报文案,如图 2-5 所示。

在复杂的比较式文案中,比较不单单是将两个不同的东西放在一起对比,而是更进一个层次,直接将不同的东西转化成情感,将二级情感与一级的内容比较,形成对比,更有内涵和深度。该文案采用的就是深层次的比较,将对比的东西放在一起,形成反转,我们常说爱是包容,但是这里的爱是拒绝,就是间接地将爱和拒绝放在一起,进行升华。

（4）说明式。说明式文案以说明为主要表现手段,对商品或服务的特性、内容、功能、成因等以图文结合的方式进行详尽的展示或示范,从而加深消费者的理解。这种诉求方式多用于消费者不了解的商品或新型商品的文案中。

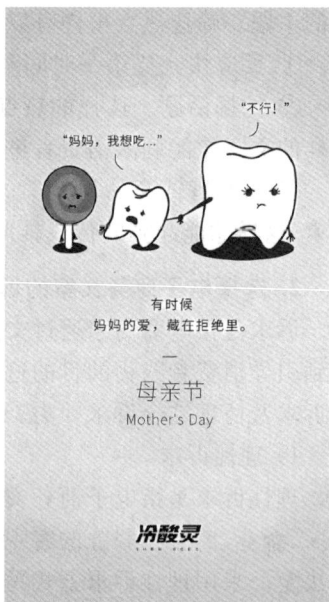

图 2-5　比较式的海报文案

2）感性诉求

感性诉求是指电商文案的诉求定位于消费者的情感动机,通过展示与商家、商品或服务相关的情感因素来传达文案内容,从而触动消费者的情绪,引起情感共鸣,以此引导消费者产生购买商品的欲望和行为。以感性诉求方式写作的电子商务文案,侧重点在于通过创造人性化的内容拉近商家与消费者内心的距离,使消费者与品牌之间建立起情感联系,并使消费者对商家、商品或服务产生情感上的偏爱。利用感性诉求方式写作的电子商务文案以表达主观情感为主,通常有以下几种类型。

（1）爱的情感。这是电子商务文案中利用感性诉求写作时最常用的方法之一。因为爱是人类感情的基础,运用爱情、亲情、友情、乡情与怀旧之情等写作的文案,更能营造快乐、幸福、满足、温馨等容易感染消费者的氛围,并能引起消费者的共鸣。

（2）生活情趣。这也是电子商务文案中表达感性诉求的常用手段。消费者更容易接受与平常生活类似的感受,如展示生活中幽默开朗、自信自得等方面的内容,或者展示轻松、惬意的心理感受,这样就很容易感染消费者。例如,五常大米品牌小饭围的文案,如图 2-6 所示。

该文案内容是将对生活的态度展现给消费者,如"米好,胃口就好""识食物者为俊杰"这样的文字会向消费者传达一种认真生活的态度,在引起消费者共鸣的同时,也宣传推广了自己的品牌。

（3）自我个性。这是电子商务文案中表达感性诉求的另一重要方式,指文案写作者以个性化的内容和风格,充分展示品牌或商品鲜明的自我观念与期许,包括个性、价值观念,以及自信、自豪、自我实现的感觉等。例如,Jeep 汽车的品牌文案,如图 2-7 所示。

此文案主要突出该品牌汽车作为专业越野车的霸气,并展示出该品牌的个性和价值观念,即用敢想敢为的精神应对现实世界的种种困难。这让男性消费者难以抗拒品牌的情怀,也使女性消费者对于这种豪气干云的男性产生倾慕之情,进而吸引其关注该品牌的商品。

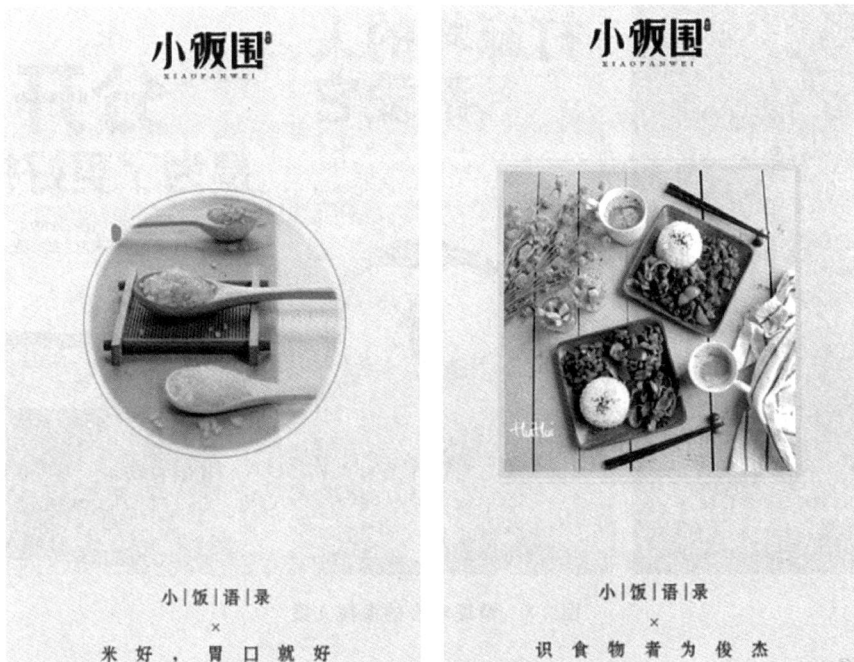

图 2-6 展示生活情趣的推广海报文案

图 2-7 展示自我个性的推广海报文案

3) 情理结合诉求

在电子商务文案的写作中,理性诉求的内容偏重于客观、准确、公正,较有说服力;感性诉求的内容则偏重亲切、自然、生动,更有亲和力。将两者结合起来,电子商务文案既能向消费者提供商家、商品和服务在实用性、功能性方面的信息内容,又能满足消费者的心理需求,使消费者在精神和物质两方面都能得到满足。

以情理结合诉求方式写作的电子商务文案,通常采用以理性诉求传达客观信息、以感性诉求引发消费者情感共鸣的方法,并通常表现为主标题传递感性诉求、副标题传递理性诉求(也有相反的情况)的形式。例如,某电商平台的商品促销文案,如图 2-8 所示。

图 2-8　情理结合的海报文案

这些文案主标题都是从情感方面来传递商品的感性诉求,副标题则是利用直陈式和说明式的方法,展示商品的理性诉求,将商品的特性、功能、实际利益与情感内容进行了合理的关联,从而更容易获得消费者的信任。

3. 明确电子商务文案的写作风格

电子商务文案的写作风格取决于所要展示的商品或者品牌的定位,一旦确定了某种风格类型,与该商品对应的促销文案、详情页文案和海报文案等都应该围绕这种风格进行写作。电子商务文案所涉及的写作风格包括情怀、有趣、温馨、实在、暖心、激情、华丽等,其风格可以是多种的,只要能具有自己的个性,能吸引消费者的关注并达到销售商品的目的,那么这种表现出来的文案基调就可以称为合适的写作风格。例如,小茗同学这一饮料的文案总是非常有趣,让人看了不禁会心一笑,暗自称好;江小白的文案自始至终都充满情怀,用情怀卖白酒,不知道吸引了多少被戳中内心的消费者;宜家家居的文案走的是清新温馨的路线,为消费者营造出家的感觉,并时刻提醒消费者高质量的生活有多么重要……当然,文案写作者需要先了解商品和品牌的相关信息,然后确定使用哪一种写作风格。例如,昆仑山矿泉水的暖心文案,如图 2-9 所示。

该文案的风格是暖心,通过"隐形的盔甲"这 5 个字将矿泉水与母亲的爱结合在一起。不起眼的水和母爱一样,虽然时常被忽视甚至被忘记,但一直守护着我们的生命。因此,文案中的"珍贵的水给珍贵的人",既温暖了消费者,又引起了消费者的共鸣,从而起到了宣传品牌和商品的作用。

4. 完成电子商务文案的整体构思

在确定了电子商务文案的写作风格之后,文案写作者基本上就可以开始写作了。文案写作者无论是在写作前、写作中还是写作完成后,都需要按照一定的逻辑思维来对文案内容进行整体构思,并完善文案内容,使文案的表达更加出色。在通常情况下,整体构思包括内

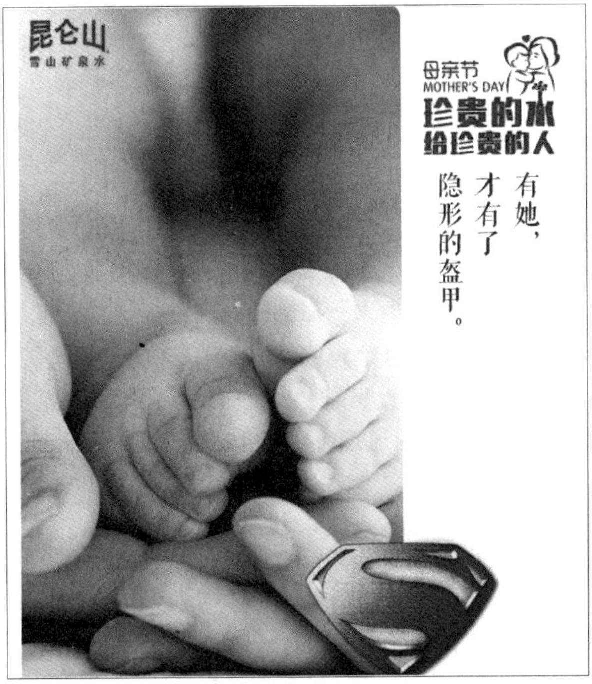

图 2-9　暖心风格的海报文案

容、结构、配合、写作技巧、统一性和个性等几个主要方面。

（1）内容。文案内容的逻辑关系要清晰明了，需突出文案写作的目的和主题。

（2）结构。文案标题与正文之间的联系要紧密，正文的结构要合理，广告内容要以消费者能够接受的方式体现。

（3）配合。文案内容要符合最终发布平台的要求，文章、视频、图片等不同的表现形式具有不同的特点。文案写作者在组织文案时，要根据具体情况进行分析和选取。

（4）写作技巧。文案写作者可以使用一定的写作技巧来增加文案的可读性，但切记不要频繁使用或因为过度注重写作技巧而掩盖了文案需要传达的信息。

（5）统一性。具有统一性的文案更容易获得消费者的认可。统一性是指电商的首页、详情页、客户服务、包装、售后服务、宣传册等内容都应使用风格一致的文案。

（6）个性。电商平台中很多同类型商品的详情页文案通常都具有极高的相似度，为了吸引更多消费者，文案写作者可以在写作前设计一些个性化的内容，如在详情页中设计一些符合品牌风格的辅助文案，以及个性化的客服话语等。

从以上角度进行考虑，对写作的文案内容进行修改完善和完成电商文案的整体构思，不仅能提高文案写作者的写作水平，还能增强文案对消费者的吸引力。

三、电子商务文案写作的思维方法

写作电子商务文案需要激发创造力，这样文案写作者才能写出条理清晰、融入性更好的创意性文案，从而吸引更多消费者的目光，获得更大的收益。而创造力源于写作者自己的思维方式，如果具备了以下几种思维方式，文案写作者就能更好地培养自己的创意思维，写作出独具特色的文案。

1. 水平思维和垂直思维

从根本上看,电子商务文案的创意不仅是来自文案写作者的想象力,还取决于文案写作者思维的灵活性。若运用好垂直思维和水平思维,文案写作者就能创作出优秀的电子商务文案。

（1）垂直思维。垂直思维是在对事物本身进行深入分析后,向上或向下进行的垂直思考。垂直思维

具有非常强的逻辑性,可以说是一种思维定式,日常的学习和生活正是在强化一系列的垂直思维。在运用垂直法写作文案时,垂直思维会促使文案写作者展现出很多公理（公认的理由）,如经验、旧知识、常识、尽人皆知的道理等。例如,某电商的理财产品海报文案,如图 2-10 所示。

图 2-10　运用垂直思维写作的文案

该文案内容展示了经济独立的重要性,其本质是向消费者提出一个"要改善经济状况"的建议,并根据人尽皆知的道理顺势提出了解决问题的方案——使用高收益理财产品。该文案充分运用了垂直思维并具有很强的逻辑性。

（2）水平思维。水平思维不属于思维定式,它是跳出原来的逻辑关系,以非常规的方式去解决疑难问题的一种多方向、多出口的独辟蹊径的思维方式。也就是说,水平思维和垂直思维不同,水平思维需要想出、此前未考虑到的、可能解决问题的办法或途径。当人们使用水平思维时,便能够跳出原有的认知模式和心理框架,打破思维定式,通过转换思维角度和方

向来重新构建新概念和新认知。因为水平思维摆脱了思维定式,所以这样写出的文案往往具有打破常规、富有创见性的特色,就是通常所说的有创意。例如,酒窝甜品柚子茶的海报文案,如图 2-11 所示。

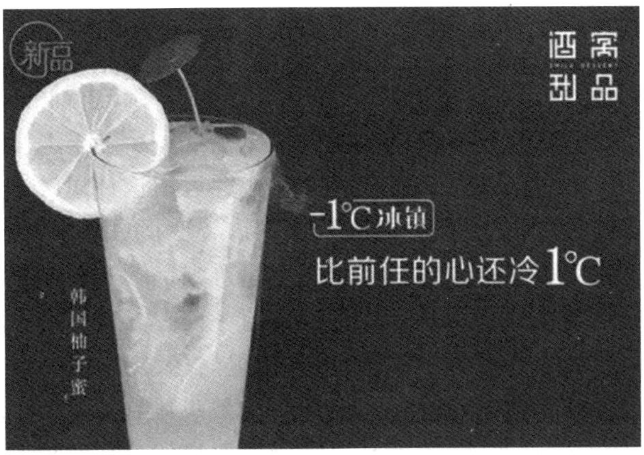

图 2-11　运用水平思维写作的文案

该文案运用了水平思维，－1℃的饮品有多冷呢？它不是简单地陈述饮品温度，而是思考世界上还有什么是冰冷的，然后从感情的角度出发，表示前任的冷漠无情会让人如坠冰窟，有过这种体会的消费者就会产生一定的情感共鸣，而没有过这种感受的消费者也会好奇“比前任的心还冷 1℃”到底有多冷。

知识拓展»»

垂直思维是沿着既定的路径一直走下去，水平思维则意味着进入旁边的路径，在不同的模式中进行转换。

案例 2－1

菲律宾国家旅游公司文案

来菲律宾旅游的“十大危险”：

一是小心买太多东西，因为这里物价便宜；

二是小心吃太饱，因为一切食物都质美价廉；

三是小心被晒黑，因为这里阳光很好；

四是小心潜在海底太久，要上来换气，因为海底美景使人流连忘返；

五是小心胶卷不够用，因为名胜古迹数不清；

六是小心上下山，因为这里山光云影常使人顾不得脚下；

七是小心爱上友善、好客的菲律宾人；

八是小心坠入爱河，因为菲律宾姑娘热情好客；

九是小心被亚洲最好的酒店和餐厅宠坏了胃口；

十是小心对菲律宾着了迷而忘记回家。

2. 发散思维和收敛思维

进行创意思考的方式还包括发散思维和收敛思维，这是进行创意思考的常见方法，也是评定创造力的主要标志。

（1）发散思维。发散思维又称扩散思维、辐射思维，是指在解决问题的思考过程中，从已有的信息出发，尽可能地向各个方向扩展，并不受已知或现存的方式、方法、规则和范畴的约束，从这种扩散、辐射和求异式的思考中，求得多种不同的解决办法，并衍生出各种不同的新的设想、答案或方法的思维方式。

利用发散思维进行思考需要有充足的想象力。例如,以曲别针展开想象,一般从它的作用出发,会想到装订书页、做书签、用来别衣服。运用发散思维进行联想,它还可以用来当手机支架、钥匙扣、临时鱼钩、别在两个拉链之间防裂开、挂日历、挂窗帘、扭成心形做装饰等;也可从其材质分析,加工后可制成弹簧等。文案写作者运用这种思考方法,可以丰富商品本身的文化内涵,为自己提供更多选择的空间,使文案内容变得更加丰富和充满吸引力。

(2)收敛思维。收敛思维又称求同思维、集中思维、辐集思维和聚合思维,是指从已知信息中产生逻辑结论,从现有资料中寻求正确答案的一种有方向、有条理的思维方式。收敛思维与发散思维正好相反,是一种异中求同、由外向里的思维方式。

在写作电子商务文案时,文案写作者需要运用收敛思维在众多的商品信息里找出关键点,然后对症下药,有针对性地写作,也就是通常所说的找到商品的核心卖点。例如,洗发水的功能卖点包括去屑止痒、清洁柔顺、清爽去油等,但并不是说针对头皮瘙痒的止痒洗发水就不具备滋润养护、净化发丝的作用,只是文案写作者运用了收敛思维,从该洗发水的众多功效中选择了最合适、最具针对性的功能。这就是收敛思维的真实表现,即从信息中挑选最关键有效的信息,以达到一击即中的目的。

3. 顺向思维和逆向思维

顺向思维与逆向思维其实就是垂直思维的两种具体形式。顺向思维就是向下的垂直思考。逆向思维也叫求异思维,是指对人们几乎已有定论的或已有某种思考习惯的事物或观点进行反向思考的思维方式。逆向思维敢于"反其道而行之",让思维向对立的方向发展,向问题的相反面进行探寻摸索,从而找出新创意与新想法。例如,自然堂的商品海报文案,如图 2-12 所示。

图 2-12 运用逆向思维写作的文案

该商品使用知名人士作为形象代言人,其作用是引起品牌形象联想、体现品牌个性。顺向思维应该是男性用品使用男性模特,女性用品使用女性模特,而这里运用了逆向思维。当女性消费者看到男性的皮肤都可以保养得光洁细腻,自然就更加相信这款商品了。

通过以上方法进行思维的拓展后,文案写作者可以在匹配消费者需求的基础上,找到合理的切入点,以便在文案策划与写作中创作出具有诉求和创意的文案内容,使文案能标新立异、出奇制胜,给消费者留下深刻印象,从而提高商品的关注度和转化率。

案例 2-2

"斯柔菲"创意文案

"斯柔菲"是泰康集团旗下的一款深睡力乳胶寝具专业品牌,其核心卖点是"深睡力"。该品牌通过一种简洁的方案,将自身独特的利益价值传达给消费者:使用斯柔菲产品,能让你在深夜拥有深睡的状态,从而促进睡眠健康。

"斯柔菲"的生活小品型文案是一种价值很高,会带来非常广泛理念的文案类型。小品型的文案特点是非常简短,也非常有生活味道。像江小白的很多文案都是属于这种。以"斯柔菲"的悦己篇和爱她篇为例,这种文案比较像小诗的感觉。

悦己篇:"清晨的神清气爽,是对昨夜深睡的犒赏。纵是无梦,却无碍多巴胺感知到夜的芬芳。Soluffy,一次偶然相遇,也无碍我萌生与他相伴一生的畅想。"(见图 2-13)

爱她篇:"最美的还不是拥吻她的发香,而是看她深睡如妈的模样。Goodnight 已不是一句习语,而是我对她履行一生的承诺。选择 Soluffy,我愿用深睡来诠释深爱,用品质来连接梦想!"(见图 2-14)

图 2-13　"斯柔菲"文案——悦己篇

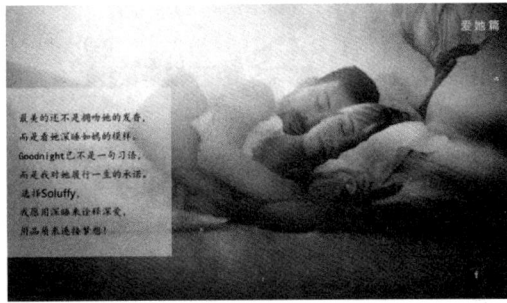

图 2-14　"斯柔菲"文案——爱她篇

任务二　电子商务文案的标题写作

在当前网络信息更新非常快速的背景下,即使文案的内容十分精彩,消费者也不会花太多的时间来仔细浏览,而且很多消费者只看文案的标题就会做出是否继续浏览文案的决定。因此,文案标题的重要性不言而喻,它必须具有吸引消费者注意力、筛选消费者和引导消费者阅读正文的作用。

一、电子商务文案标题的作用

一般情况下,标题不仅是凭借一些写作手法、文字技巧赢得受众的注意,同时,它还具备其他功用。例如,"制作出醇香松软的蛋糕有哪些诀窍?"这样一个文案标题,它说明了本文案提供了制作蛋糕的秘诀,吸引了蛋糕制作爱好者的阅读兴趣。一个能提供

小思考>>>
在网络上收集优秀的电商文案标题,看看其符合好标题的哪些特征?属于哪一种标题类型?使用了哪些修辞手法?

有效信息的好标题自然能激发受众阅读的兴趣。由此可知,在电子商务文案的标题写作中,文案写作人员应注意标题的以下功能。

1. 吸引注意力

无论是哪种形式的电子商务文案,消费者看到标题的第一眼都会在心里迅速分析这与自己有无关联,并会思考它提供了哪些新信息、带来了哪些好处等。而成功的电子商务文案往往是凭借这个第一印象来赢得消费者的关注,如图 2-15 所示。

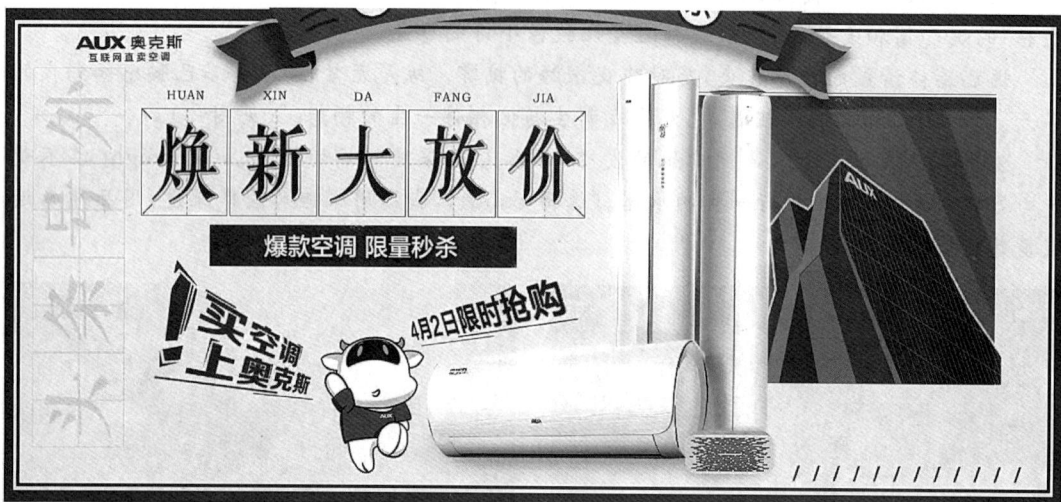

图 2-15 吸引注意力的电子商务文案标题

商品促销活动中的优惠价格、超值活动等是消费者比较感兴趣的内容,在标题中展示出优惠信息或超高的性价比,可以快速激起消费者的实惠心理,进而提高商品的点击率。图 2-15 中的标题就是通过"大放价""限量""秒杀"这几个关键性词语来表达商品的优惠,以吸引消费者的注意力。另外,该文案标题中的"焕新"这一关键词也能引起消费者的注意。类似的表现"新"的词语还包括"发现""最近""全新""初次""创新""预售"等,在标题中添加这些关键词同样会让文案标题更有吸引力,进而引发消费者的好奇使其产生点击行为。

另外,如果标题中有自带关注度与流量的时事热点、名人、流行词汇等内容,也会起到吸引消费者关注的作用,从而使其产生阅读文案内容的冲动,如图 2-16 所示。

图 2-16 所示是一款商品的促销活动广告文案,活动时间正值西方的愚人节。该文案利用愚人节这一热点时间,以"不愚人 玩真的"作为文案标题,告诉消费者活动的真实性,从而达到吸引消费者关注的目的。

2. 筛选受众

在电子商务文案的写作过程中,文案写作者通常会根据不同的消费人群来创作不同的标题。例如,"美妈的逆龄之选"这个标题针对的消费人群是 35～59 岁的女性群体。浏览到该文案并对其感兴趣的消费者一看到标题,自然会点击浏览,这不仅能节省消费者的时间,还能筛选出对商品有购买欲望的消费者。图 2-17 所示的电子商务文案标题同样具备筛选消费者的作用。

图 2-16　蹭热点的电子商务文案标题

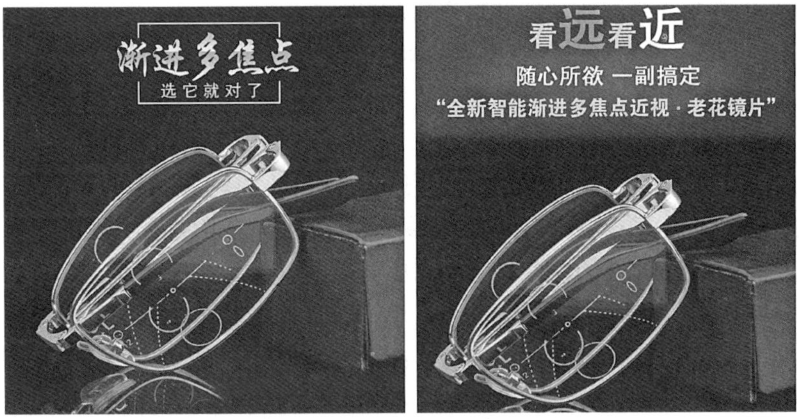

图 2-17　筛选受众的电子商务文案标题

图 2-17 所示是某品牌老花眼镜的电子商务文案标题。左侧的文案标题为"渐进多焦点 选它就对了",由于该标题并没有指明消费人群,因此只会让消费者以为这是一款普通的近视眼镜,可能出现的结果则是:需要购买近视眼镜的消费者点击进去后大失所望,而真正需要购买这款商品的老花眼消费人群反而可能会错失该商品。而右侧的文案标题则直接为"全新智能渐进多焦点近视·老花镜片",清晰划分了消费人群,指明这是一款针对老年人老花眼的眼镜,这样就不会让消费者因为误解而产生不满。

3. 激发消费者兴趣

仅仅靠电子商务文案的标题吸引消费者是不够的,消费者也不会因为标题精彩而直接购买商品,他们通常还会查看文案的具体内容。因此,电子商务文案的标题还必须具备吸引消费者阅读正文的功能,如图 2-18 所示。

图 2-18 所示已经告诉了消费者商品类型为出行用品,但文案标题"轻便好省,享受每一

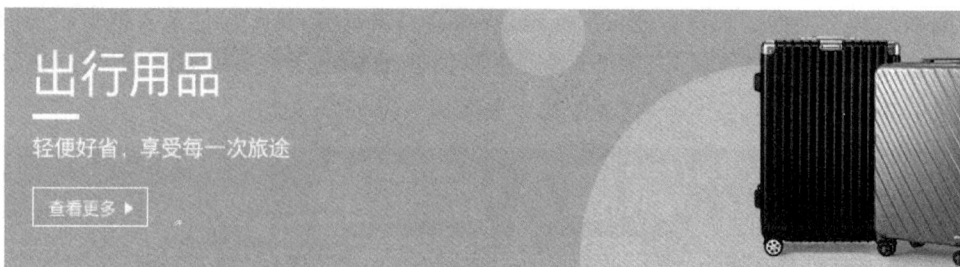

图 2-18　起到引导消费者浏览正文作用的电子商务文案标题

次旅途"就让消费者对有哪些相关的出行用品、如何实现轻便好省、使用这些商品如何享受旅途等问题产生了想要了解的欲望,提升了该文案的点击率和浏览率。

要想用电子商务文案的标题来引导消费者浏览文案内容,就需要激发消费者的好奇心。因此,文案写作者在写作标题时,既可以用吊胃口、提问的方式,也可以承诺提供奖赏、新消息或有用的信息。例如,将标题写为"只要花 50 元就能享受美容手术的效果",这样就会让消费者对该商品感到好奇,以及对这种美容效果产生怀疑,反而会激起消费者的求知欲。

> **知识拓展 >>>**
>
> 　　除此以外,电子商务文案的标题还可以起到传达完整商品信息的作用。如果标题涵盖了正文内容,并完整地表述出商品特点,那么就能起到销售商品的作用。

二、电子商务文案中好标题的特征

在写作电子商务文案的过程中,创作标题是非常重要的。从销售商品的角度看,标题会关系到最终的订单转化率;从品牌推广的角度看,一个好标题意味着可以激起消费者阅读文案的兴趣。通常一个好的电子商务文案标题应该具备以下 5 个特征。

1. 主题鲜明

电子商务文案的标题包含商品搜索的关键词,如果关键词设置得不恰当,那么搜索到的商品就会偏离消费者的预期。也就是说,电子商务文案的标题要鲜明地展示商品的特色或卖点,给消费者留下深刻的第一印象。有很多商品通常是靠一个核心卖点成为热销商品的,甚至商品的一个卖点就足以成就一个品牌。因此,如果在消费者最先接触到的标题中加入鲜明的主题卖点,就可能会产生更好的宣传或营销效果,如图 2-19 所示。

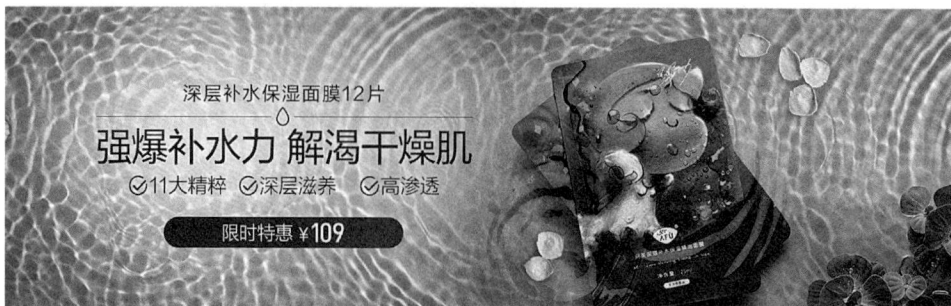

图 2-19　主题鲜明的电子商务文案标题

图 2-19 所示的文案为某款面膜的宣传主图。该款商品的主要卖点是补水保湿,因此,文案标题"强爆补水力 解渴干燥肌"紧扣补水保湿这个主题,展示出商品强大的补水能力。

2. 简明扼要

根据相关统计机构对标题长度与阅读量之间关系的统计数据分析和研究,可以得出这样一个结论:阅读最短标题的消费者数量平均比阅读最长标题的消费者数量多 1/7,阅读超过 12 个字的标题的消费者数量下降最多。由此可见,标题越长,消费者对于文案标题浏览的耐心就越少。电子商务文案标题的最佳字数为 7～15 字。这就要求文案写作者需要在尽量短的标题中指出商品的最大优势或卖点。因此,文案需要言简意赅、通俗明了,既不能有生僻词汇,也不能长篇累牍,如图 2-20 所示。

图 2-20　简明扼要的电子商务文案标题

图 2-20 所示的文案推销的商品是凉拖鞋,其卖点包括"时尚""韩版""防滑耐磨""舒适贴脚"。标题运用"一双搞定"4 个字,言简意赅地点明了该商品的核心诉求点,即几乎直接满足了消费者对于一双海边凉拖鞋的所有需求。

要想使电子商务文案的标题简明扼要,就需要注意以下 3 点内容。

(1) 以尽可能少的语言和文字表述所销售商品的卖点,实现有效的信息传播。

(2) 要尽量使用简短的句子,防止消费者因语句繁长而产生反感的情绪。

(3) 简明扼要不等于短,短的标题不一定效果就好,标题主要应起到吸引消费者注意并使消费者迅速记忆文案内容的作用。

3. 实际益处

消费者在浏览电子商务文案标题后,最大的疑问是这 3 个字——结果呢? 消费者想要知道这个商品能带来什么样的结果或好处。因此,电商商家需要通过文案,特别是文案的标题,来提前展示出消费者所期许的结果,这样才能真正达成销售商品的目的。换句话说,电子商务本质上成交的不是电商商家要销售的商品,而是消费者获得的实际益处。

例如,商品为美白面膜,消费者买这种面膜的目的是让自己的皮肤变得更白,"美白"是消费者获得的实际益处,而美白面膜只是帮助消费者实现这个结果的桥梁。又如,消费者买口香糖是为了收获"健康清新的口气",只是这个好处需要消费者通过购买口香糖来实现。再如,消费者买单反相机是为了留下"清晰的画面、美好的景象、快乐的时光和珍贵的回忆",只是消费者需要通过购买单反相机来实现这个结果。

对于电子商务文案来说,非常有效的写作标题的方式就是直接向消费者承诺购买商品将获得某种利益,或者直接说明某商品或服务的好处,并介绍如何解决某种问题等,如图 2-21 所示。

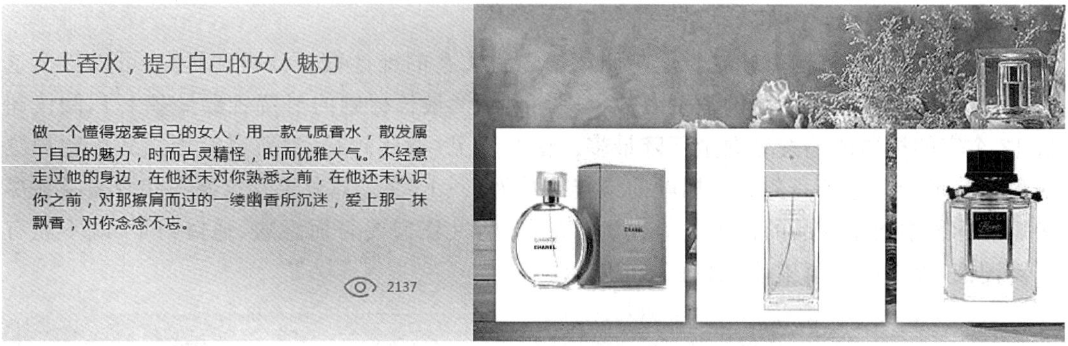

女士香水,提升自己的女人魅力

做一个懂得宠爱自己的女人,用一款气质香水,散发属于自己的魅力,时而古灵精怪,时而优雅大气。不经意走过他的身边,在他还未对你熟悉之前,在他还未认识你之前,对那擦肩而过的一缕幽香所沉迷,爱上那一抹飘香,对你念念不忘。

2137

图 2-21　向消费者展示实际益处的电子商务文案标题

图 2-21 所示的文案是为了推销女士香水,标题直截了当、直奔主题、毫不拖泥带水。该标题直接告诉消费者购买女士香水的好处是"提升自己的女人魅力",然后在下面的文案内容中结合消费者情况,说明了使用香水能获得的好处,以引起消费者的共鸣。

4. 个性独特

电子商务文案通常具有同质化的特点,只有具有个性化特点的文案才能吸引消费者关注,电子商务文案标题同样如此。因此,优秀的电子商务文案标题通常会非常有个性,且有独到之处,这样标题才有刺激性和吸引力。个性化标题通常表现为以下几种形式。

(1) 制造悬念,引起消费者的好奇。标题自身其实就是制造悬念的最好的地方,因为标题内容通常都比较精简,很多时候并不能完全描述事情或事物,让人无法窥其全貌。因此,如果将悬念应用在电商文案的标题中,在勾起消费者的好奇心之后,就能吸引消费者继续查看文案内容,或者使其通过购买商品来寻找答案,如图 2-22 所示。

爽即将到来……

图 2-22　具有悬念的电子商务文案标题

图 2-22 所示为一张可口可乐的宣传海报,其文案标题就是"爽即将到来……"。该文案在标题上故弄玄虚、布下疑阵,使消费者不明白文案的意思,造成一种猜疑和紧张的心理状态,驱动消费者积极思考,并引发消费者进一步探明文案题意的强烈愿望。然后该文案通过正文或者点击进入的页面,来点明该文案的主题,使悬念得以解除,并给消费者留下深刻的印象。

> **知识拓展>>>**
> 通过制造悬念来吸引消费者的方法并不一定在所有的情况下都有效,该方法使用的次数越少,其宣传推广的效果就越好。

如果文案采用这种充满悬念的标题,通常会带来较高的点击率,当点击率增加时,文案所宣传商品的销售额也会随之增长。

（2）给予消费者惊奇感。要想吸引消费者注意到文案宣传的商品,并在叙述过程中维持消费者对商品的兴趣,就必须打破消费者的期待,给予消费者惊奇感。一旦文案写作者在标题上实现了这一点,就会给文案带来较大的关注量,如图 2-23 所示。

图 2-23　给予消费者惊奇感的电子商务文案标题

图 2-23 所示为一款保温壶的营销文案。该文案巧妙地利用了人们对于热水的惯性思维,即通常情况下,经过一天时间,保温壶中的水不会太烫。同时,通过使用"昨天的水小心烫嘴"的标题来颠覆消费者的认知,给予消费者"该保温壶保温效果十分好"的惊喜,不但能吸引消费者的注意,还能吸引消费者对该保温壶的保温性能产生兴趣。

> **知识拓展>>>**
> 在文案标题中能给予消费者的惊奇感包括惊喜、惊吓和惊叹等。

（3）嫁接各种特殊符号。符号通常是指一个社会全体成员共同约定的用来表示某种意义的记号或标记,它源于规定或者约定俗成,形式简单,种类繁多,用途广泛,具有很强的艺术魅力。而电子商务文案中的符号通常是为了吸引消费者的注意力、促进商品销量,其主要包括地理名词、数字、著名人物和日常事物等。在文案标题中融入这些特殊符号,不仅能够获得消费者的好感,还更容易被消费者记住。

> **素养提升>>>**
> 要通过关注消费者关心的热点话题,走进消费者的精神和情感世界,让电子商务文案变得有滋味、有情义,并使消费者对其产生认同感。

使用符号的文案标题的公式通常为事情/商品＋符号。

通常电子商务文案的标题应在事情、商品、品牌和标签之间给消费者留有足够的想象空间,这样才能出人意料,使标题具备自己的个性特征,达到宣传的目的,如图 2-24 所示。

图 2-24　具备特殊符号的电子商务文案标题

图 2-24 中的两个文案标题出自同一家房地产企业的同一个楼盘的宣传文案,不同之处是地理位置的标签符号。前一则标题利用环城路和立交桥作为标签符号,突出该楼盘交通便利;后一个利用湿地公园作为标签符号,突出显示其环境上的优势。两个标题都选取了具有特定含义的符号,虽然方式不同,但都能够产生很好的传播效果。

5. 契合网络

网络具有自己独特的文化特性,如娱乐化、平民化、区域性和互动性等。电子商务文案需要做到契合网络文化和网民的心理特征,对于各种营销文案和推广文案来说更是如此。这样才能顺应网络的潮流,获得广大网络消费者的认可,如图 2-25 所示。

图 2-25　契合网络的电子商务文案标题

图 2-25 所示的 3 个文案的标题都出自某电商平台"双十二"全球购物节的推广海报文案。由于许多消费者都有生活不易的感悟,因此该平台为了让大家安心消费,打出感情牌,以朋友的姿态创作了这些文案。它们既安慰了消费者,触动其内心,又让消费者敞开了心胸,在不经意间开心地消费。

三、电子商务文案标题的写作技巧

电子商务文案标题的好坏直接关系到商品浏览率和转化率的高低。在信息过剩的时代,标题要让人1秒看明白你在讲什么,否则,整篇文章就会被忽略掉。电子商务文案标题写作既要击中用户的痛点、痒点和兴奋点,又要具备真实和精彩的特征,这样才能提高销量。因此,想要写出吸引人的电子商务文案标题,还应该掌握以下标题写作的技巧。

1. 善用符号、数字

符号和数字能够客观准确地表达商品的性能或卖点,而且数字具有极高的辨识度,如果其出现在文案标题中,能让消费者产生一种理性思考的感觉,并能增加所表达内容的可信度,激起消费者强烈的阅读欲望,如图2-26所示。

图 2-26　使用数字的电子商务文案标题

例如,一则文案旨在通过对一些技巧的讲解来吸引文案写作新手关注自己的微信,因此将标题设为"好文案与差文案的区别"或"优秀文案文员与一般文案写作人员的区别"。虽然这样的标题具有对比性,值得一看,但若将其改为"月薪3000元与月薪30000元的文案写作人员写的文案的区别",这时,数字显露出来的效果就更为明显了。再如标题"鞋子有三百四十二个洞为什么还能防水"将其中的数字用阿拉伯数字的形式表现出来"鞋子有342个洞为什么还能防水"就会发现数字的运用会使标题更有震撼效果,相比文字更容易让人一眼看到并记住。

> **知识拓展>>>**
> 常用的标题符号中,省略号表示意犹未尽,可以引起消费者的兴趣;感叹号主要用于传达赞颂、喜悦、愤怒、叹息或惊讶等感情;问号主要表达疑问、设问或反问,给人留下悬念;破折号表示语气的转变或延续,常用于解释说明。

2. 类比

所谓类比,就是由两个对象的某些相同或相似的性质,推断它们在其他性质上也有可能相同或相似的一种推理形式。它是一种主观的不充分的似真推理。类比这种方法非常神奇,运用得好能让人快速理解标题所传达的意图,还能对标题和文案产生熟悉感和阅读兴趣。例如,中华豆腐的文案标题"慈母心,豆腐心"和松下电器店的"静得让你耳根清净"。可见,有时将产品类比于某些情怀,还能达到触及受众心灵的效果。

3. 对比

有对比,才有突出。对比法通过两种产品之间的对比差异来刺激人的感受,引起人的重视。对比法不只是常见的创意手法,也是文案标题的常用技法,它能增强标题的表现力,并引起受众的阅读好奇心。

例如,"历经无数的奢华,最为珍贵的还是那碗艇仔粥。""吃过这枚凤梨酥,其他的都是将就。""看过世界更爱中国。"

4. 讲故事

很多文案写作人员都是讲故事的高手。一则文案标题本身就是文案故事的浓缩版,而故事情节的转折,可以勾起人的好奇心和阅读欲望。有时文案写作人员也常用故事性标题,暗示一个引人入胜的故事即将开始。

例如,长城葡萄酒经典文案:"三毫米的旅程,一颗好葡萄要走十年。"

5. 借助热点

人们对热点有种本能的追逐心态,借助热点是写作电子商务文案标题时的常用技巧,文案写作人员可通过对热点节目、人物、事件的利用能达到吸引人阅读的目的。

例如,"维密秀上最应该成为热点的不是摔跤,而是这套青花瓷。"

借助热点还有一层含义,就是通过热点事物与文案主体建立联系,形成一种自然而然、合二为一的观感。但我们在写作时,一定要注意端正态度,不能一味追求热点而成为"标题党"。

6. 接地气

所谓"接地气",就是与受众紧密联系,使用受众熟悉的、有新意的语言写作,让受众从直觉到内心都接受、认可文案及产品。总结起来,就是标题要通俗易懂,让大多数人看得懂,简洁明白,不要太专业化,太专业的描述反而会让受众觉得这与他们的联系并不大,从而丧失阅读兴趣。

例如,一则锂电池文案原本这样写道:"全气候电池革命性突破锂电池在低温下性能的局限",使用接地气技巧进行修改后则为:"我们发明了'不怕冷'的锂电池",后一则标题将锂电池人格化,明显更加容易理解,展现了新锂电池的特点——"不怕冷",让受众一下就明白了该文章想要表达的内容,相比前一则标题更能提起受众的兴趣。所以标题要遵循这种将复杂描述简单化、通俗化的"接地气"原则。

7. 文艺风格

文艺范、"走心"风格的文案是目前非常流行的电子商务文案类型,并且具有文化底蕴的文案标题也更能吸引消费者的关注,并提升商品和品牌的价值。在创作具有文化底蕴的文案标题时,文案写作者可以将诗词、典故、方言、戏曲等经典文化元素融入标题中,以提升文案的文化内涵,带

> **小思考>>>**
>
> 请思考下面的标题用了哪些写作技巧。
>
> (1) 三张图告诉你:什么叫换位思考(阅读量10万+)。
>
> (2) 这就是现实"战狼"!(阅读量10万+)。
>
> (3) 我今年25岁,在北京有过7套房(阅读量10万+)。
>
> (4) 中国共产党入党誓词谱成歌曲,秒杀流行歌!(点播量过亿)。

给消费者高雅清扬的感受,如图 2-27 所示。

衣服是半成品

你的温度赋予她完整

图 2-27　具有文艺风格的电商文案标题

图 2-27 所示是某服装网店的品牌推广文案,标题内容展示了该店铺与众不同的文艺风格。标题将衣服拟人化,非常细腻地表达出衣服只有遇到适合它的消费者,才更有价值、更加完整。该文案字里行间中有一种人性的光晕,赋予了消费者使命感和责任感,极大地增强了文案的吸引力。

案例 2-3

看见文字的力量

劲牌:有劲才有可能。

这里既有不为人知的辛酸,也有不抛弃不放弃的梦想,年轻者无畏,有劲才有可能。看完瞬间热血沸腾,内容也十分触动人心,丝毫不输江小白,让昏昏欲睡的小编从白日梦中惊醒过来,仿佛重获新生,斗志昂扬。劲牌商城官方微博如图 2-28 和图 2-29 所示。

图 2-28　劲牌商城官方微博一

图 2-29　劲牌商城官方微博二

任务三　电子商务文案的正文写作

具有吸引力的标题可以引导消费者继续浏览文案的正文内容,若正文内容也写得符合消费者的兴趣,则能让消费者接受你所传达的信息,成为你的潜在客户。因此,文案创作人员要掌握文案正文的写作方法,包括正文开头、正文内容的具体写作方法。

一、电子商务文案正文开头的写作技巧

如果被标题吸引进来却发现正文开头平淡无奇时,就会产生一种受到欺骗的感觉,从而退出当前页面。那么,怎样才能写出一个精彩的开头,从而留住受众呢?

1. 开门见山

所谓开门见山,就是直截了当,直奔主题,不拖泥带水,直接说明文案主题。若是产品文案,则开头直接表述某产品或服务的好处,介绍如何解决某种问题等。这种写作方法常以标题为立足点进行直接的阐释,避免受众产生落差和跳脱感。若标题为疑问句,开头则可以直接回答标题的问题。

标题:"双十一"到啦　猜猜今晚的直播有什么活动?

开头:今晚 7:00,淘宝直播准时开场,不同体型模特现场试穿,高额无门槛优惠券不限量发送,你还在等什么?

> **知识拓展>>>**
> 对于内心独白型的文案,需要注意以下三点:一是在人物方面,可一人独白,也可二人相互补充情节;二是在情节方面,要叙述出相对完整的内心历程;三是在氛围方面,语调要娓娓动人、亲切感人。

2. 内心剖白

内心剖白即把内心的真实想法表露出来。在移动互联网时代,人与人之间的交流是隔着网络的有距离的交流,有时对着独白的文字反而能拉近人与人之间的距离,打动人心。要在文案中写出内心独白,就需要将文案写成对白或作者的陈述,向受众道出自己内心的活动。一般来说,人物独白会给受众一种正在亲身经历此种感受或故事的感觉,比较亲切。内心剖白被认为是内心活动的真实反映,不掺杂虚伪和矫情,所以极易给受众以情真意切、直抒肺腑的印象,引起受众的共鸣与信任。

3. 以新闻热点引入

热点的运用不仅适用于标题,在文案开头使用热点也不失为一个吸引受众注意的好办法。例如,在推荐衣服时,从最近的红毯活动、电影节入手,分析明星穿搭,再引入自己的推荐单品;在推荐书本时,从最近的诺贝尔文学奖引入;在品牌推广时,借助节日、新闻热点等撰写宣传文案等。通常,这样的文章阅读量都很高,也很受欢迎。因此,文案写作人员在写作过程中可以适当地借助热点。一般来说,从微博热搜获取热点信息是比较快的渠道,文案写作人员也可酌情考虑从今日头条、百度风云榜、搜狗热搜

> **素养提升>>>**
> 文案人员要理性地寻找有利于提升企业品牌的写作素材,科学、适当地抓取能够厚植消费者爱国主义情怀、树立正确价值取向的合理素材,能够有利于强化企业文化,增强消费者认可度。

榜、360 热榜、豆瓣、知乎等获取信息。

4. 借用权威

借用权威的方法主要包括使用名人名言、谚语、诗词等，或者某个行业的调查数据、分析报告、趋势研究等权威资料，借此引领文案的内容，将其与文案主题相融合，凸显文案的主旨及情感。这种写作方法既能吸引受众，又能提高文案的可读性。

一些软文文案就常用名言名句开头，运用得当不仅能紧扣主题，还会让受众觉得撰写者很有文采，文案充满吸引力。运用这种方法切记不能强拉关系，一定要顺而言之。例如，推荐书籍的文案开头，王小波说："人在年轻的时候，最头痛的一件事就是决定自己的一生要做什么。"然后顺理成章，自然而然地列出正文，引出职业规划的主题，这就是名人名言的妙用。

还有些文案借用数据，人们总是更相信数据的权威性和精确性。例如，美团外卖文案开头："50 万合作商家，1000＋知名连锁品牌入驻。"

5. 利用故事

文案开头可以使用故事导入。使用富有哲理的小故事或与要表达的中心思想相关的小故事作为开头，一句话揭示道理；还可以直接写故事，然后在其中进行商业植入。例如，腾讯视频的软文推广文案开头。他微信说："我们分手吧。""嗯，好。"我回。放下手机，我又埋头做事。心里有些空荡荡，却也如释重负。"并没有特别难受啊，外面天气真好，出去玩吧！"失恋的痛苦并非排山倒海一样猛烈袭击，更像南方冬天的雨，一滴一滴，慢慢寒到彻骨。

这篇文案以男女分手作为开头，采用叙事风格，不仅能让人放松，还能让喜欢阅读故事的受众觉得这就是小说的情节。虽然通篇看下来才发现是一篇植入腾讯视频的文案，但胜在新奇，电商文案写作人员也应掌握这种写作方法。

> **知识拓展》》》**
>
> 　　采用故事开头时，要注意故事的长短适中。故事主要起引导作用，因此建议尽量选择短小有趣的故事。若故事内容太长，可添加超链接，以引导有兴趣的消费者继续阅读。

案例 2-4

腾讯视频为北京电影学院开学季制作的故事型文案

"追光的人，自己也会身披万丈光芒。"

故事就从这句文案展开了，腾讯视频在北京电影学院上演了一场感人肺腑的六幕青春艺术展。其文案如下。

眼睛不要眨，

78 级张艺谋；

93 级徐静蕾；

05 级杨幂：忘了从什么时候开始，好像每部古装戏里都有杨同学的身影，从那时起直到今天的《扶摇》，她的名字已无须注明；

17 级王俊凯：2017 年，表演系入学了一位同学，他明白要做一个好演员，先要做一个好学生；

18 级吴磊：走过每一个区间，就能看到一个个演员或导演的人生历程，而当你走到另一个区间时，后面的人，则在仰视前一个人的身影。

说好的六幕呢? 不要急! 当新生来到第六幕时,他们将看到自己在大屏幕上。没错,第六幕的主角就是你自己。当你感叹别人强大的同时,千万不要忘记自己也被别人所仰望。在追逐的路上,可能看不见自带的万丈光芒,你可以停下来,而那时你的光芒将无法掩藏。

6. 设置悬念

这是一种使用较多的技巧,这种设置悬念的方法与利用故事所创造的效果有点类似,也比较重视故事的作用。但悬念常与刺激恐惧联系在一起,这种以悬念故事开头的文案,通常都把吸引消费者放在了第一位。例如,一对夫妻穷尽一生积蓄买了一套房,住进去之后却怪异事件频发,皮肤瘙痒、掉头发、失眠、气色越来越差……他们尝试了各种治疗的方法,都无济于事。

受众读到后面才得知是甲醛超标,从而引出文案的主题——一款新上市的空气净化器。这样写作能吊起受众的胃口,是引起受众注意的好方法。

7. 直接下结论

直接在文案开头得出结论,再通过正文推出论据,证明开头的结论。这种开头的优点是文案中心清晰、观点鲜明,受众一下就能知道文案表达的意思。例如,一篇鼓励阅读的长文案。

标题:我害怕阅读的人。

开头:不知何时开始,我害怕阅读的人。就像我们不知道冬天从哪天开始,只会感觉黑夜越来越漫长。

然后,在正文中再对此结论进行论证,达到一种引导和总结的目的,使文案结构严密,更具说服力。

8. 运用修辞手法

修辞手法有很多,包括排比、比喻、夸张、比拟、反问、设问等。修辞手法的运用,可以让文案开头更加生动。例如,芝华士的父亲节文案开头:因为我已经认识了你一生,因为一辆红色的 RUDGE 自行车曾经使我成为街上最幸福的男孩,因为你允许我在草坪上玩蟋蟀,因为你的支票本在我的支持下总是很忙碌……

不同的文案有不同的开头场景设计,文案写作人员可灵活运用以上开头写作方法,写出充满吸引力的电子商务文案开头。

二、电子商务文案正文内容的写作技巧

电子商务文案的写作目的是要用"最容易理解的方式"来传达商品的好处,在通过了标题和开头的吸引和引导后,文案的正文需要对商品进行详细的描述,当然,描述的方式有很多种,技巧也各有不同。

1. 简单直接

电子商务文案是为了提高页面传达效果,提升用户体验,传递关键信息给消

> **知识拓展》》》**
>
> 不知所云的文案,是很多电商页面跳失率不断增高的原因之一。消费者被页面视觉吸引后,却被文案所误导,这将会影响其购买意向。在快速消费时代,掌握消费者的浏览习惯,将页面与文案更好地进行融合,才是正确的方法。不是每个人都有耐心来领悟文案中的信息的,简单直接才是文案正文写作的重要法则。

费者的,因此文案的内容应该直击消费者内心。

电子商务文案大部分是与商品详情相结合的。调查显示,消费者浏览商品页面的耐心不超过2秒,如果文案表达不清晰,就容易在2秒内丢失潜在消费者。因此,"快""准""狠"的传达极为重要。消费者需要靠文案去了解商品,文案对商品的描述越是简单有力,消费者对商品越容易产生深刻印象。

案例2-5

一个字告诉你农夫山泉广告的成功秘诀

矿泉水品牌诸多,你记得有多少,张口就能说出来的又有哪些呢?营销学上讲,消费者一般对于同类产品也就记得7个品牌,因此要占领市场,就要占领消费者的心智地位。

大热天里喝水不少,尤其是冰镇矿泉水或饮料,今天我想来说一说这位水市场的后起之秀——农夫山泉。农夫,这个名字大家应该都不陌生,那句朗朗上口的广告语,想必大家也是难以忘怀的。"我们不生产水,我们只是大自然的搬运工""农夫山泉有点甜"。简简单单的几个文字,组成了一句广告语,就把它的独特消费主张体现出来——"甜",如图2-30所示。

图2-30 农夫山泉营销文案

甜是一个形容词,通常和甜蜜、幸福、美好这些词联系在一起,或者和想象联系在一起。也可以说它是美好、幸福的代名词。这就是农夫山泉的高明之处,把水赋予这样的一种美好的象征意义。人生来追求美好和幸福,所以当人们有需求、消费时,自然是趋向这样美的价值体现。当一种产品有美的内涵和美的外延——优质的产品质量(甜蜜,纯净)、唯美的设计和包装、物美价廉、服务周到时,就会让消费者对这个产品和品牌有好的印象和认识。而当消费者在电视上、网络上或户外等一切可以接触到广告的地方,都在说它甜的时候,这种重复性的灌输,更加深了消费者对它的认识,思想深处就认定它就是甜的、美好的东西。当消费者真正把这两者联系到一起之后,农夫公司的这种理念植入也就成功了。我们经常会在超市、便利店选择某种品牌时,看到农夫山泉,还经常会不自觉地念出这句广告语"农夫山泉有点甜"。

农夫山泉尤其深得女性消费者的喜爱,因为女性一般都是感性思维,也比较喜欢甜的东西。当初农夫山泉刚打入市场,市场占有率就因为这句朴素的广告语而大幅提升,之后的这么多年也从未改变这个主题,进而加深了消费者对这个品牌的认知,更有利于品牌知名度、美誉度及和谐度。

"我们不生产水,我们只是大自然的搬运工",一方面体现了水产品的纯净澄澈,另一方面以搬运工的形象自居,更让消费者信赖,这就更进一步佐证了农夫山泉就是甜的。这广告语堪称完美。

这就是品牌营销的成功,准确塑造了产品 USP,提高了品牌知名度,促进了产品销量,进而加速了农夫山泉的发展。

农夫山泉的营销文案比较出名,包括"有点甜""我们不生产水,我们只是大自然的搬运工"等。文案简洁地描述了商品及其特点,能让人第一时间知晓商品优势:商品为山泉,味道甜甜的,是自然的产物。其广告简单易懂,并能提升消费者对于商品的信任感,引起他们的共鸣,增加他们的购买欲望。

2. 制造悬念

悬念式的营销可以借助悬念引爆关注,使市场利益达到最大化。对于电子商务文案来说,制造悬念就是要提炼一到两个核心卖点,并按一定进度慢慢展现卖点。简单来说,悬念是从设疑到推疑再到解疑的策略构思过程,制造悬念就是要学会"卖关子"。

电子商务文案的悬念设置主要分为 3 个步骤。

(1) 设疑。设置疑点,吸引消费者关注,切记不要过早点明结局。所谓悬念,就是要让一些神秘的东西悬而未决,否则一旦神秘的面纱被揭开,那就起不到吸引人的作用了。

(2) 推疑。充分重视消费者的感受,并根据消费者的期待发展情节,旨在充分发挥消费者的主观能动性,从而提高消费者对商品的关注度。

(3) 解疑。不断深化冲突,在将故事情节的悬念推向高潮时揭示真相。制造悬念难,能够不断深化冲突更难。但也只有做到这点,悬念文案的营销才算成功。

3. 礼品促销

如今电子商务的常用做法莫过于送消费者各种"礼"——以最大的促销让利刺激消费者在最短的时间内下单,从而提高电子商务的整体销量,每年的"双十一"购物节就是最好的例子。在撰写这类文案时,直接在文案正文中注明促销的内容即可。

例如,"双十一"购物狂欢节,可以说是目前影响最大、范围最广、销量最高的电商促销活动,最早源于淘宝商城(天猫)2009 年 11 月 11 日举办的促销活动,当时参与的商家数量和促销力度有限,但营业额远超预期,于是 11 月 11 日成为天猫举办大规模促销活动的固定日期,并逐渐发展成全民购物狂欢节。

4. 情感动人

"言有尽而意无穷"是古诗跨境词的语言描述能达到的最高境界,对于电子商务文案来说也一样,电子商务文案要尽可能使用精练的语言,抓住消费者的内心需要,从而达到最好的营销效果。因此,创作电商文案的正文,最重要的也就是用心。只要用心,即使是简单的词句,也能深入人心,打动消费者。例如,饿了么的营销文案,如图 2-31 所示。

对于用心的文案,有以下 3 个写作原则。

(1) 每一个词语都蕴含情感,每一个词语都能讲述一个故事。在打动消费者这点上,有时逻辑反而不太有作用。例如,文案:如果你并不十分满意,就在 30 天内退还商品,你会得到迅速的、周到的退款。

退款周到?这个逻辑不通,但这段话传达给消费者的信息是,这是一家非常尊重客户、

图 2-31　饿了么营销文案

服务周到、退款迅速的公司。

　　一般来说,一个词组、句子或段落,即使在逻辑上未必完全正确,但只要它能富有感染力地传递信息,它的作用就能体现出来,而且它会比注重理性诉求的信息更容易让人接受。

　　(2)好的文案都是词语的情感流露。很多词语都能给人以直观的情感信息。例如,农民——给人的印象是勤劳、淳朴;学者——给人的印象是知识渊博、素质高。在使用这些词语时,就要想一下它们能创造出怎样的富有感染力的信息,可以给人们留下什么样的印象。只要掌握了词语的情感要素,就掌握了文案写作中一条重要的技能。

　　(3)以情感来销售商品,以理性来诠释购买。人们往往因情感而购买商品,又因逻辑而使购买行为显得合理化。因此,文案负责打动人,而优质的商品可使用户的购买行为合理化。

5. 剑走偏锋

　　商品多种多样,有些文案的写作方式可以适用所有的商品类型,但一些特殊类型的商品则可能需要特别的文案写作方式。如何进行特殊商品文案的创作,这就需要剑走偏锋,从另一个角度来进行解读。对于这一类商品,经常可通过故事来进行文案创作,也可以使用各种手段来包装这个故事,在讲故事时可以诙谐一点、幽默一点,达到吸引消费者的目的。"大米买得好,老公回家早!"这句广告文案用诙谐的语言从侧面描述了商品的美味。例如,MINI

汽车的宣传文案,如图 2-32 所示。

图 2-32　MINI 汽车的宣传文案

这是 MINI 汽车的宣传文案,卖汽车本来是一件很严肃的事,MINI 却在突出个性这条道路上勇往直前。MINI 的文案总是向消费者展示它与众不同的样子,即使它是这样一副不正经的模样,但它依然值得消费者回味。就像很多歌手用各个地方的方言来唱 Rap 一样,歌词任性不羁,却很容易给听者留下深刻印象。

押韵、对仗、双关、拟人、比喻等,都是这类型文案的常用表现形式,只要角度新颖,立意明确,就很容易吸引消费者的注意。

6. 层层递进

电子商务文案之于商品,就像餐厅里的招牌菜,举足轻重。想要让自己的商品能在众多的竞争者中脱颖而出,那么文案的描写就必须与众不同,要有感染力。文案和商品描述之间是血与肉的关系。因此,文案的描写必须逻辑清晰、层层递进、环环相扣,从小招到大招一步步地实行,每一层都有吸引消费者的实质内容,这样才能激起消费者的购买欲。

有时品牌会运用系列文案,层层递进地强调某种情绪。南京山河水别墅的系列推广文案就有着极为丰富的艺术特征,充分运用了汉语文学上的艺术手法,调动了受众的情绪,具体文案如下。

第一阶段:我看得见世界,世界看不见我。

第二阶段:山河水,不在南京。

第三阶段:曾经风云,如今笑谈风云。

第一阶段描写的“我”,站在一定的高度上,历经沧桑而洞明世事,并“隐居”在了某处,所以世界会“看不见”。简单两句,别墅的形象跃然而出。第二阶段初看令人费解,但细细琢磨之后才明白过来更深的意思:山河水虽然就在南京浦口,但它的高度已经超越了一个城市的范畴。因此,山河水在中国,在世界,而不仅仅是在南京。这一阶段继续拔高了山河水的高度,言语上仍旧平淡,却有了高昂的姿态。第三阶段用这样一句看似云淡风轻,实则“大权在握"的文案,营造秘而不宣的情绪,塑造了一个低调尊贵的上流人士形象。文案层层递进,调动了消费者的情绪,吸引了消费者的注意力。

7. 诙谐幽默

幽默的文案能够留住消费者,让目标客户变成消费客户。在当今这个充满各种压力的社会里,幽默是缓解压力最好的方式之一。例如,当一个消费者在某个淘宝店铺使用信用卡被拒绝时,他很有可能就不会再在该店铺中购买商品了。但如果设计这样一条自动回复:"往好处想想吧,至少不是你的护照被拒了。"用幽默的方式安抚和缓解消费者的情绪,可能就会达到挽回消费者的目的。一个著名的电商文案曾经说过:"你可以缠着消费者推销,也可以通过幽默的方式卖东西给他们,我选择后者。特别是运用幽默感,因为它简洁明快,效果无可比拟。"

例如,哈罗单车"屁股保卫联盟"文案。这则文案语意双关,很多人看到后都会会心一笑。不管是出于何种原因,如果一段文案能让人们笑出来,消费者自然会想:"你真懂我。"这不仅拉近了商家与消费者的距离,也对消费者的消费行为起到了促进作用,如图 2-33 所示。

图 2-33　哈罗单车文案

又如,小茗同学饮料的海报文案。统一企业推出的品牌"小茗同学"冷泡茶锁定的是"95 后"消费族群,品牌命名和传播结合"小茗同学"的话题,创造了"认真搞笑,低调冷泡"的品牌形象。其文案内容提倡年轻人要有一颗进取的心,对待挫折要学会诙谐、幽默和自嘲,用冷幽默调剂疲惫的生活。文案商品一上市,就获得了大量的关注和热捧,如图 2-34 所示。

小思考》》

文案正文训练:试着站在文案创作人员的角度,以母亲节为主题,创作一篇电子商务宣传文案。

图 2-34 "小茗同学"文案

任务四　电子商务文案的结尾写作

电子商务文案都有其营销目的,让受众有兴趣阅读完一篇文案固然是好,但真正的目的在于通过文案刺激受众,让他们在阅读后做出平台或商家所期待的反应。有的人遇到写得有趣的文章会欣然推广,增加点击率,从而达到二次传播的目的;有的人对产品的描述很心动,就会选择下单购买;有的人被品牌故事和文化打动,就会成为该品牌的粉丝;但有的人阅读后觉得不过如此,没什么感觉。产生这一系列不同结果的原因是在很大程度上受到了结尾导向的影响。因此,文案结尾是相当重要的。

一、电子商务文案常见的结尾的类型

1. 点题式

点题式结尾就是在文末总结全文,点明中心。有的文章在开头和中间只对有关问题进行阐述和分析,叙述过程,到结尾时,才将意图摆到明面上来。例如,腾讯视频曾经的软文文案"姑娘你需要的不是一个男朋友"就是以故事的形式将"腾讯视频"植入其中,受众在阅读时并不明确其是为了进行推广还是为了销售某种产品,文案在结尾才点明主题,原来是为了销售腾讯视频的 VIP 年卡。其文案结尾如下。

> 我的故事讲完了,希望能对你有所启发。
> 这失恋之后的三十三天,是腾讯视频陪我度过的。
> 和我一样,姑娘啊,很多时候你缺的并不是一个男朋友,而仅仅是一个腾讯视频。
> 男朋友会惹你生气,它只会为你疗伤。
> 男朋友会制造麻烦,它只会解决问题。

男朋友会因为一言不合把你丢在陌生的街头,它只会耐心地送你疗伤电影。

腾讯视频这么好,那为什么不马上拥有它,就现在?

就现在! 腾讯视频 VIP 年卡只要 88 元,而且三人拼团只要 68 元!

点击"阅读原文"立刻拥有!

2. 互动式

在结尾设置话题(一般是提问的方式),吸引受众参与,引发他们的思考及参与欲望。在微博、微信、微淘等注重评论的社交平台的文案中就常设置话题。当然,话题最好是一些受众可能感兴趣的话题。例如,

大家都来谈谈男朋友送过什么让你印象深刻的礼物?

通宵读书是怎样的体验?

> **知识拓展>>>**
> 　　互动式正文结尾后,一定要按照文中所述的互动方式与消费者进行互动,可挑比较具有代表性的内容进行回复,切记不要为了数据而欺骗消费者。

3. 名言警句式

用名言警句或其他金句结尾的文案可以帮助受众更深地领悟文案思想,引起受众共鸣,提升他们对文案的认同感。且名言警句一般都富含哲理性,借助这些语言的警醒和启发作用,还能提高该文案的转发率,可谓一举多得。例如,PPT 网课推广文案的结尾为鼓励受众购买课程,就用上了巴菲特的名言,非常成功,可以说是起到了画龙点睛的作用,其原文如下。

> 　　每一个让你感觉到舒服的选择,都不会让你的人生获得太大的成长。而每一个让你感觉不舒服的选择,也并不一定让你获得大家所谓的幸福,但却会让你有机会开启与众不同的体验,寻觅到更多的可能性。
> 　　从一个"PPT 制作者"成为一个"PPT 设计者",难吗? 不轻松。但正在学习阶段的你,连个 PPT 都征服不了,谈什么征服世界?
> 　　做你没做过的事,叫成长;
> 　　做你不愿做的事,叫改变;
> 　　做你不敢做的事,叫突破;
> 　　做你不相信的事情,叫逆袭。

4. 神转折式

神转折式的结尾就是用出其不意的逻辑思维,使展示的内容跟结局形成一个转折关系,得到出人意料的效果的写作方式。它能将正文塑造的气氛转变得干净利落,让人哭笑不得。但这种写作方式往往能产生意想不到的效果,它借助这种氛围的急剧变化在受众心理引发震撼,让受众惊叹于写作人员的思路,从而引起受众的讨论,并在其心中留下深刻的记忆。由于神转折有一种强烈的反差感,受众读起来有趣,自然也利于网络传播。例如,喜马拉雅FM 的文案。

> 　　正文梗概:女孩独自在大城市打拼,正在为找性价比高的房子发愁。偶然发现一间超低价公寓,地段好、装修温馨,房东是位慈祥的阿姨,见面时反复强调"要好好爱护屋子,当自己的家"。女孩满心欢喜地搬了进去,可住了一周,总觉得阳台角落有奇怪的声

响,深夜偶尔还能听到"咚咚"的响声,越想越怕,怀疑是"凶宅",打算退房。

文案结尾:收拾行李那晚,她壮着胆子去阳台查看,发现阿姨养的流浪猫躲在旧柜子后,还有三只刚出生的小奶猫! 阿姨红着眼眶解释:"之前怕你介意养猫,想等小猫能独立了再告诉你。这房子啊有这些小生命陪着才像个家。"女孩又惊又暖,后来不仅没退房,还成了"猫姨",帮阿姨一起照顾流浪的毛孩子,而这套有故事的房子也成为租房平台上最特别的"治愈房源",让无数租客想在这里安家。

又如,挖掘机培训学校的文案。

正文梗概:女主角手机通讯录存着已故前男友的号码,她老公却装作不知道。有一次女主角出了车祸,在翻倒的车里她下意识地拨出了那个号码,话筒里传来老公的声音。老公告诉她:"是我替换了号码,我知道我无法取代他,但我可以替他来保护你。"

文案结尾:不到 5 分钟,老公赶来,开着挖掘机把压在女主角身上的汽车挪开,女主角获救了。老公是××挖掘机培训学校 2000 年毕业的学生,这个学校今年的招生计划是……

5. 引导行动式

这种方法也可以称为动之以情式,它旨在从感情上打动对方,赋予产品以温度和情感色彩。特别是当受众感受到背后文案写作人员的用心与认真时,就能以情感为纽带,打动那些还在犹豫的消费者;也可以通过利益和好处对消费者进行诱导,运用这种诱之以利的结尾方式还能将利益最大化,引导受众采取行动。

> **知识拓展**>>>
>
> 首尾呼应式,即作文中常用的"总—分—总"结构;总结强调式,即正文得出结论后,结尾处再次强调,以加深消费者印象,但它比首尾呼应式的写作多了一层强调意味。这些写作方法与点题式较接近,其运用要依据开头和正文来定。若开头就开门见山地点题了,就可运用首尾呼应式或总结强调式使文案结构严密;若是开头和正文分层描述,则运用点题式,明确文案主题。

例如,我们的目的不是赚钱,只是让大家用到好东西。看到很多人用了我们产品,生活变得更好,那我们就开心了。

二、电子商务文案常见的结尾的写作技巧

1. 场景

结尾融入场景,更容易打动人心。在结尾设计场景,最重要的就是截取合适的场景——最好是受众生活中的画面。育儿的文案,可以描述妈妈和孩子在一起的场景;办公软件的文案,可以描述职场小白加班做PPT的场景等。例如,以上 PPT 技巧,千万不要只是看过,而不去练习。否则,原来3 个快捷键就能解决的问题,你却需要加班完成。深夜一两点,大家都在呼呼大睡,你

> **素养提升**>>>
>
> 文案人员应把握时代发展动向,紧跟时代脚步,抓住社会热点与营销目标的契合之处,让消费者从多角度了解世情、国情、党情、社情。在特定的条件下,电子商务文案创作者倡导消费者在纵横比较的互动中得到启迪和反思,通过文案使消费者紧跟时代发展动向,树立正确的理想信念、价值观念、道德观念。

却一个人在空荡荡的办公室做 PPT,何必呢?

2. 金句

转发率高的文章通常会在结尾埋下金句,画龙点睛。由于金句可以帮助受众悟出文章核心,并引起受众共鸣,因此结尾带有金句的文章,消费者转发的可能性会更高。常用的金句分为名人名言、原创经验两种。例如,居里夫人说过,"在捷径道路上得到的东西决不会惊人。当你在经验和诀窍中碰得头破血流的时候,你就会知道:在成名的道路上,流的不是汗水而是鲜血;他们的名字不是用笔而是用生命写成的。"

3. 提问

在结尾进行提问,一方面提问力度比正面陈述大,可以带着受众思考;另一方面可以在末尾提问后发起互动,提升受众参与感。例如,来留言区说说你过去做了或者经历哪些事,让你不再那么"玻璃心"?

> **小思考»»**
> 　　文案结尾训练:请大家尝试从网络中收集一些电子商务文案结尾的写作技巧。

在撰写电子商务文案时,一定要注重写作结构及技巧,结合开头、正文、结尾的各种写法,思考其用了哪些写作技巧,不断总结有利于我们写出优秀的电子商务文案的方法。

技 能 实 训

1. 实训题目

电子商务文案策划与写作实训。

2. 实训目标

(1)通过教师讲解、案例讨论,掌握相应知识点。

(2)初步学习团队合作,发挥每一位团队成员的能力,学习小组讨论、分析评价的方法,并对讨论问题进行记录和文字小结,完成案例讨论。

(3)形成初步的独立思考能力。

(4)培养初步的自主学习能力。

3. 实训内容与要求

(1)由教师介绍实训的目的、方式、要求,调动学生实训的积极性。

(2)由教师布置模拟实训题目,题目如下。

云上品牌牛仔裤的主要卖点有"春秋季""女装""个性""时尚""休闲""小直筒裤""显瘦""牛仔长裤""中古棕",请根据这几个卖点和已学的电子商务文案标题类型的相关知识,为这款商品分别创作不同类型的促销广告文案标题。

(3)对学生进行分组、确定各小组的组长和人员分工,学习小组学习方式,制订小组计划,明确团队任务及目标。

(4)由教师介绍电子商务文案策划与写作的相关案例及讨论的话题。

(5)各小组进行讨论,并记录小组成员的发言。

(6)根据小组讨论记录撰写讨论小结。

(7)各组相互评议,教师点评并总结。

实训成果与检测

1. 成果要求

（1）提交案例讨论记录：教学分组按 3～5 名学生为一组，设组长 1 人、记录员 1 人，每组必须有小组讨论、工作分工的详细记录，以作为考核成绩的依据。

（2）能够在规定的时间内完成相关的讨论，学习团队合作方式，撰写文字小结。

2. 评价标准

（1）上课时积极与老师配合，积极思考、发言。

（2）认真阅读案例、积极参加小组讨论、分析问题思路较宽。案例分析基本完整，能结合所学理论知识解答问题。

（3）团队配合较好，积极参与小组活动，分工合作较好。

本项目考核检测评价

1. 填空题

（1）文案策划的目的是追求广告进程的_____与广告效果的_____。

（2）文案的心理策略、定位策略、规划策略、创意策略、文案写作、媒体策略及效果评估是文案策划的_____。

（3）_____是指电商商家通过文案向目标消费者传递某种信息，以博取关注或引起共鸣，最终达到引导消费者购物的目的这一过程中所给出的理由。

（4）说明式文案以_____为主要表现手段，对商品或服务的特性、内容、功能、成因等以图文结合的方式进行详尽的展示或示范。

（5）_____指文案写作者以个性化的内容和风格，充分展示品牌或商品鲜明的自我观念与期许，包括个性、价值观念，以及自信、自豪、自我实现的感觉等。

2. 判断题

（1）以情理结合诉求方式写作的电商文案，通常采用理性诉求传达客观信息、感性诉求引发消费者情感共鸣的方法。　　　　　　　　　　　　　　　　　　　（　　）

（2）感性诉求是指电商文案的诉求定位于消费者的理智动机，真实、准确、公正地传达商家、企业、商品和服务的客观信息，使消费者经过判断、推论等思维过程，理智地做出判断和决定。　　　　　　　　　　　　　　　　　　　　　　　　　　　（　　）

（3）利用发散思维进行思考需要有充足的想象力。　　　　　　　　　　　（　　）

（4）垂直思维是对事物本身进行深入分析后，向上或向下进行的垂直思考。　（　　）

（5）电商文案的标题包含商品搜索的关键词，如果关键词设置得不恰当，那么搜索到的商品就会偏离消费者的预期。　　　　　　　　　　　　　　　　　　（　　）

3. 简答题

（1）简述电子商务文案中好标题的特征。

（2）简述电子商务文案标题的作用。

（3）简述电子商务文案写作策划的思路。

（4）简述常见的电子商务文案正文写作技巧。

（5）简述常见的电子商务文案结尾类型。

（6）思考：除了书中所讲的电子商务文案正文的写作技巧，还有没有其他技巧。

项目三

电子商务文案卖点的创作技巧

（1）了解电子商务文案中卖点和核心卖点的基础知识。

（2）掌握文案中卖点创作的常见方法。

（3）掌握提炼商品核心卖点的原则、流程和方法。

学习重点、难点

1. 重点

（1）掌握文案中卖点创作的常见方法。

（2）掌握提炼商品核心卖点的原则、流程和方法。

2. 难点

运用电子商务文案卖点的创作技巧的相关知识分析问题、解决问题。

思维导图

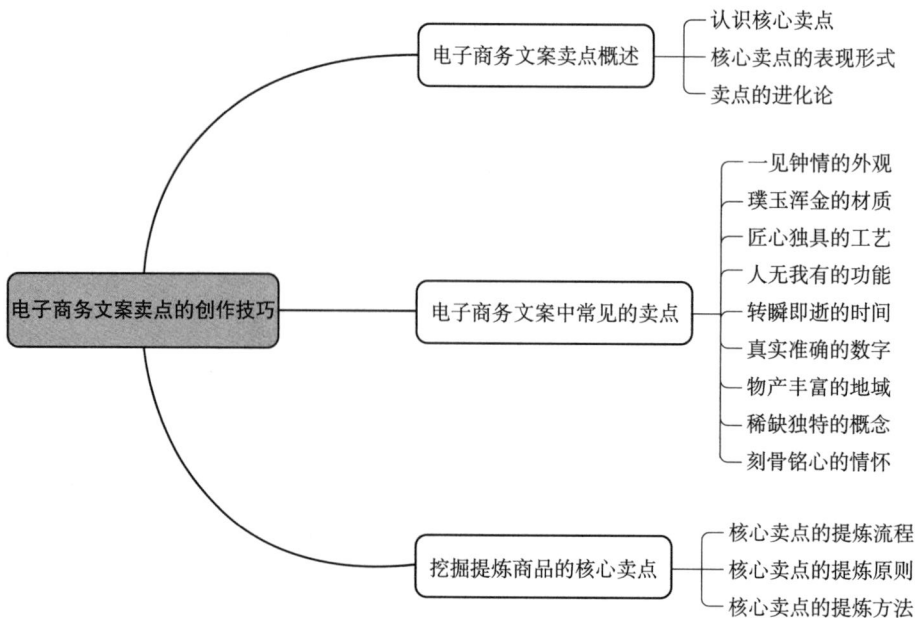

📖 **引例**

支付宝文案赏析

支付宝作为移动端的常见支付方式,使购物既方便又快捷,备受年轻人喜爱,作为颇受欢迎的第三方支付平台,支付宝也出过不少经典的文案。

早在支付宝9.9版本上线后,其首页就发生了大改版,多了"记录我的生活"功能,为此,支付宝推出了名为"每一笔都是在乎"系列GIF海报文案,该系列海报文案充满了文艺气息,如图3-1所示。

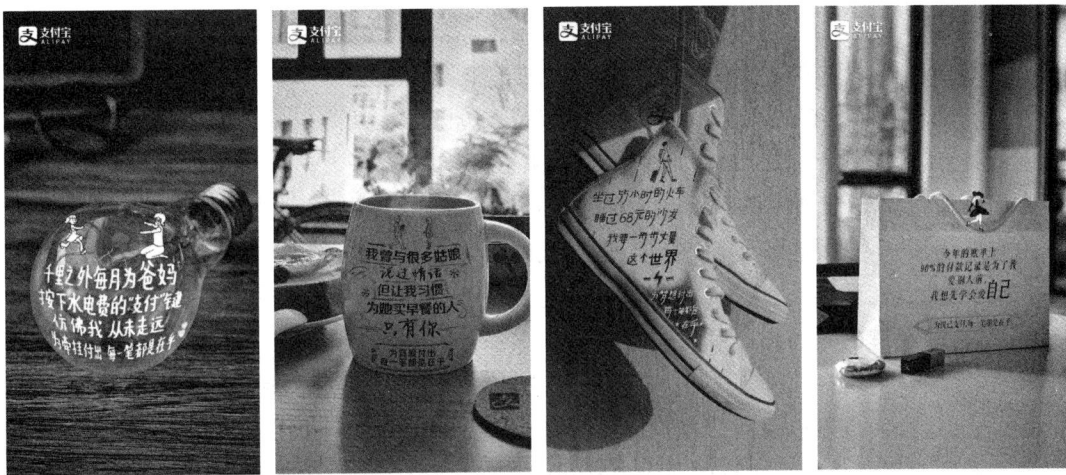

图 3-1　支付宝"每一笔都是在乎"系列海报文案

辩证思考:分析以上文案内容,讨论并思考如何创作电子商务文案卖点能够吸引受众?

分析提示:支付宝的这则文案以日常生活中的事情为切入点,如缴水费、谈恋爱、支付火车票及支付账单等,引起用户共鸣。现在移动支付是常态,生活中几乎无处不在,但文案中突出的生活细节都是爱与在乎,让人对使用支付宝支付心生好感,而且文案针对的基本是年轻一代在外打拼的用户,抓住他们离家的寂寞、对父母的思念、对梦想的追求,用语自然温暖,平实而打动人心,使付款这件事也变得温情而文艺起来,可以说非常走心且成功。

电子商务文案创作的终极目标就是销售商品。据统计,电子商务企业中20%的商品贡献了大约80%的销售额,这些商品叫作爆款。一个爆款足以成就一个品牌,爆款凉茶成就了王老吉,爆款豆浆机成就了九阳等。那么,怎么才能成就一个爆款呢?这就需要电子商务企业在进行文案创作的时候找到商品的核心卖点,如"去屑"这个核心卖点成就了海飞丝,"不伤手"这个核心卖点成就了立白等。所以,对电子商务文案的创作者来说,提炼并在文案中展示出商品的卖点就显得极为重要。

任务一　电子商务文案卖点概述

找到恰当的商品卖点是使商品畅销、建立品牌的重要因素,而核心卖点则是商品成为爆款的核心。

一、认识核心卖点

进行文案创作前,首先要找到商品的核心卖点,那什么是核心卖点,具备什么特征的卖点才是核心卖点呢?

1. 核心卖点的概念

卖点是指商品具有的前所未有、别出心裁或与众不同的特点。这些特点一方面是商品与生俱来的,另一方面是通过广告策划人的想象力、创造力附加的。无论它从何而来,只要能使之落实到广告的战略战术中,化为消费者能够接受、认同的利益,就能达到使商品畅销、建立品牌的目的。

> **知识拓展》》》**
>
> 　　对消费者来说,卖点是竞品满足目标受众的需求点! 对厂家来说,卖点是竞品火爆市场的一个必需的思考点。而对产品来说,卖点是产品存在于市场的理由。

表达卖点可从材质、外观、工艺等多角度进行。核心卖点就是能够体现商品核心竞争力的一个点,这个卖点可以瞬间让客户记住该商品,从而使该商品明显区别于其他竞品,因此竞争力和区分度就是核心卖点的两个要素。

例如,对洗衣皂粉类商品来说,无添加、洗得很干净、衣服洗后比较柔顺等,这些都是卖点,但都不是核心卖点,因为大多数洗衣皂粉都具备这些卖点,这也不能使某个洗衣皂粉类商品和其他竞品明显区隔开。立白洗衣皂粉就另辟蹊径,其销售文案从不会伤害用户的双手出发,"不伤手"就是立白洗衣皂粉的核心卖点,如图 3-2 所示。因为其他的同类洗衣皂粉没有主打这个卖点,"不伤手"使立白洗衣皂粉和其他竞品区别开来。此外,这个卖点也具有很大的竞争力,因为"不伤手"是消费者非常需要的一项商品特质,也便于从情感的角度唤起消费者对商品的需要。

> **小思考》》》**
>
> 　　根据自己的理解,结合一个具体案例来解释卖点和核心卖点的区别。

2. 核心卖点的基本特征

现在的市场中,商品竞争激烈,一个商品要实现突围,必须找到核心卖点。那么具备什么特征的卖点才算是核心卖点呢?

(1) 超级卖点:与同类商品相比有超越性的竞争力的卖点。

(2) 独家卖点:具备唯一性,拥有不可突破的行业壁垒,同类商品不会轻易实现。

(3) 新卖点:与同类商品相比具有明显的差异化特征,独树一帜,让人耳目一新。

图 3-2　立白洗衣皂粉文案

二、核心卖点的表现形式

核心卖点的特征也就是其主要的表现形式,下面分别进行介绍。

1. 超级卖点

超级卖点是核心卖点的一个重要表现形式,也是核心卖点的主要特征之一。只有竞争力明显高于同行的卖点才能称为核心卖点。

超级卖点能够从商品竞争上升到品牌竞争,乃至理念竞争。卖点的等级和层次可以分为以下 3 种。

(1)三流企业卖商品:商品本身的卖点竞争是最低层次的竞争,因为商品本身的卖点很可能被同行复制。

(2)二流企业卖品牌:品牌本身的企业价值脱离了商品本身,上升到了一个新的层面。

(3)一流企业卖理念:商业的最高境界就是卖理念,因为理念脱离了商品和品牌,站在行业的角度向客户传播新的决策观念,占领客户的决策心智,让客户根据企业的卖点来设定行业标准,这个卖点就是行业层次的卖点。

2. 独家卖点

独家卖点是客户对某个商品的唯一识别点,即在客户心中这个卖点就代表这个品牌。一般来说,核心卖点往往会被打造成独家卖点,如果某商品拥有独家卖点,那么,它的竞争力就是独一无二的。

(1)独家软实力。软实力通常是指企业的品牌价值、品牌故事、团队、某种独家工艺、某种独家配方、

> **素养提升>>>**
>
> 要让世界人民了解中国、理解中国,需要别人全面、客观地看,更需要我们生动、准确地说。作为有民族责任感的企业和品牌,都需要用实际行动讲好中国故事,传播好中国声音。

某种专利技术等,这些通常难以被同行复制和模仿。从企业的软实力中寻找的卖点具有唯一性,往往很容易成为独家卖点。

例如,金龙鱼食用调和油文案"专利好油认准金龙鱼1∶1∶1",如图3-3所示,向消费者传达了一个信息:食用油是分两类的,一类是1∶1∶1的食用油,另一类是非1∶1∶1的食用油。金龙鱼利用核心技术做出来的1∶1∶1调和油,经过粮油协会的认证,是适合人体吸收的合理的黄金比例。这个卖点是经过专家和两个协会共同探讨而制定的合理标准比例,也是最健康的一种比例。金龙鱼就是从品牌软实力的角度提炼了独家卖点,让竞争对手无法直接复制和模仿。独家卖点的推广效果一旦形成,会给同行带来巨大的冲击。

图 3-3　金龙鱼食用调和油文案

（2）独家垄断认知。认知垄断的卖点即无法复制、有一定行业门槛和竞争壁垒的卖点。独家卖点一旦找到,消费者就会对品牌形成强烈的关联认知,所以说独家卖点具有其他卖点无法比拟的核心竞争力。例如,苏泊尔的"球釜"电饭煲是一种能够做出柴火饭的电饭煲,这个卖点就是"球釜"电饭煲的独家垄断认知。

3. 新卖点

新卖点主要有以下3种表现形式。

（1）提法新颖。新卖点在提法上是新颖的,是消费者第一次听说或极少见过的。

（2）认知新颖。新卖点在认知上是新颖的,可以填补消费者认知上的空白。

例如,白加黑感冒药文案"白天吃白片不瞌睡,晚上吃黑片睡得香",这则文案向消费者提出了一种崭新的理念——感冒药可以分时间服用,明确告诉消费者有办法解决上班与治病的矛盾,白天上班的时候吃感冒药不会瞌睡、不影响工作,晚上吃感冒药会睡得很香,更易恢复体力。这就是一个具有爆发力的新卖点。

（3）表达新颖。卖点即便不能填补客户思想认知上的空白,其在表达方式上也要新颖,同一个卖点可以换一种方式来表达。

例如,某破壁料理机的文案如图 3-4 所示,其新卖点就是"破壁",商家在文案中传播的新观点是"破壁"才能激发水果中的生化素,只有这样才能完全利用水果的价值。

图 3-4　某破壁料理机的文案

三、卖点的进化论

模仿是进行文案创作的一项基本技能,一个好的文案卖点常常是在模仿和借鉴中创作出来的。

要做好文案的模仿和借鉴工作,就需要在卖点上不断进化。卖点进化其实就是对卖点进行升级,让卖点比同行的核心卖点更深入一步、更领先一点,从而实现同质化卖点向差异化转变。

卖点的进化分为两种：一种是层级深度的进化，即从初级到中级，再到高级，最后到特级；另一种是在原来卖点的基础上进行描述修饰进化。

1. 级别深度进化

在电子商务文案中，卖点的级别深度进化的标准主要有以下 4 种。

（1）初级文案：描述类文案。例如，"这是一款好用的护眼灯，循环充电触摸开关，LED 光源"，这则文案仅仅描述了商品的基本功能。

（2）中级文案：有卖点的文案。例如，"这是一款专门针对高频用眼的学生群体研发的护眼灯，能够抗蓝光，不闪屏、不刺眼，使用效果好"，这则文案是有卖点的，"护眼"这个卖点圈定了具体的针对群体——学生，且是高频用眼的学生群体，而且"抗蓝光，不闪屏、不刺眼"升级了商品竞争力。

（3）高级文案：有核心卖点的文案。例如，"这是一款每隔 37 分钟会自动熄灭一次的科学护眼灯，根据人体视觉的疲劳期规律，只有每隔 37 分钟让眼睛休息一次，才能真正做到护眼"，这则文案就有一个核心卖点——37 分钟的护眼标准。卖点不多，但是很聚焦，消费者的认知也会更加深刻。

（4）特级文案：有独有的核心卖点的文案。例如，"这是一款由医学专家＋光学专家联合研发的润眼灯，爱德华医生和其他光学专家根据眼球对光线的感知第一次提出了真正实现护眼功能必须使用润光板，只有这样才能彻底告别因错误使用灯光而造成的弱视、近视等眼科问题。这款由医生和科学家研发的护眼灯不叫护眼灯，直接独家命名为润眼灯"，这则文案具备了核心卖点——医生和科学家研发的润眼灯，并且是唯一的、独有的核心卖点。

2. 描述修饰式进化

卖点进化既可以跳出原来的卖点进行思考，也可以进入新的思考层次，或者对原有卖点不断地进行修饰加深，完成卖点的深入进化。

例如，奶瓶卖点描述修饰式进化，防呛奶奶瓶—防呛奶硅胶奶瓶—防呛奶全路径硅胶奶瓶—防呛奶偏头全路径硅胶奶瓶—育婴师推荐的防呛奶偏头全路径硅胶奶瓶—育婴师推荐的进口防呛奶偏头全路径硅胶奶瓶。

又如，vivo 手机文案中对应手机产品的核心卖点都是拍照，都针对该卖点进行了深度的进化，"逆光也清晰"的核心卖点是可以逆光拍照，"超稳微云台，夜色更清晰"的核心卖点是拍照效果稳、夜色效果好，"蔡司影像，品悦时光"的核心卖点是拍照更专业，如图 3-5 所示。另外，还有一些手机产品的核心卖点也是对拍照进行的深度进化，"徕卡双镜头"的核心卖点是拍照效果立体，"旋转镜头"的核心卖点是可以进行多角度拍照等。总之，没有同质化的卖点，只有同质化的思维；没有同质化的卖点，只有同质化的表达；没有同质化的卖点，只有同质化的层次。对于文案的创作者来说，要想提炼出产品优质的核心卖点，就要具备这种思维，找到差异化才能实现突围。

图 3-5　vivo 手机文案

任务二　电子商务文案中常见的卖点

文案写作者在进行文案创作时,也可以从不同的角度来进行挖掘。

一、一见钟情的外观

商品最直观的卖点就是外观,外观是对商品自身最显性的表达,也是客户第一印象最直接的来源,所以最容易创造差异化的是商品的外观。外观是商品最大的广告,是吸引消费者好感度的直接手段,是区别于竞争对手的最大的差异,外观本身就是卖点。

例如,三精制药蓝瓶锌如图 3-6 所示。蓝色就是外观上的差异化,三精制药提出蓝瓶锌的概念也更加适合儿童消费者。蓝瓶的锌,既好看又好喝,蓝色这个外观因此成了一个独特卖点。

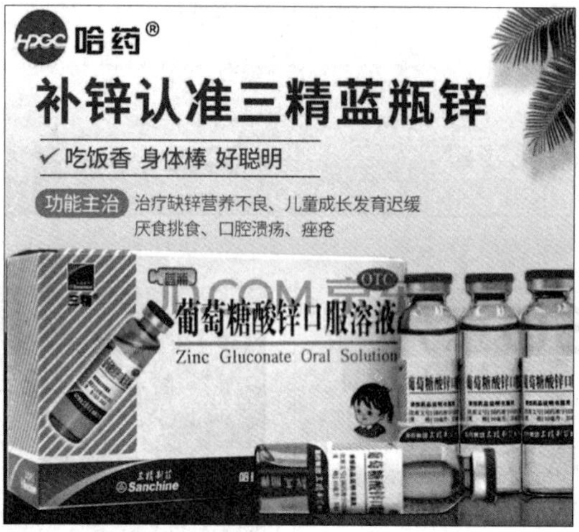

图 3-6 三精制药蓝瓶锌

二、璞玉浑金的材质

消费者通常都相信只有好的材质才能做出好的商品,所以说材质本身也是一种独特的卖点,很多标榜材质特殊的做法就是在做差异化。充分地描写材质,使材质成为商品独家的卖点,这是很多品牌一贯的做法,典型的案例就是农夫山泉,如图 3-7 所示。农夫山泉的文案应该是家喻户晓的了,文案的核心就是农夫山泉的水是纯净的自然水,不是人工制造的,自然的材质才是最好的。

图 3-7 农夫山泉文案

三、匠心独具的工艺

工艺本身就是一种卖点，一个行业的某种工艺只有行业内的人知道，如果是独家的工艺技术就更是鲜有人知，所以它才可以成为独家卖点。在工匠精神盛行的今天，很多人更加强调精品，如果商品的工艺具备独特的差异化特征，或者这门工艺是该商品独家所有，那么该商品就具备了十分强劲的竞争力。例如，鲁花文案"我们不做化学调和油，只用物理压榨，只有物理压榨的油才是原色原香的、真正安全的、不失去营养的食用油"。物理压榨是一项行业工艺，为了实现绝对的差异化，鲁花便靠5S物理压榨工艺实现了品牌突围。上述文案突出鲁花食用油的商品核心工艺——物理压榨，抓住了消费者对这种工艺的好奇心，并使他们产生信赖感。

四、人无我有的功能

功能、功效反映出了商品所能产生的意义，也更能被客户感知其与同类商品的区别，同时商品的使用功能和产生的效果也是消费者非常关心的问题。所以，文案需要找出商品一个有竞争力的功能，并突出这个功能。功能型卖点是最能被客户所认同的卖点，所以很多非功能型的商品也试图用文案把自己"包装"成功能型的商品。例如，格力空调用"用电省一半"作为文案，如图3-8所示，展示了商品优越性能，文案字体设计极具视觉冲击力，不仅能让消费者感觉新颖有趣，还能让他们快速记住品牌，留下深刻的第一印象。

图3-8 格力空调文案

五、转瞬即逝的时间

需要花费时间来成就的商品最为珍贵，时间能代表商品的来源、状态、特种属性，所以时间也是策划文案卖点的最好来源。时间是十分神奇的卖点，既能表达古老，也能表达新鲜；既能表达工业速度，也能表达工匠精神，甚至可以赋予商品更深层次的底蕴和精神。用时间做文案的卖点，是让商品更加情感化的有效方式。例如。OPPO文案"充电5分钟，通话2小时"，如图3-9所示。OPPO因为这个文案被大多数消费者熟知，这个时间卖点不仅成了手机的卖点，也成了OPPO品牌的卖点。

六、真实准确的数字

最好的卖点是用数字来表达的，因为数字最容易被人记住，而且最容易传播。从营销效果的角度来看，文案中写1000个文字，不如打开一张图片；而给消费者看1000张图片，不如告诉消费者一个数字，所以数字是能够最简单、最直接被消费者感知到的差异化卖点。例如，美的空调文案"一晚低至 1 度电"，如图 3-10 所示。数字最大的特点就是简单直接，这则文案中的"一"代表时间跨度，"1"代表用电数，从两个角度阐述了该商品的卓越性能。

图 3-9　OPPO 手机文案

图 3-10　美的空调文案

七、物产丰富的地域

地域包括地点、地名、地形、地貌、地域气候、地域文化、地域特质等多种因素。地域向来都是表现商品出身的最好卖点，在地域上找卖点是策划商品独家卖点的最佳路径，因为地域不可移动、不可复制，具有唯一性。以地域特色作为卖点的商品有很多，如阳澄湖大闸蟹、良乡板栗、西湖龙井、宁夏枸杞、文山三七、青海虫草等，这些地名实际上承载了消费者对商品地域特征的记忆及对商品优良品质的高度认可。例如，崇明岛大米文案"不是所有大米都叫岛米，源自皇帝和神仙眷顾过的长寿海岛"，这则文案提出的是新鲜大米的概念，文案将崇明岛独特的地理位置和气候条件作为卖点，将商品打造成了高端大米品牌，地名已经成了崇明岛大米崭新的品牌标签。

八、稀缺独特的概念

概念是所有卖点中最稀缺、最独特的一种，概念性的卖点往往能直接带来经济效益，一个好的概念具备了独家性、超越性、唯一性和不可复制性等特点，这就实现了绝对的差异化竞争。概念是指向消费者表达一种抽象的、少见的、能启发思维的新卖点。例如，美的油烟机文案"美的蒸汽洗，一台会自己洗的油烟机"，虽然油烟机的最大功能诉求是油烟处理能力，但是美的通过这个文案，在抽油烟技术很成熟的抽油烟机市场上，进一步提出了蒸汽洗的概念，增加了油烟机的功能，得到了消费者的认可。

九、刻骨铭心的情怀

情怀被很多新品牌当作卖点,因为情怀能够把商品人格化,赋予商品人情味,消费者不是在消费一件商品,而是与一个高尚的精神、品格、价值观进行"交流"。所以当品牌给自己打上情怀标签时,一定要设法让消费者有惊喜的体验,要让消费者觉得它确实是一个有情怀的品牌。

坚决反其道而行之不做什么——老干妈说自己坚决不上市不圈钱。

坚决旗帜鲜明地只做什么——张小泉数百年恪守"良钢精作"的祖训只做剪刀。

坚决放弃商业诱惑做好商品——同仁堂。

偏执狂般地追求商品的完美体验——苹果。

只为少数值得服务的人存在——奢侈品。

坚持某种品牌理念和精神——只接待情侣的餐厅。

例如,褚橙文案如图 3-11 所示。褚橙的畅销除了品质这个因素外,更重要的是它拥有不可复制的情怀价值。褚时健大起大落的人生经历,被看作精神的传承,他种出来的橙子演变成了一种可贵的时代精神。

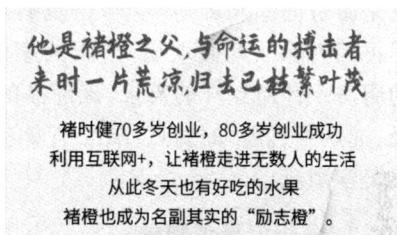

他是褚橙之父,与命运的搏击者
来时一片荒凉,归去已枝繁叶茂

褚时健70多岁创业,80多岁创业成功
利用互联网+,让褚橙走进无数人的生活
从此冬天也有好吃的水果
褚橙也成为名副其实的"励志橙"。

图 3-11 褚橙文案

任务三 挖掘提炼商品的核心卖点

网络是个虚拟的世界,商品的很多外部和内部的特征,甚至是各种细节,都能在网上通过图片、视频展示在消费者面前。而文案的创作则是从这些特征和细节中提炼商品的独特卖点,向消费者传播一种主张、一个忠告、一种承诺。一个好的商品卖点,能够引起顾客的强烈共鸣,并激发他们对商品的好感,从而使其产生购买行为,帮助电子商务企业提升销售业绩。

> **知识拓展**»»
> 市场有需求是产品核心卖点提炼的基础要素,无论这种需求是现实存在的还是潜在的,产品的核心卖点必须紧扣消费者的需求。

在创作电子商务文案时,提炼的核心卖点必须具备 3 个特征:卖点是消费者所需求的,是消费者所关注的,是具有差异性的。任何商品都应该有自己独特的卖点,要想在创作文案时提炼出商品的独特卖点,首先要放开思维,从广告营销的各个层面去考虑。下面将针对核心卖点的提炼进行专门的讲解。

一、核心卖点的提炼流程

消费者在网上购买商品都会有一个基本的目标和原则,创作文案时就可以顺着这个思路去总结提炼商品的卖点。

核心卖点的提炼流程如下。

1. 整理与商品相关的消费者需求

文案写作者必须首先了解和研究消费者,根据消费者的需求来创作商品文案,只有探究到消费者真正的需求,并据此进行文案的创作和设计,才能确保该商品最终销售成功。由于消费者的生活经历、受教育程度、工作性质、家庭结构、个人审美情趣各不相同,每个人对商品品质需求的侧重点也大不相同,因此要了解并满足消费者的需求并非易事。

例如,某集成灶文案如图 3-12 所示。厨房油烟中含有 300 多种有害物质,最主要的肺癌致癌物是二亚硝基哌嗪(DNP),在厨房里准备一餐饭所吸入的 DNP,竟然是室外新鲜空气中的 188 倍!在通风系统差、燃烧效能极低的炊具上做饭,对健康造成的损害等于每天吸两包烟。消费者所有对于厨房商品的需求中,最重要的两点就是厨房健康和厨房美学,这款厨房集成灶就希望人们不再因为除油烟而烦恼,健康的家的前提是有一个健康的厨房。针对这样的需求,该商品的文案提炼出"低空迅吸、油烟不过脸"的卖点,瞄准消费者需求,引领了厨房健康美学潮流。

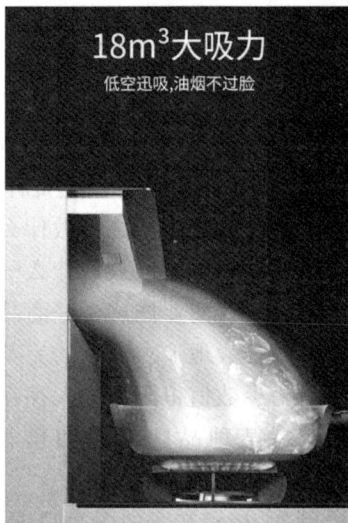

图 3-12　某集成灶文案

2. 分析消费者需求

我们可以从分析消费者的物质需求、精神需求和分析消费者需求的技巧 3 个方面阐述如何分析消费者需求,找出商品的需求重点。

1)物质需求

分析物质需求可以从商品和服务两个方面进行。

(1)商品需求。商品需求包括商品的价格、包装、工艺、性能等。有些消费者的需求反映在商品价格方面,有的更加重视包装,也有消费者把商品质量和性能放在首位。

(2)服务需求。服务需求主要包括交通、环境、服务行为等。如交通便利能够大幅节省消费者的收货时间,并给生活带来方便等。

消费者的物质需求居于消费者需求的最底层,也是最有力量的需求层次。没有物质需求的满足,精神需求就无从谈起。

2)精神需求

分析消费者的精神需求主要包括以下 3 个方面。

(1)情感需求。情感是一种基于社会需求的态度体验。特别是在网络销售中,销售的成败很多时候就取决于客服的态度,看他们是把消费者当作顾客还是当作朋友。

(2)审美需求。审美是消费者的一种美学态度,包括对商品风格、品牌价值等的美学评判。

(3)尊重需求。这是指受到社会、他人尊重的需要,主要表现在消费者购买该商品是否能得到社会认同,并获得他人的尊敬、赞美等的需求。

3)分析消费者需求的技巧

分析消费者的需求时,需要运用好以下几个分析技巧。

知识拓展》》》

随着物质生活水平的提高,人们对精神的高层次需求更加凸显。当前中国特色社会主义进入新时代,人民日益增长的美好生活需要和不平衡不充分的发展之间的矛盾成为我国社会的主要矛盾,其中美好生活中的精神需求部分正日益增长,因而满足人们更高的精神需求是实现美好生活的必然要求。

（1）询问。确定消费者的真实需求要学会询问，可以用网络调查、问卷调查、面对面提问等方式，通过问题一步一步挖掘消费者的真实需求。

（2）倾听。这个方面需要通过经常接触消费者的网络导购人员或实体店的销售人员进行分析，通过倾听能够获得消费者的关键需求点。如果盲目展示商品的卖点，一旦该卖点与消费者需求冲突，将无法完成销售。另外，在倾听的过程中可以增加与消费者的互动，在交流的过程中不断建立客情关系，最终实现双方的共赢。

（3）推理。电子商务服务人员需要根据消费者提供的信息推测他们可能的需求动机。例如，一个要购买太阳眼镜的女性可能要去海边度假，就有购买泳衣、防晒霜、拖鞋等商品的可能性。

例如，某连裤袜消费者需求分析如图 3-13 所示。从图 3-13 的累计评论详情中可以看到，该款连裤袜累计评论近三百条，其中涉及"没有紧绷感"的评论最多，有 209 条，其次是正品，不好的评论中评论"不好用"的有 5 条，从中基本可以得出结论，该价位的连裤袜商品，消费者关注的痛点就是舒适度和品牌。如果要销售同价位、同类型的连裤袜，文案中的卖点就应该是"舒适度"，所有的主图、详情页、营销文案都要围绕"舒适度"三个字做文章，只有不断地通过主图、文案、营销手段强化这个卖点，才能够刺激消费者下单。

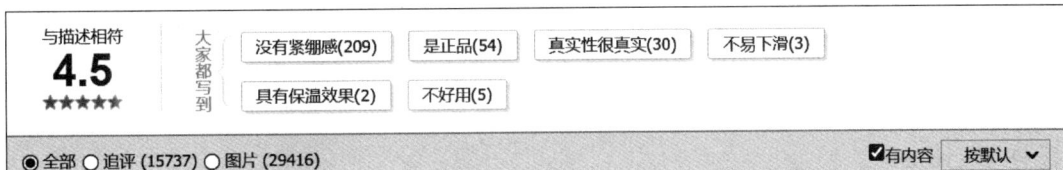

图 3-13　某连裤袜消费者评论

3. 对比分析同类型商品

差异化卖点是指与同类型商品的卖点不同的卖点，这种不同可以是自己的商品所拥有而竞争对手不具备的特性，或者同类型商品有但从未被提到过的特点。心理学中有句话叫作"先入为主"，应用到市场竞争中就是同样的卖点，如果竞争对手先提出，就会抢先完成市场占位，率先在消费者心中打下了深刻烙印，如果这时我们的商品再以同样的卖点打入市场，就很难取而代之。

例如，如图 3-14 所示的九阳空气炸锅文案。该炸锅一经推出就销售火爆，这全都得益于其率先提出的"0 油炸烤烘 轻食不觉腻"的概念，在消费者心中打下了"无油健康饮食"的烙印，完成了市场占位。虽然市场上已经有很多类型的炸锅，但是九阳先于对手提出了新的概念，并让消费者先入为主，所以，无论是竞争对手有的还是没有的，只要你有、你先，就可以建立卖点的差异，赢得消费者青睐。

图 3-14　九阳空气炸锅文案

4. 归纳和表述商品卖点

对电子商务文案写作者来说，提炼出卖点后，还需要借助网站分析商品和卖点，最后表达出核心卖点，相关步骤如下。

（1）在电子商务网站中分析同类商品。通过主要的电子商务网站可以搜索主关键词找出同类商品，然后筛选款式、价格差不多的商品，按销量和人气排名找出多个商品，再从这些筛选出的商品中通过主图、描述、评价、问答 4 个方面找出该类商品的现有卖点。

（2）分析目标人群特点。不同类型的消费者有不同的爱好兴趣及消费观念，那么卖点的提炼也要根据目标人群的特点来进行。例如，坡跟精品女鞋的目标人群是白领女性，如空姐、银行、服务类女性人群，她们要来回走动，站得比较久，所以这类目标人群对鞋子的要求都集中在舒适、大气、经典等方面。相对地，该群体喜欢的是实惠又优质的商品，而工作的性质要求鞋子应该简单、大气、正式，而不是过于花哨。

（3）分析商品自身的特点。撰写文案前，需要了解该商品的特点和优势，分析这些特点和提炼卖点的前两个步骤在哪些方面是重合的，把这些特点和优势都罗列出来。如坡跟精品女鞋的特点是做工好、头层牛皮、透气、无异味、底部柔软、防滑、轻、一线品牌、简单大气……可以先从商品本身的结构、造型、款式、规格、风格、配件、颜色、品质、功能等特点上去找，然后对照前面介绍过的多种卖点进行提炼，找到符合该商品特质的卖点，同时要注意卖点要符合电子商务的风格定位。

（4）筛选符合规则的卖点。这里的规则主要是指商品的差异化、人群需求与心理、商品优势与店铺定位。

（5）选择卖点的表述方式。最后就是选择卖点的表述方式，以前面的坡跟精品女鞋为例，可以直接使用同类型商品的共同卖点作为自己的卖点，如耐磨橡胶底、内增高；也可以直接使用差异化的卖点，如纯手工、头层牛皮、产地意大利；一些创新性的特点也可以直接作为卖点来表述，如可拆式鞋子、按摩功能等。确定商品的卖点后可以通过主图、标题、描述、操作问答和买家评价来突出卖点。

二、核心卖点的提炼原则

营销学中有一个著名的理论：任何商品在营销过程中都应该有自己独特的卖点主张，这一理论包含 3 个方面的含义：一是商品应该向消费者传播主张或者承诺，告诉消费者购买该商品会享受哪些好处；二是卖点主张应该是同类型商品尚未提出的，或者竞争对手无法复制的；三是卖点主张应该以消费者为核心，易于理解和传播，有强大的吸引力。商品核心卖点的传播通常是以文案形式出现的，一句话就能给消费者留下深刻的印象，例如，农夫山泉的"我们是大自然的搬运工"、海飞丝的"去除头屑烦恼"、李维斯牛仔裤的"不同的酷，相同的裤"等。在进行文案创作时，提炼商品的核心卖点需要遵循以下 4 个原则。

1. 真实的功能和功效

这里"实"是指商品真实的功能和功效，在进行文案创作时，商品要确实具有卖点所宣传和承诺的功效或特征，确实能够满足消费者的某种需求。商品的品质是企业的生命所在，其核心卖点必须依托实际的功效，这点必须真实可靠，不能欺骗消费者。这就是文案卖点创作的首要原则，只有功效真实的商品，才能获得市场的认可。在文案创作过程中提炼核心卖点时，确定商品的功效诉求必须首先考虑消费者和市场需求，而不是只按照商品的功效排序。例如,一双女鞋的功效排序是时尚、创意、舒适、真皮,而市场需求排序是真皮、舒适、时尚、创意,在创作该女鞋的核心卖点时,就应该以市场需求为主,以真皮和舒适作为文案创作的重点。

案例 3-1

牛奶的卖点

　　在不同国家或地区,根据脂肪含量不同,牛奶分为不同的类别,目前最普遍的分类是全脂、低脂及脱脂牛奶。在我国,全脂牛奶的脂肪含量在 3.1% 以上,低脂牛奶(也就是部分脱脂牛奶)的脂肪含量在 1%～2%,而脱脂牛奶的脂肪含量在 0.5% 以下。一般人群均可食用牛奶,其中脱脂奶适合老年人、需要低脂饮食的人群。随着生活条件的改善与我国人口老龄化的加速,人们对于脱脂奶的需求越来越大。在这种情况下,牛奶的功效排序应该是脱脂、低脂、全脂,但实际市场的需求却不是这样。脱脂牛奶虽具有低脂肪、高蛋白的特点,但因脂肪缺乏导致口感过于单薄,在我国的市场认可度不高;虽然脱脂牛奶比全脂牛奶的热量低 45%,但过量饮用同样也会导致肥胖;即使是全脂牛奶,只要适量饮用,也不会直接导致肥胖;全脂牛奶营养丰富,喝全脂牛奶不容易饿,因此减少了其他食物的摄入。所以,根据市场的需求,三种牛奶的功效排序就成了全脂、低脂、脱脂。

2. 一定规模的人群数量

　　"量"指数量,是指消费者的群体要有一定的数量规模,文案的卖点要针对一定的人群,这个人群的数量要达到一定的规模,否则该商品就无法达到一定的销售数量,就会影响企业的利润。举个例子,如果有一种保养品,既适合男性也适合女性,那么该保养品的核心卖点是针对男性还是针对女性呢? 企业毫无疑问都会选择后者,因为女性才是购物的主力军。

　　例如,某楼盘销售文案"听老婆的话,买某某某花园",这句话不但接地气,通俗易懂,而且包含了对女性的人文主义关怀和对女性地位的充分尊重。创作卖点时,针对女性这个群体的销售效果比针对男性要好至少 20%。这个楼盘销售文案既针对了女性这个群体,也涉及男性群体,既满足了女性的需求,也为男性制造了"疼老婆"这一台阶,给足了男性面子。当然,这也绝不是说创作商品卖点时一定要多多益善,相反,若指望自己的商品男女老少皆宜,往往会失去自己的核心卖点与消费群。这是一个消费群体的定位问题,多和少要在权衡利弊之后才能正确判断。

　　只有面向足够数量的人群,也就是有足够的需求者,商品才有开发推广的价值。提炼商品的核心卖点时必须使这一卖点面向足够数量的人,而不是向极少数人宣传。

3. 独有的特点

　　"独"就是独特之处,是指商品的核心卖点要区别于同类商品或者竞争对手。很多商人都有跟风的习惯,看见人家做什么赚钱,就跟着做什么,当所有的人都进入某一个赚钱的市场以后,也就没有什么利润了。消费者买的不是商品,买的是对商品的印象。根据"第一"胜过"更好"的原则,要想让商品在消费者心目中留下难忘的印象,最好的办法就是成为某一类别

> **素养提升>>>**
> 　　商品的核心卖点提炼应更加贴近年轻消费群体的审美和需求,既投射出中国传统文化,也能展现当下民族自豪感。从设计、性价比到情感价值的展现,都吸引新一代年轻人。

的第一或者唯一,这就是商品的独特之处。

这里所说的"独"并不只是指商品本身的特点,文案中传递给消费者的独特的具有说服力的"说法"也可以称为"独",如服务、时间、附加价值、盈利模式、价格优势、创新速度、商品品质、历史优势等。很多时候,也许同行或同类商品大都具备这些方面的特点,但关键是看谁能先说出来、讲清楚,并让消费者认为这一特色与优势是你独有的,这样才能成为这一类别的第一或者唯一。

例如,厨邦酱油文案"厨邦酱油天然鲜,晒足 180 天",如图 3-15 所示。厨邦酱油的品质和生产过程与竞品本质上并没有什么区别,但其文案创作出了一句广告语,以此来告诉消费者厨邦酱油是最鲜的酱油,因为被阳光暴晒了半年。而事实上很多品牌的酱油都是要经过半年甚至更长时间的暴晒才灌装上市的,只是它们没有说出来而已。而当厨邦第一个说出"晒足 180 天"的概念之后,其他厂家已经没有办法在这一点上采用同样的说法了,如果也跟着说"我的酱油晒足 180 天"就很明显是在抄袭他人,而且无意中更提高了厨邦酱油的声望;如果接着说"我的酱油晒足 360 天"(即便事实如此),人们也会觉得你是在模仿别人,没有新意,也未必会相信。这就是第一的好处,也是确有其"独"的卖点优势。

图 3-15　厨邦酱油文案

4. 简单易记的名字

"名"是指名称和称谓,是指文案提炼出的商品核心卖点必须便于消费者理解和记忆,易被广泛传播。在创作文案的过程中,提炼商品核心卖点时应该尽量避免使用拗口的学术用语,要用普通消费者听得清楚、容易记忆的短语来进行描述,任何烦琐、模糊的词语只是让企业花费大量的资金和时间去做无谓的解释;同时,语言要生动、亲切、富于联想,能够用一句话言简意赅地将信息直接展示给目标消费者,使其产生购买意向,这就是文案核心卖点的魅力。

例如,三全水饺有一句经典文案"吃点好的,很有必要",为此,有消费者吃了 3 个月的三全水饺,吃遍了该品牌所有类型的水饺,其体重也从 50 千克涨到了 65 千克。直到现在,很多消费者还把这句话挂在嘴边,时时提醒身边的朋友和亲人,这就是确有其"名"的功效。

案例 3-2

经典的一句话文案

别把酒留在杯里,别把话放在心里——泸州老窖

喜欢这种东西,捂住嘴巴,也会从眼睛里跑出来——网易云音乐

她学会视频通话,是想跟你多说点话——农村淘宝

那些别人眼中的天真,都是我以梦为马的狂奔——京东

普通的改变,将改变普通——天猫

老人家在哪儿,老家就在哪儿——某地产广告

别说你爬过的山,只有早高峰——某汽车品牌

在文案创作中提炼商品的核心卖点可以说是商品营销的起点,通过文案中的一句话,既让消费者了解了商品,也提升了销量,这就是文案需要达到的标准。

在进行商品核心卖点提炼时,以上 4 个条件必须是同时具备、缺一不可的,彼此之间并不存在谁轻谁重的问题。

三、核心卖点的提炼方法

文案创作中提炼商品的卖点需要综合考虑消费者、商品、竞争对手 3 个方面的因素,前两个是必然存在的因素,而竞争对手则是一个非必然因素。对电子商务企业来说,有些商品在销售初期并不存在直接的竞争对手,在提炼卖点的方法上与存在竞争对手时的情况有不同之处。

1. 无竞争对手的商品卖点提炼

在没有竞争对手的情况下,提炼商品卖点就不需要考虑差异化,只要找到商品的功能与消费者痛点之间的交集,即可形成商品的卖点。

例如,海飞丝文案从最初的"头屑去无踪,秀发更出众"到"远离头屑,长效保护",再到现在的"去屑实力派",海飞丝洗发水一直都在通过洗发去除头屑的道路上前进。去屑一直是海飞丝洗发水的重点功能,也是这款商品最大的卖点。购买去屑洗发水的目的是去除头屑烦恼,有头屑的消费者很容易就被去屑这一卖点打动。去屑洗发水不止一个去屑功效,还有去油、去污、柔顺和保养发质等功效,但是海飞丝将去屑作为商品唯一的卖点在营销中反复使用,正是因为商家发现了大多数消费者都有头屑烦恼这一核心痛点,为了主攻这部分群体,抢先占位,才舍去了商品的其他功效,将发力点集中放在去屑的功效上,使诉求更为单纯,利益点更加鲜明。而随着其他洗发水商品同样开始把去屑作为卖点进行宣传,海飞丝就在继续强化"去屑"这一卖点的基础上,加入了对柔顺、去油等功效的宣传,既维护了这一核心卖点的地位,又增加了商品卖点,扩大了商品的受众群体。

从海飞丝洗发水的案例可以看出,有些商品虽然有多种功能,但在文案创作中,最核心、最能打动消费者的卖点只能有一个。为商品提炼一个核心有力的卖点,势必要充分了解消费者的现实痛点,了解消费者的真实需求,找出能直接解决消费者痛点的商品功能点,并对其加以包装,使之成为核心卖点。

又如,某保温杯文案如图 3-16 所示。这款保温杯的文案很简单,就是告诉消费者它有

多保温,相比于市场上没有那么多层保温设置的同类型商品,该保温杯的卖点就很简单了,它抓住多层保温这一功能大做文章。在该文案中提出"48小时强效保温/保冷"卖点后,该保温杯一个月的网络销量就达到了10万。

图 3-16　某保温杯文案

2. 有竞争对手的商品卖点提炼

对电子商务企业来说,竞争才是常态,也是商品更新换代的高效催化剂。在无竞争对手阶段,提炼商品卖点需考虑商品自身功能点和消费者痛点两个因素,找到二者的交集就形成了核心卖点。如果在市场上存在竞争对手,存在同类型的商品,就必须将竞争对手作为提炼卖点前重点研究和分析的对象,提炼卖点的重点就在于建立自身商品与竞争对手商品的卖点差异化,形成鲜明的诉求区隔,使自身商品成为消费者购买的主要选择。

例如,vivo手机最初是靠手机音质和拍照功能立足的,在后来各种类型的手机都在加强拍照功能后,vivo就重点对拍照这一卖点进行诠释和重新打造。vivo自身的商品与竞品都具有拍照功效,针对的消费者的痛点是拍照,这就是所谓的"原生痛点",但解决拍照问题的同时,又衍生出诸如照片不清晰、无法补光、拍照效果、拍照不稳定、不如相机等痛点,这些就是所谓的"次生痛点"。而恰巧,vivo在文案中提炼新的卖点就是解决"次生痛点"的有效途径,这样,拍摄补光及双摄像头的两个卖点,就形成了vivo手机新的差异化卖点,满足了细分人群的拍照需求,也创作出"柔光双摄,照亮你的美""超稳微云台,夜色更精彩""蔡司影像,品阅时光"等大家耳熟能详的文案。

商品自身、消费者、竞争商品三者产生的交集就是商品的核心功能点,即使将该功能点当作商品的核心卖点,也无法产生差异化的竞争。所以,在存在竞争对手的情况下,文案创作中的卖点提炼应该将焦点转向商品特点上,需要将商品的核心功能与特点进行结合,并使其与消费者的痛点产生交集,这样才能形成商品的独特卖点。

又如,美团的过期退。互联网团购的功能在于为消费者提供更便宜的网购商品,这个功能可以决定消费者。选择团购平台消费,而不选择传统电子商务平台消费,但无法决定消费者具体选择在哪个团购平台消费。美团创造性地提出了"过期退"的差异化卖点,这个卖点就是基于商品特点提炼的,它解决了消费者团购过期损失这一"次生痛点",给了消费者一个选择美团的理由。

案例 3-3

提炼通俗易懂的核心卖点

电子商务平台的产品介绍页应尽量让消费者秒懂,不要让消费者思考。以米家扫地机器人和科沃斯扫地机器人产品详情页对比为例,看看它们是如何用秒懂文案来介绍高科技产品的,如图 3-17 所示。

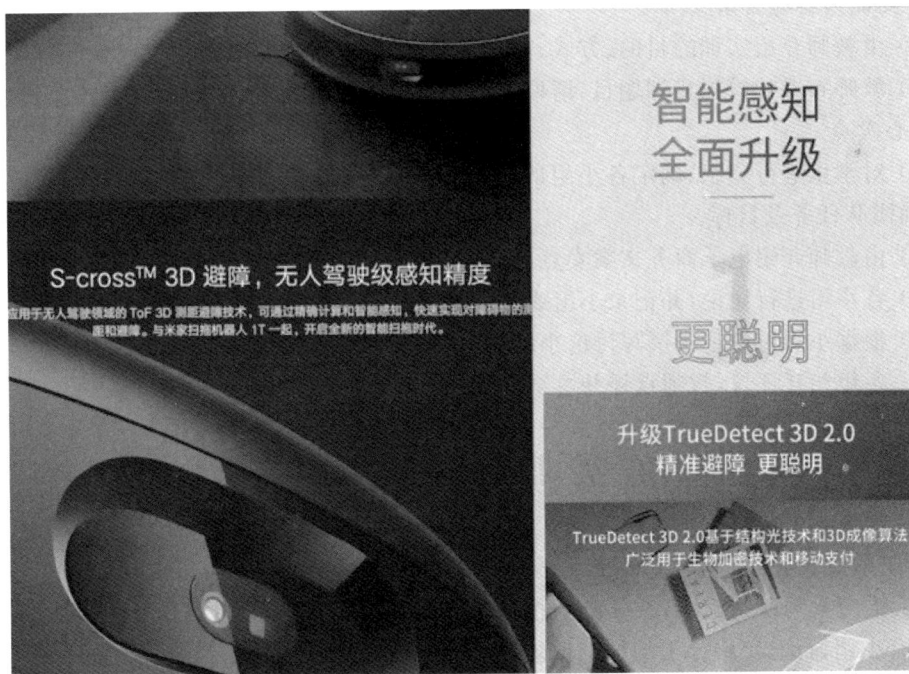

图 3-17　米家扫地机器人和科沃斯扫地机器人产品详情页对比

两家扫地机器人都进行了"精准避障"的描述。

米家扫地机器人"无人驾驶级感知精度",就算消费者不懂这个技术,也一定懂无人驾驶级感知精度的价值。

科沃斯是用"更聪明"来描述精准避障。只有形容人才会用聪明,通过聪明来体现产品的智能。

两家对精准避障的描述不同,但目的一样,就是让消费者秒懂其产品价值。

市面上很多产品害怕消费者不知道自己很专业,在产品介绍页上强调各种技术、各种专利,这样有时会适得其反。

技 能 实 训

1.实训题目

电子商务文案卖点的创作技巧写作实训。

2.实训目标

(1)通过教师讲解、案例讨论,掌握相应知识点。

(2)初步学习团队合作,发挥每一位团队成员的能力,学习小组讨论、分析评价的方法,并对讨论问题进行记录和文字小结,完成案例讨论。

(3)形成初步的独立思考能力。

(4)培养初步的自主学习能力。

3.实训内容与要求

(1)由教师介绍实训的目的、方式、要求,调动学生实训的积极性。

(2)教师布置的模拟实训题目:请根据创作卖点的常见角度,为一汽红旗汽车提炼出不同的核心卖点。

(3)对学生进行分组、确定各小组的组长和人员分工,学习小组学习方式,制订小组计划,明确团队任务及目标。

(4)由教师介绍电子商务文案卖点的创作技巧的相关案例及讨论的话题。

(5)各小组进行讨论,并记录小组成员的发言。

(6)根据小组讨论记录撰写讨论小结。

(7)各组相互评议,教师点评并总结。

实训成果与检测

1.成果要求

(1)提交案例讨论记录:教学分组按3~5名学生为一组,设组长1人、记录员1人,每组必须有小组讨论、工作分工的详细记录,以作为考核成绩的依据。

(2)能够在规定的时间内完成相关的讨论,学习团队合作方式,撰写文字小结。

2.评价标准

(1)上课时积极与老师配合,积极思考、发言。

(2)认真阅读案例、积极参加小组讨论、分析问题思路较宽。案例分析基本完整,能结合所学理论知识解答问题。

（3）团队配合较好，积极参与小组活动，分工合作较好。

本项目考核检测评价

1. 填空题

（1）＿＿＿＿＿＿＿就是能超越同类商品的卖点。

（2）卖点进化要对＿＿＿＿＿＿＿不断地进行修饰加深，完成卖点的深入进化。

（3）＿＿＿＿＿＿＿是商品最大的广告，是吸引消费者好感度的直接手段。

（4）＿＿＿＿＿＿＿就是指与同类型商品的卖点不同的卖点，这种不同可以是自己的商品所拥有而竞争对手不具备的特性，或者同类型商品有，但从未被提到过的特点。

（5）"独"就是＿＿＿＿＿＿＿，是指商品的核心卖点要区别于同类商品或者竞争对手。

2. 判断题

（1）外观是对商品自身最显性的表达，也是客户第一印象最直接的来源。 （　　）

（2）很多品牌文案都会借专家之口来修正消费者的原有认知，植入新的认知，甚至直接以专家作为品牌名字。 （　　）

（3）文案写作者首先了解和研究自己的想法，根据自身的需求来创作商品文案，并据此进行文案的创作和设计，才能确保该商品的最终销售成功。 （　　）

（4）任何商品在营销过程中都应该有自己独特的卖点主张。 （　　）

（5）商品自身、消费者、竞争商品三者产生的交集即商品的核心功能点。 （　　）

3. 简答题

（1）简述核心卖点的基本特征。

（2）简述电子商务文案中常见的卖点。

（3）简述核心卖点提炼流程。

（4）简述分析消费者需求的技巧。

（5）简述归纳和表述商品卖点的步骤。

（6）简述卖点的等级和层次。

项 目 四

电子商务网店内页文案写作

学习目标

（1）了解详情页文案标题的相关知识。

（2）了解详情页的主要功能与撰写原则。

（3）熟悉详情页的构架方式。

（4）掌握商品详情页的写作方法。

学习重点、难点

1. 重点

（1）详情页的构架方式。

（2）商品详情页的写作方法。

2. 难点

运用电子商务网店内页文案写作的相关知识分析问题、解决问题。

思维导图

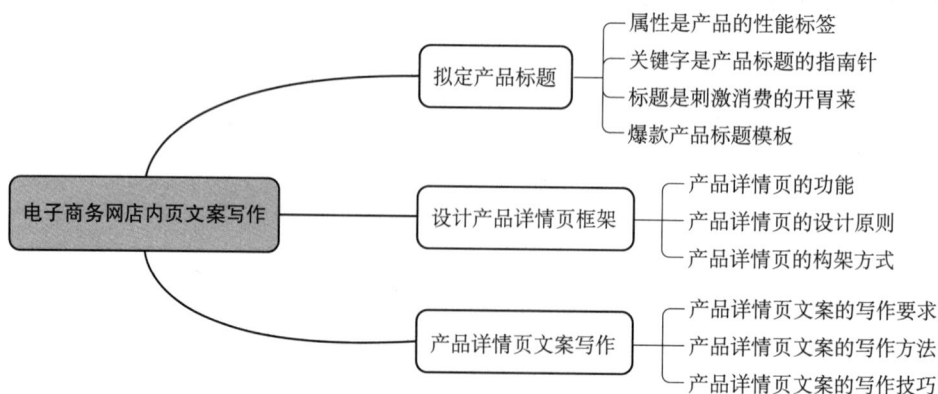

📚 **引例**

故宫文创的商品详情页文案

故宫文创天猫官方旗舰店的产品数量非常多，并且有很多同类商品，仅陶瓷杯具类就有70多种。每个产品的详情页文案都优美雅致，可见文案人员是用了很多心力的。精妙的设计灵感、优雅的产品介绍，足够给产品一个"故事"。这些承载着与文化有关的"慢"叙事内容，也充分体现了国潮产品的浪漫情怀和厚重韵味。

以"千里江山系列产品"为例，同系列的景观式小夜灯文案为"丹青妙景，生活的诗意窗口"；同系列的陶瓷杯垫的详情页里，类似的文案为"江山意趣伴生活"；同系列里的两个香氛产品，香氛礼盒的文案为"心随山水去，香绕清风来"；扩香石的文案为"江山千里望无垠"，如图4-1所示。

图4-1　故宫文创"千里江山系列产品"详情页文案

图 4-1(续)

同一系列的相似产品,商品详情页的观感完全不同,不仅是配色风格,而是整个文案、排版、设计完全不同。但相同的是,每一个文案看起来都非常用心。足以见得,详情页中的文案和排版有助于凸显品牌的存在感。

辩证思考: 分析以上文案内容,讨论并思考网店详情页的设计的要点有哪些。

分析提示: 精致的产品图、非常有设计感的排版,从某种角度上说,故宫文创天猫官方旗舰店商品详情页的设计,让产品的"故事价值"大于产品本身的"使用价值",更能激发产品的浪漫情怀和厚重韵味。

电商行业正趋于内容化方向发展,如果网店没有好的文案内容,其产品或品牌的营销与推广就会变得越来越困难。消费者在进入网店查看产品时,通常会浏览产品的内页文案等。电商文案写作者必须掌握产品内页文案的写作方法和技巧,才能帮助网店完成日常的运营推广目标。

任务一　拟定产品标题

产品标题是指产品详情页中的标题部分，它一般出现在用户搜索结果页面和产品详情页的顶部。标题是产品详情页的入口，消费者通过搜索关键字，在搜索结果页中点击标题或主图可直接进入产品详情页。可以说，标题的好坏直接决定了搜索结果的展示，也决定了消费者是否会在看到产品标题时产生点击行为。

> **知识拓展»**
>
> 标题一旦确定，不要在短时间内频繁或大幅度地修改，因为这样有可能被电子商务平台判定为更换产品而被降权。

一、属性是产品的性能标签

产品标题的基本属性主要包括产品规格、名称、材质、类别和颜色等，它要求信息完整、正确和真实。例如，行车记录仪的产品属性如图 4-2 所示。

品牌名称：360

产品参数：

产品名称：360 G300	品牌：360	型号：G300
功能：夜视加强 夜视补光 循环录像 ...	运行内存：无	颜色分类：黑色 黑灰色
套餐：官方标配 套餐一 套餐二 套餐...	屏幕尺寸：2.0英寸	智能类型：其他智能
安装类型：通用	主镜头光圈：F2.2	镜头数量：单镜头
拍照像素：200万	摄像像素：200万	画面视角：140°
影像分辨率：1080p	是否支持到店安装：是	

图 4-2　行车记录仪的产品属性

产品的基本属性信息有很多，在撰写产品标题时，应该将这些属性关键词融合进去，以提高店铺的流量。一个好的标题需包含的属性内容为产品名称、产品所属店铺名称或品牌名称、同一产品的别称、产品价格和产品必要的说明。例如，哈尔斯保温杯壶超长保温1200mL 旅行户外家庭旅游必备杯，正品包邮等。

(1) 产品名称。产品名称是产品标题的基本要素之一。如果没有产品名称，消费者就无法知道商家卖的是什么。

(2) 产品所属店铺名称或品牌名称。在产品前加上网上店铺名称或品牌名称有利于宣传网上店铺。特别是对于一些已经在消费者心中有良好印象或有名气的网上店铺或品牌，加上这些信息后，能够使消费者直接找到他们所需要的产品。

> **素养提升»**
>
> 标题设计要通过关注消费者关心的热点话题，走进消费者的精神和情感世界，让详情页标题变得有滋味、有情义，使消费者对详情页文案产生认同感。

（3）同一产品的别称。有时，同一个产品可能会有不同的称呼。为了能够让消费者找到该产品，应该在产品标题中把别称加上去。

（4）产品价格。对特卖的产品，在标题中加上产品价格能够快速吸引消费者的注意力。例如，"×××元！低价让利！""0利润，×××抢购！"等，都可以让消费者感受到实惠。

（5）产品必要的说明。有些特色类型的产品需要在标题中加一些必要的说明信息，如产品的形式和数量。例如，各种App的会员充值等产品，就需要说明产品的具体实现方式如图4-3所示。

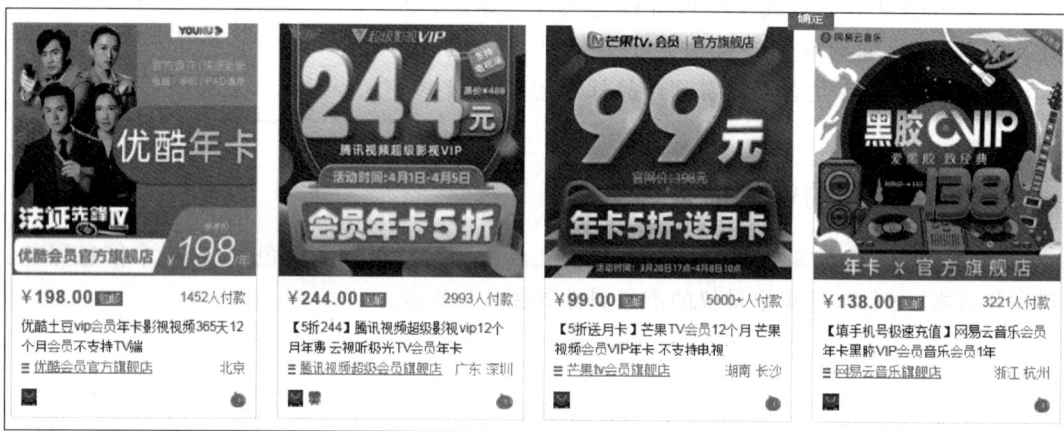

图4-3　产品必要的说明

二、关键字是产品标题的指南针

在电商网站中，产品能否被消费者搜索到，主要取决于标题关键词与消费者搜索的关键词的匹配程度和产品标题的规范性。

1. 选择关键词

合理设置标题关键词能够增加产品页面的点击率，因此建议在产品上架期间尽量避开竞争激烈的关键词，多使用长尾关键词和与产品属性吻合度高的关键词。另外，还要站在消费者的角度来思考标题中应该包含哪些关键词，结合消费者的心理和产品属性，拟定一个既简洁又能突出产品卖点的标题，这样才能获得较大的搜索流量。

> **知识拓展**>>>
> 淘宝的产品标题不能超过30个汉字，商家必须在30个汉字内对产品进行描述，这就意味着标题中的每一个关键词都必须有效，才能实现标题的最优化。

2. 确保产品类目准确

消费者在网站中购物，主要是通过自主搜索和产品类目导航搜索来查找自己需要的产品的。因此，类目属性也决定着消费者搜索的结果。类目属性是在保证消费者体验的基础上，网站开发人员为了帮助消费者更好地通过搜索找到他们想要的产品而设计的，它是根据标题与消费者查询词语匹配的相关性原则进行计算后设置的，与产品所在的详细类目信息息息相关。当消费者输入某个词语进行搜索时，网站就会根据这个词语来判断他们想要的是什么样的产品,继而将其匹配到产品的某个类目信息中。

例如,消费者输入"身体乳",那么他可能是想找"美容护肤/美体/精油"栏目下的"乳液/面霜""身体护理"类的产品。如果某产品在其他类目下,则用户搜索结果中将不会出现该产品。消费者搜索"灯罩",那么他可能是想找"家装主材/配件专区/灯具配件"类目下的某个产品,如果某产品的类目属性设置为"家居/家居饰品",则在默认排序中将被降权显示。因此,产品的类目属性准确度越高,产品属性填写越完善,就越能被消费者搜索到。

3. 标题关键词和关键字的选择

合理设置标题关键词能够增加产品的点击率,因此建议在产品上架的初期尽量避开竞争很大的关键词,多使用长尾关键词和与产品属性吻合度高的关键词。例如,如果网上店铺经营的是野生蜂蜜,就可以使用"纯天然""深山野生""农家自产""无公害无添加"等长尾关键词来描述产品的属性。

同时,还要站在消费者的角度来思考标题中应该包含的关键字。只有结合消费者的心理和产品属性,拟定一个既简洁又能突出产品卖点的标题,才能获得消费者的喜爱。例如,"MG美即缤纷水漾肌密秋冬补水保湿面膜贴组合20片""去封闭性闭合性粉刺闭口痘痘黑白头疏通毛孔中药青黛膏排毒面膜",这两则标题就是从不同消费者的角度考虑来拟定产品标

> **知识拓展** »»»
>
> 长尾关键词是指网站上的那些与目标关键词相关的非类目关键词,并且能带来搜索流量的组合型关键词。

题的。第一则标题是以消费者对产品品牌、产品规格等属性为主要角度来拟定的,第二则标题是以消费者对产品的功效需求为主要角度来拟定的。

4. 产品标题的规范性

设置吸引人的产品标题是增加产品页面点击率的关键。可参照以下规范设置标题,一是标题限定在30个汉字(60个字符)以内,否则会影响发布;二是标题既要简单直接,又要突出卖点,让消费者一眼就能知道产品的特点和类型,例如,某大闸蟹详情页标题如图4-4所示。

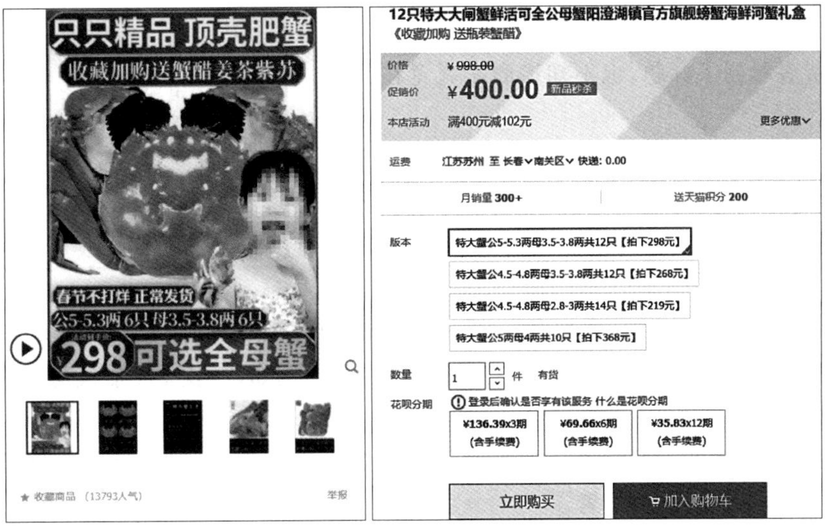

图4-4　某大闸蟹详情页标题

三、标题是刺激消费的开胃菜

产品标题就跟人的名字一样重要,是展现给他人的第一印象。当消费者在众多搜索结果中找寻所需要的产品时,标题就是吸引他的第一要素。只有消费者对标题感兴趣或标题中某个词吸引了消费者,消费者才会点击标题。产品标题的作用主要有以下两点。

(1)被消费者搜索。无论产品详情页文案有多么出色,产品本身质量如何上乘,要想让消费者看到产品,首先就要被搜索到,产品标题承担着被消费者搜索到的重任。因此,电商文案写作者要详细了解并分析消费者可能搜索的关键词,提炼出搜索次数多且有效的关键词并添加到标题中,从而让产品能够被消费者搜索到。

(2)激发消费者的点击欲望。当消费者搜索到产品信息后,呈现在他们面前的是一系列符合他们搜索需求的产品。这时,产品标题就起着激发点击欲望、让产品被消费者浏览的作用。一般来说,好的产品标题能够吸引消费者点击,提高店铺的流量。

> **知识拓展** »»»
>
> 一些商家为了快速吸引消费者的注意,可能会在标题中添加一些敏感词以博眼球。却不知道,电子商务平台都有过滤功能,如果标题中带有敏感词汇(像一些政治敏感词汇、假货敏感词汇或有色敏感词汇,如高仿、山寨、最低价,品牌1∶1等),则该标题会被过滤掉,因此也就不能被消费者搜索到。

四、爆款产品标题模板

通过观察并分析一些销量较高的店铺,可以发现它们的产品标题有一定的规则,一般是品牌名+名称+叫卖+属性。这些词汇的顺序并不是一成不变的,商家可以自由组合这些词汇,使标题能更加吸引消费者注意。

(1)品牌名。对一些新手商家或者创业初期的网店商家,最好不要把自创的品牌名称放入标题中,因为新品牌没有名气,消费者几乎不会对新品牌进行搜索,而品牌名会占去标题一定的字数,减少其他关键词在标题中的展示机会。

(2)名称。标题中一定要包含产品的名称,否则即便有消费者看到了标题,也不知道商家究竟在销售什么产品。

> **知识拓展** »»»
>
> 从用户体验和营销学的角度来说,不应该在标题开头就写上包邮、秒杀等促销信息,而应该将其写在标题的最后。

(3)叫卖。可用特价、促销、包邮、超值或新品上市等具有叫卖属性的词语来吸引消费者,当消费者看到低价促销等信息时,更容易点击查看产品的详细信息。

(4)属性。网店购物时,消费者一般是在搜索框中输入描述宝贝属性的词语来查找需要的产品的。因此,消费者比较关注产品的属性特征。例如,一款女士服装可以在标题中添加风格、材质和款式细节等属性;数码产品可以添加品牌名称、型号和规格等属性;食品可以添加产地、规格等属性。标题部分的关键词可以进行自由组合,目的是增加被搜索到的概率,同时使标题更加吸引消费者。

案例 4-1

文艺范文案"步履不停"

"人生路上步履不停,为何总是慢一拍。"淘宝店步履不停的文案,在这个网络竞争时代,店内衣服还没火,文艺范儿的文案却先被人知晓。

文案的风格分很多种,如文艺、写实、严谨、逗趣、半文言、吐槽体或前后押韵等。而这组淘宝女装店的文案属于融合了文艺风格和写实的严谨型,无论是口味刁钻的文艺女青年,还是普通女青年,都难以抗拒其魅力。例如,以下几则"步履不停"的新品文案,如图 4-5 所示。

图 4-5 "步履不停"的系列文案一

现在的品牌追求的不只是产品好,文案甚至要比产品更好。

这家店的文案展示了文艺的另一个样子,即对细致的生活和人生的感悟,无论你此时此刻心情如何,都会被这个文案及排版海报所治愈,回到心灵最平静的时刻。

任务二　设计产品详情页框架

消费者在网上购物时,不能触摸到实际的产品,只能通过产品详情页来充分了解产品的各项信息。因此,商家要尽可能将产品详情页设计得详尽而有吸引力,这对消费者决定是否购买该产品至关重要。

> **知识拓展》》》**
>
> 详情页是指在电子商务平台中商家对所出售的产品以文字、图片或视频等手段展示产品信息的页面。

一、产品详情页的功能

产品详情页其实就是一个无声的推销员,它能最大限度地将产品的卖点展示出来,让消费者在了解产品的各项信息的同时,延长在店铺的停留时间,间接引导他们下单,从而提高店铺的转化率。下面对详情页的主要功能进行介绍。

1. 展示产品的基本信息

消费者进入产品详情页后,可以看到详细的产品信息描述,包括产品的材质、品牌、价格和样式等基本信息,如图 4-6 所示。除此之外,产品详情页还会对产品的其他信息进行展示,如产品的细节描述、产品不同角度的展示图等,这些信息有助于消费者更加详尽地了解产品细节。

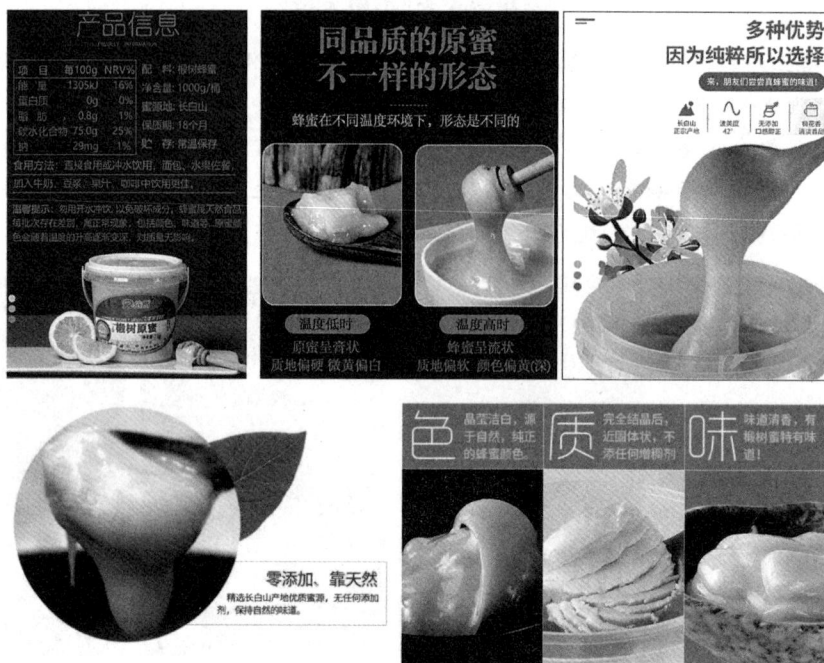

图 4-6 某品牌椴树蜂蜜的产品信息

2. 提炼产品的卖点和功效

除了展示基本的产品信息,产品详情页还应提炼出产品的卖点和功效,以吸引消费者的眼球。一般来说,要将产品最主要的功能和特点都提炼出来,以实景图片＋文字的形式来对产品的特点加以重点展示,突出产品的优点。例如,某品牌椴树蜂蜜的产品功效描述,通过这种表述方法,可以让消费者快速了解产品的特点,如图 4-7 所示。

图 4-7 某品牌椴树蜂蜜的产品功效描述

3. 给消费者留下良好的印象

产品详情页中的详细描述不仅为消费者提供了了解产品的途径，还可以让他们对店铺和产品产生良好的印象。特别是购物须知、消费者评价和注意事项等从消费者角度来考虑问题的内容，让消费者觉得店铺经营者是真心实意地为他们考虑，从而赢得消费者的信任和好感。例如，某品牌椴树蜜产品的购物须知内容，如图 4-8 所示。

图 4-8 某品牌椴树蜂蜜产品的购物须知内容

4. 引导消费者下单

消费者被产品标题吸引进店后，优秀的产品详情页内容能够让消费者细细品读并且看是否符合他们自身的需要，甚至让有些原本没有购物动机的消费者认可产品，引起他们想要购买的欲望。

另外，产品详情页中的其他产品推荐或促销活动，也会激发消费者继续浏览的欲望，增加消费者在店铺中查看其他产品的概率，而不是直接关掉页面进入其他商家的网店。需要注意的是，促销信息要及时、有效，不能放置已经失效的内容或纯粹为了吸引消费者点击而缺少实质的内容。例如，某品牌椴树蜂蜜产品详情页中的其他促销信息，如图 4-9 所示。

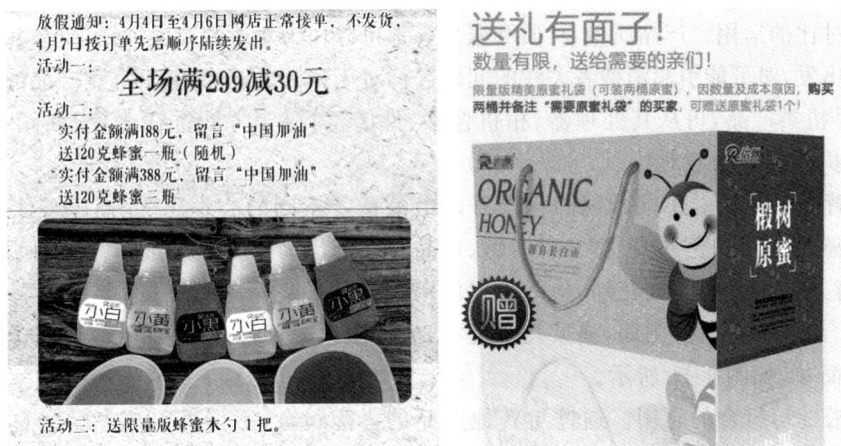

图 4-9 某品牌椴树蜂蜜产品详情页中的其他促销信息

需要注意的是,促销信息要及时、有效,不能放置已经失效的内容或纯粹为了吸引消费者点击而写一些模棱两可的话。

二、产品详情页的设计原则

产品详情页是通过视觉来传达产品信息的一种形式,对提高店铺的成交转化率起着决定性的作用。因此,在撰写详情页文案时,需要注意以下原则。

1. 虚实结合

"实"是指产品详情页必须做到产品信息描述符合实际情况,特别是产品的细节描述、材质和规格等基本信息,一定要真实可信,不能肆意夸大,也不能隐瞒或弄虚作假。"虚"是指产品的背景、加工过程和消费者反馈等可以经过一定的美化和加工,让产品更加有内涵和品质保障。

2. 图文并茂

产品详情页需要借助文字来进行必要的解说,但能够引起消费者注意的主要还是图片。如果忽略图片而采取大段的文字描述,将会降低产品的吸引力。因此,产品详情页应该有图有文、图文搭配,且要注意图片与文字的美化,为消费者提供良好的视觉感受。

3. 详略得当

没有消费者愿意自己花时间在产品的大篇幅文字描述中提炼有用的信息。如果商家的产品详情页是一些没有营养、重复啰嗦、没有重点的信息,那么消费者会直接退出产品页面。

好的产品详情页应该详略得当,对产品的基本信息要尽量写得详细,产品卖点用语要简练明了,最好是将其分段列示,并搭配图片来进行解说;对于消费者比较关心的售后、产品质量、产品功效和注意事项等内容也要详细介绍,尽可能地让消费者感到放心。

4. 手法多样

(1)对比的运用。产品质量、材质和服务等都可以作为对比的对象,商家应该从消费者关心的角度出发,对可能引起消费者关注的问题进行对比分析,从侧面突出自身产品的优点。例如,对于手机类产品,可从其处理器、相机像素、性能、内存等方面进行比较,如图4-10所示为红米手机的型号功能对比。

(2)背景的运用。不同颜色的背景可以给消费者不同的心理感受,商家要了解各种颜色对应的感情色彩和色系,根据自身店铺、产品和促销活动等特点来选择背景的颜色。要注意的是,背景的颜色不能太花哨,最好不要使用过多的颜色来进行搭配,要保证背景看起来协调且符合大众的审美,例如,澳贝儿童玩具,从构图色彩上符合儿童的审美,但运用的背景却很淡雅简单,如图4-11所示。

(3)搭配与组合的运用。通过与其他产品的搭配组合,不仅可以让产品的自身效果更加显著,还能在无形之中推销其他的产品,为店铺带来更多的转化率。例如,某产品与其他产品的搭配,如图4-12所示。

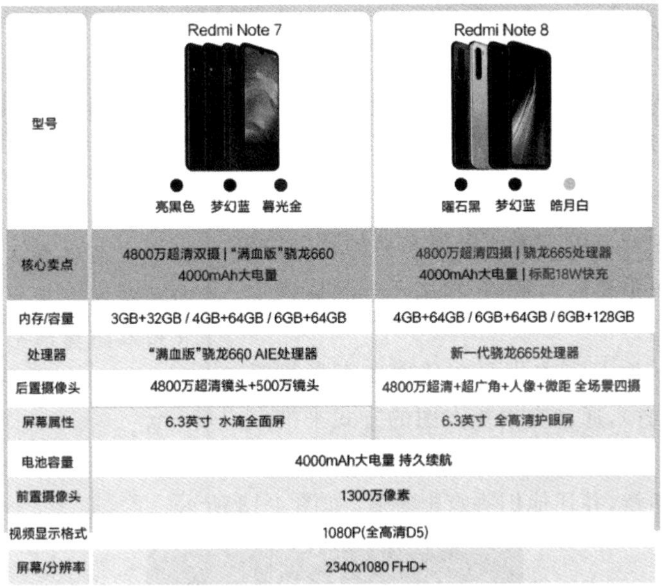

型号	Redmi Note 7	Redmi Note 8
	亮黑色　梦幻蓝　暮光金	曜石黑　梦幻蓝　皓月白
核心卖点	4800万超清双摄｜"满血版"骁龙660 4000mAh大电量	4800万超清四摄｜骁龙665处理器 4000mAh大电量｜标配18W快充
内存/容量	3GB+32GB / 4GB+64GB / 6GB+64GB	4GB+64GB / 6GB+64GB / 6GB+128GB
处理器	"满血版"骁龙660 AIE处理器	新一代骁龙665处理器
后置摄像头	4800万超清镜头+500万镜头	4800万超清+超广角+人像+微距 全场景四摄
屏幕属性	6.3英寸 水滴全面屏	6.3英寸 全高清护眼屏
电池容量	4000mAh大电量 持久续航	
前置摄像头	1300万像素	
视频显示格式	1080P(全高清D5)	
屏幕/分辨率	2340x1080 FHD+	

图 4-10　红米手机的型号功能对比

图 4-11　澳贝玩具的背景色

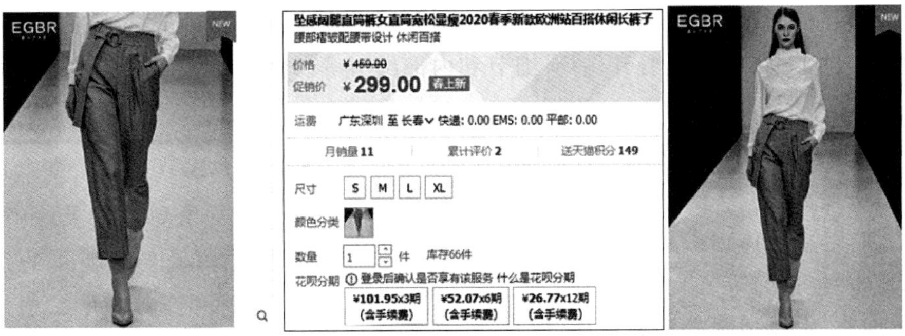

图 4-12　某产品与其他产品的搭配

三、产品详情页的构架方式

详情页中的内容众多,只有了解并熟悉产品详情页的框架,才能更好地策划每一个板块的格局,填充需要展现的信息。

1. 以图片为主

清晰直观的图片可以明确地展现产品的特点,是产品详情页中至关重要的元素,它和文字一起构成了产品详情页的内容。

(1) 焦点图。焦点图应放在产品详情页最显眼的位置(一般为上方),通过突出焦点图的方式来推广店铺中的产品,会使得产品具有强烈的吸引力,更容易引起消费者的注意,并让他们去点击查看,如图 4-13 所示。

> **知识拓展** »»»
>
> 产品详情页的焦点图还可出现在网上店铺首页,一般以图片组合轮播的形式出现,用于显示网上店铺的优惠信息或主推产品。

图 4-13　焦点图

(2) 产品总体图和细节图。总体图是指能够展现产品全貌的图片,最好是不同角度、不同颜色、能够完美展现产品信息的图片。产品细节图是指表现产品局部特征的图片,主要分为款式细节、做工细节、面料细节、辅料细节和内部细节等。例如,毛衣的细节图展示主要体现在以下方面。

款式细节:主要体现产品的设计要素,如领口、袖口、口袋和拼接等。

做工细节:主要体现产品的走线、接缝、里料和内衬拷边(又叫"锁边")等。

面料细节:主要体现产品的材质、颜色、纹路和质感等。

> **知识拓展** »»»
>
> 细节图要求效果清晰,便于观看,最好是能够使用高清摄像机近景拍摄,应避免在总体图的基础上直接裁剪。

辅料细节：主要体现产品的辅助细节，如商标用料和点缀等。

内部细节：主要体现产品的内部构造细节。

又如，我们上文所举例的破壁机的总体图和细节图，如图 4-14 和图 4-15 所示。

图 4-14　总体图

图 4-15　细节图

（3）场景图。场景图是指实拍图或在搭建的场景内拍摄的图片。这种图片可以让产品不再单调，以充满生活气息的方式呈现在消费者眼前，给消费者良好的视觉感受。特别是对于服饰、鞋靴和箱包等生活类用品，最好提供场景图片，如图 4-16 所示。

（4）消费者感受图。消费者感受图是指将消费者使用本产品后的感受，以图片的形式呈现在产品详情页中。这种方式既可以为消费者提供参考，也是间接证明产品价值的有效方式，如图 4-17 所示。

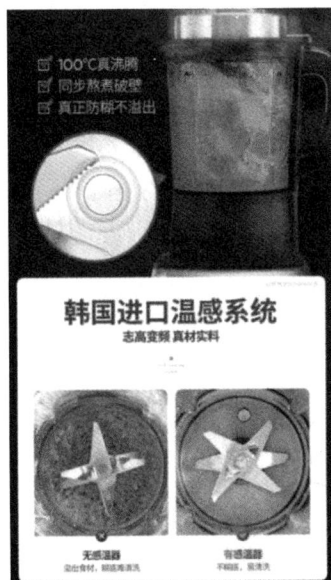

图 4-16　场景图

图 4-17　消费者感受图

2. 以产品为主

在实体店中购买产品时,销售员都会向消费者详细介绍产品的功能、性质和特点,甚至让消费者亲自体验,其目的是让消费者感受购买产品后所能获得的好处和利益,促使消费者进行购买。网店通过文字、图片等元素,也可以将产品的全貌、性能和特点用灵活且富有创造性的方法展现出来,方便消费者对产品进行鉴别、挑选,并以此引起消费者的购买兴趣。这就需要网店商家充分了解自己的产品并能够合理地展示产品的特点。

1)前期准备工作

作为一名电子商务文案写作者,充分了解并熟悉电商的产品十分重要。不仅要熟悉产品的材料、功能和类型,还要对产品的使用说明了如指掌,这样才能熟练地组织语言来进行产品的介绍,使产品详情页文案在消费者心中留下良好的印象。

对于某些需要用专业技术知识来介绍的产品,电商文案写作者千万不能以自己的理解来随意进行描述,必须及时向相关专家或供应商请教技术知识方面的问题,不能出现名词解释有误、专业词汇使用不当等基本的错误。另外,电商文案写作者还可从以下几个方面来了解产品信息,为文案的写作奠定基础。

(1)产品的性价比。无论购买什么产品,质量和价格都是消费者最关心的问题。他们不仅追求低廉的价格,还要求产品质量尽可能最佳。因此,商家的产品是否物美价廉就成了消费者选择的首要条件。电子商务文案写作者在进行产品详情页文案的写作时,要充分了解产品,通过文字表达体现出产品的高性价比,从而达到吸引消费者的目的。

(2)产品的优缺点。一名优秀的电子商务文案写作者要非常熟悉产品的优缺点,只有这样,才能在写作文案时弱化产品的不足之处,突出其优点,让消费者信任产品。

(3)产品与消费者需求。消费者购买产品是为了满足某种需求。因此电子商务文案写作者在写作文案前要详细了解产品与消费者需求之间的联系,以及消费者的愿望和动机,根据不同消费者的需求,展现产品的不同特点,这样有利于提高店铺的转化率。

(4)产品售后服务。在文案写作时,电子商务文案写作者必须让消费者了解产品的使用寿命、产品保养的技巧及售后服务等问题。因此,电子商务文案写作者在文案写作之前,也需了解产品的售后服务信息,如图 4-18 所示。

> **知识拓展》》》**
>
> 在全方位展示商品时,文案写作者要注意完整地介绍商品。无论是内在质量还是外在包装、附件或外观设计等方面,都不能有任何疏忽,这样才能取得消费者的信任,引起消费者的关注和兴趣,从而刺激消费者产生购买欲望。

2)设计展示页面

产品展示说明是产品详情页中最主要的内容,电子商务文案写作者要以谨慎的态度来设计产品的展示页面,抓住消费者的喜好和要求,规划出有创意的展示说明方式。一般来说,可从以下 5 个方面来进行设计。

(1)找出消费者的痛点,针对消费者需求进行设计。

(2)列出产品的特性及优点。

(3)挖掘消费者最希望改善或希望被满足的需求。

图 4-18　产品售后服务

（4）按产品的特性和优点进行组合。

（5）按产品能够满足消费者的利益进行优先组合。

3）保证产品完好

电子商务文案写作者在介绍产品时，应注意完整地介绍产品，无论是内在质量，还是外在包装、附件及外观设计等方面都不能有任何疏忽，这样才能引起消费者的关注和兴趣，刺激他们的购买欲望。否则容易引起消费者对产品质量的怀疑，导致文案写作的失败。

4）强调产品特色

网店与实体店最大的不同之处在于，网店不受环境、地点、时间及消费者等因素的影响，可以向网络中的任何消费者展示自己的产品，具有广泛的客户群体。因此，电子商务文案写作者在向消费者展示产品时，应着重展示产品的特色，体现产品在同类产品中的优势及与其他产品的区别。

同时，电子商务文案写作者还应该合理优化产品，通过文字叙述提升产品的品质。例如，产品样式夸张，可强调其新颖有个性、别致上档次；产品体积很小，可强

> **小思考>>>**
> 现有一款产自越南的百香果，其果实酸甜多汁，果香浓郁，营养丰富，含有 17 种氨基酸及各种维生素、微量元素等 165 种对人体有益物质，请结合产品的特点撰写一篇精练简洁的产品详情页。

调其节省空间、便于携带；体积较大，可强调其存储空间大、一物多用。总之，要根据产品的性能和服务对象，有针对性地强调重点并加以介绍，这样才会收到更好的效果，如图 4-19 所示。

5）注意文案用语

在进行文案写作时，要注意产品展示的先后顺序。一般来说，应该先向消费者展示产品的特定部分或特点，后向消费者介绍产品基本性能与作用。描述的语言也应该由浅入深，电子商务文案写作者不能在一开始就写一些深奥的专业词汇或自卖自夸，做一些自以为能够宣传产品的"专业"描述，而不从消费者的实际需求出发，否则会引起消费者的反感，导致客户的流失。好的文案应该用语浅显且生动易懂，由浅入深地介绍产品，进而达到引人入胜的效果。

3. 以消费者为主

现代销售或服务行业秉承以消费者为中心的理念。因此，电子商务文案写作要体现消

费者的需求,并给予消费者心理上或精神上的满足。电子商务文案写作者在写作前可以有针对性地进行一些调研,将消费者关心的问题收集起来,并将解决办法一并写入文案中。根据不同的消费者对象,文案的侧重点也各有不同。

(1)讲究实惠型。很多人在购买家庭日用品或实用性很强的产品时,重点关注的是产品的性价比,他们需要的是经济实惠的产品,而且这类产品都是大众品牌。针对这种购买动机,详情页文案设计的侧重点就是加量不加价、量大从优、买二赠一等,如图 4-20 所示。

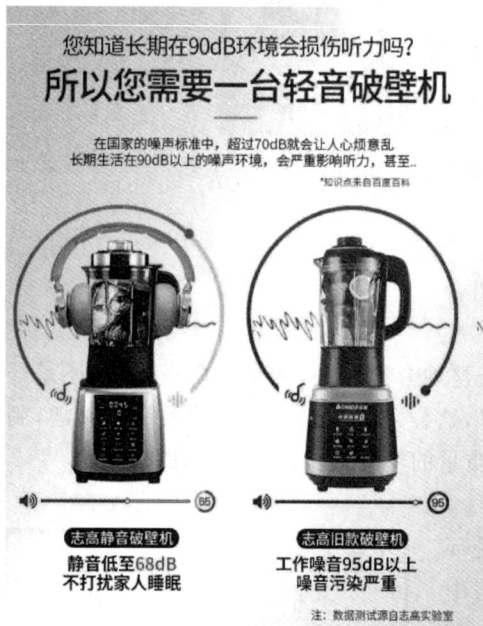

图 4-19　强调产品特色

图 4-20　实惠型详情页文案

(2)追求个性型。这种类型的消费者一般以追求时尚的青年为主,他们通常只关心产品的独特性和产品与众不同的地方,不会选择热销的产品,因此只有个性化的产品描述才能引起这类消费者的注意。彰显个性、限量销售等文案对他们将会有很强的吸引力,如图 4-21 所示。

图 4-21　追求个性型详情页文案

（3）寻求便利型。这种类型的消费者会追求整个购买流程的便捷性，希望省时省力，能够尽可能简单、快速地完成交易，并且希望能够在一个店铺或平台处买齐所有的产品，实现所谓的一站式购物。因此，针对这类消费者，在文案中需要尽可能地展示出快捷购物、快捷支付、使用方便等信息，如免费上门安装、极速发货、一对一客服指导组装等。例如，消费者在购买家具时，安装视频、免费在线安装指导等服务都能促使追求便利的消费者产生购物行为，如图4-22所示。

> **知识拓展>>>**
>
> 　　为了体现个性，突出与同类产品的差异，会选择非常个性化的文案写作方式，如大量添加时下流行词汇、热门表情包或段子。除非店铺本身定位就是追逐热门、标新立异，否则一般不建议电子商务文案写作者采用这种方法来吸引关注。

图4-22 寻求便利型详情页文案

（4）关注外观型。这种类型的消费者以女性为主，她们有浪漫情怀，关注精神生活，喜欢美化环境，关注色彩、造型等。一般对于这类产品而言，场景代入式的图片设计、文案设计都应该更关注美观性，让消费者有置身其中的感觉。

（5）享受品质型。这种类型的消费者追求名牌，追求高档的产品，借此显示自己的身份、地位。这类消费者多处于高收入阶层，他们对品质、身份地位、彰显尊贵、手工原创等元素比较关注，电子商务文案就应该针对这些元素进行创作，如图4-23所示。

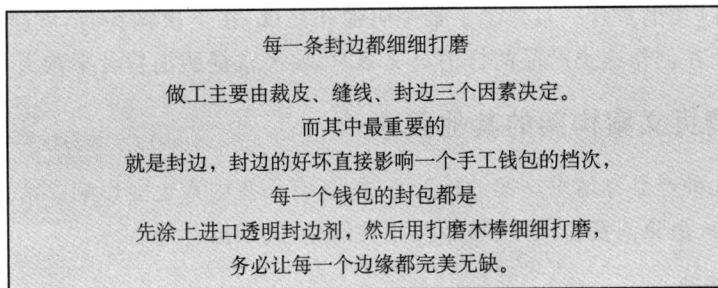

图4-23 享受品质型详情页文案

（6）好奇驱动型。电子商务文案应利用消费者的好奇心，因为每个人都会有好奇心，这种好奇心会导致消费者购买一些看似不寻常的商品。例如，曾经在淘宝上出现过的奇葩商品，如实体蚊子、贵得离谱的内衣等。

淘宝上曾经有一个店铺非常火，当时设计了一个活动，并分成几步。

第一步，大幅海报，"老板娘跑了，万念俱灰，店铺不干了，狂甩！！"然后通过 QQ 群传播这个店铺，很多人就进去了，当然也有很多人消费了。

第二步，大幅海报，"老板娘原来去进货了，又回来了，进来了很多新货，开心打折！！"继续在 QQ 群通知传播，效果再爆。

第三步，大幅海报，"哭！！ 这回老板娘是真的跑了！"

（7）消费从众型。这种类型的消费者在互联网上是最多的，正是因为有了这类消费者，才成就了爆款产品。消费者的从众心理一般来自两个方面，一方面是崇拜性从众，针对这种从众心理，最常见的文案或者描述就是×××同款，然后把同款的场景展现出来。在淘宝上，某明星同款、某影视剧同款都是比较受欢迎的，其利用的就是消费者的崇拜性从众心理。

> **知识拓展** >>>
>
> 消费者的购买动机是千差万别的，以上列举的只是一些常见的购买动机。在进行详情页文案创作时，电子商务文案写作者要根据产品类目和店铺的实际情况，制定有效的文案设计方案，设计符合产品特性的详情页，以刺激消费者购买。

另一方面从众心理是刺激大众跟随。例如，全网热销××件，连续三年全网销量第一，××明星的选择等，如图 4-24 所示。

图 4-24　消费从众型详情页文案

（8）重复习惯型。这种类型的消费者购买的产品大多是重复性的消费品，如奶粉、大米、食用油等。这类消费者一旦熟悉了某个店铺和品牌，在下次购买时，就会自然而然地选择同样的产品。在创作这类产品的详情页文案时，要经常提醒消费者来购买。

四、影响详情页文案构架的其他因素

除了以上几种产品详情页文案的构架方式，还有一些因素也能影响详情页文案的创作，包括造势和借势、消除消费者风险、售后及相关信息、关联推荐等。

1. 造势和借势

造势和借势是指通过文字、图片或视频等元素向消费者传递信息，而这些信息能够对消费者的心理产生一定的影响。通过这种影响造成消费者思想上的变化,并最终激发他们的购物欲望,达到提高店铺成交量的目的。

(1)引用第三方评价。第三方评价是指有购买经历的消费者对购物过程和使用感受等的评价。现在的电商网站都包含消费者评价功能,商家也鼓励消费者将亲身经历的购物过程和产品使用感受发布在网上,以供其他消费者参考。

(2)销售势。销售势是指产品的销售势头强劲,在同类产品中销量名列前茅,甚至远超同类产品。

(3)实体势。实体势是指网店的实体店铺的规模、团队人员组成、技术力量和生产厂家的优势,这些都可以从一定程度上体现店铺的实力,可以作为消费者评估店铺产品质量的一个标准。

(4)权威势。权威势是指消费者对极具公众影响力的人或机构的一种自愿的服从和支持。文案写作者可在产品详情页中添加专业权威机构对产品的认证信息,这将会增加产品的权威性。

2. 消除消费者风险

网络购物不像实体店购物一样能够让消费者实实在在地接触到产品,因此具有一定的购物风险。文案写作者应该把引起消费者担心的问题列举出来,并承诺这些风险由商家承担,以此来消除消费者的购物风险。因此,很多网店都会对自己的产品进行承诺。例如,本产品自消费者签收后的 7 天内,若出现任何质量问题,且保证外观、包装、吊牌完好,可直接联系更换新品或退货。退换货过程中产生的一切费用由商家一力承担,不收取消费者任何费用等或达不到效果,包退,如图 4-25 所示。

图 4-25 消除疑虑

3. 售后及相关信息

文案详情必须按照产品售后服务要求来进行写作,同时还要注意相关信息的说明,如在什么情况下消费者可以申请退换货,退换货的具体流程如何,是否需要消费者支付维修费用等。

4. 关联推荐

详情页文案可以关联推荐一些同类产品或搭配套餐,以激发消费者的购买欲望,提高消费者的客单价。店铺销售额是由客单价和客流量(即进店的消费者数量)决定的。因此,要提升店铺的销售额,除了尽可能多地吸引进店的消费者,增加整体销售量、提高客单价也是非常重要的。

> **知识拓展》》**
> 客单价是指每一位消费者在店铺中平均购买产品的金额,它在一定程度上决定了店铺销售额的高低。

任务三 产品详情页文案写作

优秀的产品详情页可以大幅度提高店铺的转化率,促使消费者进行消费。如果产品详情页详细展示了产品的特性,也放置了精美的实物图,但还是没有消费者光临,这不一定是意味着产品的品质不够好,也不是价格不够优惠,而可能是产品详情页文案不够吸引人,没有激发消费者的购买欲望。

一、产品详情页文案的写作要求

网店中几乎所有的产品详情页都采用图文搭配的方式,通过图文搭配,一是可以丰富图片所表达的内容,提升图片的可读性;二是解决了文字冗长的问题,提升了消费者的阅读体验,增加了产品的可信度。因此,文字是产品详情页中不可缺少的元素,要想让消费者购买产品,就需要文案写作者合理组织和写作文案,突出产品的卖点,以吸引消费者。

在产品详情页中,文案一般出现在产品亮点介绍、设计诠释、细节描述和功效介绍等地方。总的来说,文案写作需要注意以下几个要点。

(1)统一叙述风格。产品详情页中需要进行文案描述的地方不止一处,文案写作者在进行描述时,要先统一文案的用语风格,不能前面使用轻快幽默的语言,后面又使用严肃沉闷的表述方式,这会降低消费者的阅读兴趣。产品详情页文案的写作与一般的文章写作相似,只要保证文案风格统一,用语通俗易懂,能够表达产品的特点即可。

(2)确定核心点。核心点就是产品详情页文案的表述中心,明确产品的核心点才能更好地组织语言,从中心点展开文字描述,以突出产品的优势。

(3)用个性化的语言。尽管网店的数量非常多,然而很多网店的产品详情页文案却千篇一律,没有自己的特色和亮点。如果文案写作者能独树一帜,创造独特的语言描述风格,不仅会吸引消费者,还能引领文案潮流,成为真正的赢家。

(4)用语要循序渐进。在进行商品详情页文案写作时,商品展示的顺序通常是先介绍商品的特定部分或特点,然后介绍基本性能与作用。因此,与之对应的描述语言也应该先浅后深,不能在文案的开头就使用深奥的专业词汇,做一些自以为能够宣传商品的"专业"描述,这样只会引起消费者的反感。只有生动易懂、循序渐进的商品介绍才能更好地达到宣传推广商品的效果。

二、产品详情页文案的写作方法

要想写出能够吸引消费者的产品详情页文案,就一定要注重文案的写作方法。一般来说,产品详情页文案的写作方法有九宫格思考法、目录要点延伸法和三段式写作法 3 种,与文案创作的方法基本一致,但也有不一样的地方。

1. 九宫格思考法

九宫格思考法是一种有助扩散性思维的思考策略,利用一幅像九宫格的图,将主题写在图的中央,然后把由主题所引发的各种想法或联想,写在其余的格子中,让思维向剩余的 8 个方向去思考,产生 8 种不同的创见。遵循这一思维方式,能够进一步发挥并拓宽思考的范围,如图 4-26 所示。

优点	优点	优点
优点	**商品**	优点
优点	优点	优点

图 4-26　九宫格思考法

1）九宫格思考法的原则

使用九宫格思考法进行产品详情页文案写作时，应注意以下 8 项原则。

（1）想到就写。只要是围绕核心主题产生的联想，都可以填写到主题以外的其他 8 个格子中。

（2）用词简明。为了使九宫格能尽量表达清楚且易懂，文案写作者应该使用简明的文字或关键字进行描述。

（3）尽量填满。九宫格是文案写作者围绕核心主题进行思维发散的一种解决问题的方法，为了给核心主题提供更多的想法和解决思路，应该尽量将每一个格子都填满，提供尽可能多的思维方式。

（4）重新整理。第一次填写的九宫格可能会存在逻辑不正确、要点不适合等问题，此时可以重新思考整理，以建立更好的九宫格模型。

（5）使用颜色。使用不同的颜色来分类，不同类型或不同效果的要点颜色不同，可以让思路更加清晰。

> **知识拓展》》》**
>
> 九宫格思考法的操作步骤如下。
>
> 步骤 1：拿一张白纸，先画一个正方形，然后将其分割成九宫格，将要进行创意思考的主题（产品名等）写在正中间的格子内。
>
> 步骤 2：将与主题相关的联想任意写在旁边的 8 个格子内，尽量用直觉思考，不用刻意寻求"正确"答案。
>
> 步骤 3：尽量将 8 个格子的内容扩充完整，鼓励反复思维、自我辩证，先前写下的内容也可以修改。

（6）经常检讨。当掌握了九宫格的使用技巧后，使用者也能联想到更多的想法，因此经常修正九宫格的答案，会对使用者的实际行动更有帮助。

（7）放慢思考。九宫格中的每一个格子都可以让使用者在某个核心概念下收敛与过滤重要概念，因此使用者可以适当放慢思考的速度，以获得更符合实际需求的答案。

（8）实地行动。九宫格的最终目标是提供一个有效的行动指引工具，因此要求能够体现实际的核心主题，并具有采取实际行动的效果。

2）九宫格的填写方式

九宫格图有助于人的思维扩散，电子商务文案写作者在写作前可以先准备一张白纸，然后用笔将整张纸分割成九宫格，用九宫格思考法创作电子商务文案，把产品名写在正中间的格子内，再把由主题所引发的各种想法或联想写在其余 8 个方格内，这样可以帮助总结这款产品的众多优点。

卖点是非常重要的，在同质化严重的市场环境中，你的产品可能与竞争对手的产品相同，也可能有所差异，那么你的产品有哪些卖点，与竞争对手有哪些差异，这些就是作为文案写作者要向买家清楚解释的内容，这样买家才会知道你的产品与别人的区别究竟在哪里。当买家知道了为什么你的产品比竞争对手更胜一筹，即使你的产品价格比竞争对手的价格更高一些，买家也会认为，你能提供的价值更多，你的产品更值得购买，这是因为你拥有竞争对手所缺乏的独特卖点，而这些独特卖点正好就是决定买家是否购买的关键。

对电商文案创作，可以采取下面两种填写法。

（1）按顺时针方向填写：按照顺时针方向把自己所想到的要点填进方格，循序渐进、由浅入深地对产品进行挖掘。

（2）从四面八方填写：将自己所想到的要点填进任意一格，不用刻意思考这些要点之间有什么关系。

3）填写九宫格的注意事项

如果 8 个方格未能填满，可以尝试从不同角度进行联想。如果 8 个方格不够填，可以继续绘制九宫格图，进行补充填写。

在填完九宫格后，可以对所填内容进行整理，分析每个要点的主次，并做出取舍。对于不明确的要点，也可以重新修改。这就是九宫格思考法的好处，它可以让文案写作者尽情进行发散思维，对每一项要点进行思考、细分和扩展，达到逐步完善文案内容的目的。

案例 4-2

创作一款迷你空气净化器文案

通常，空气净化器越大，其净化能力就越强。然而，迷你空气净化器的特点就是体积小，与 iPad 差不多，但是其空气的净化能力与一台普通外置式空调大小的空气净化器相当。除此以外，该空气净化器配有两套防尘系统，还有语音功能、LED 显示屏，售价是普通空气净化器的一半。可见，这款空气净化器无论是功能、配置，还是价格，都是同类型产品中的佼佼者。另外，这款空气净化器还摒弃了千篇一律的海量流水线制造规则，采用"定制"方式。对该款空气净化器的特点总结如下。

（1）迷你空气净化器，主机后侧面积仅比 iPad 略大，单手即可托起。

（2）两套最新空气过滤器，吸力永不衰减，终身无须更换耗材。

（3）无级调速滑钮，根据空气质量好坏，自动调节功率。

（4）一键除尘，滤网和尘桶可直接用清水冲洗。

（5）5 英寸大屏幕 LED 显示，直接触碰，也可以遥控，使用方便。

（6）瑞士可水洗医疗级除螨过滤装置，并具备空气加湿功能。

了解了空气净化器的上述特点之后，使用九宫格思考法提取卖点的效果可参照图 4-27。

体积小	定制	一键水洗
噪声低	空气净化器	除螨加湿
技术先进	两套系统	自动智能

图 4-27 九宫格思考法的运用

对电商文案来说，很多时候并不能直接把产品的所有优点都表达出来，在通常情况下，需要对其进行多重包装和强化。如果某一产品的优点太多，最好的方法就是强化其中一个或几个突出的功能，这样就更容易让消费者记住文案。

另外，对消费者记忆点的使用要因地制宜。例如，如果文案是用在海报或者推广图上，其记忆点最多不要超过 3 个，但如果文案是在详情页上使用，则

知识拓展》》》

通过九宫格思考法将这款空气净化器的优点列举出来之后，文案写作者需要打开思路，对这些优点一一进行分析，再将其与市场上的同类产品文案进行比较，创作出一个有吸引力且与众不同的文案。

要尽可能地展示出推广产品的重点优势。

2. 目录要点延伸法

目录要点延伸法是将产品特点以单点排列开来,再针对单点展开叙述的方法。它能丰富文案的素材、观点,为文案提供资料来源。它和九宫格思考法有一定联系,如果说九宫格思考法引发的是对产品卖点的思考,那么目录要点延伸法更像是对那些卖点的展开和内容扩充,它可以使文案内容更加详细、细致。

在使用目录要点延伸法时,也可通过图形将其表述出来,这样有助于观点的梳理。

目录要点延伸法常被使用在详情页文案的创作过程中,这里以 Oral-B 的一款电动牙刷为例进行目录要点延伸法分析。已知该款牙刷是德国进口产品,可以通过蓝牙连接手机 App,以同步反映牙齿区域的清洁情况、每次的刷牙记录,预设刷牙偏好,特殊牙齿区域特殊处理等;牙刷小圆头设计,48800 次/分,采用 3D 声波洁齿科技,能 360°清洁牙齿;牙刷有日常清洁模式、牙龈按摩模式、敏感护理模式、亮白模式,用户可以根据自己的需求自由选择,其要点延伸如图 4-28 所示。

> **知识拓展»»**
>
> 　　电子商务文案的竞争非常激烈,特别是产品详情页文案,很多品牌产品在详情页文案中都会列出他们产品的诸多优点。因此,熟练运用型录要点延伸法细分产品优点、找出最佳点,对增强产品竞争力十分重要。

图 4-28　电动牙刷的目录要点延伸

通过这样的延伸,可以使该产品的卖点变得更加清晰,文案写作者可以深入考虑。毕竟在电动牙刷市场,还有很多的同类竞争对手,这时就需要结合竞争对手的文案,在全面展示产品卖点的同时,找出其最有竞争力的那个卖点,让它变成最佳的创意点去吸引消费者的注意。

3. 三段式写作法

三段式写作法比较适合简短文案的创作,因此常用于产品详情页文案中氛围图的配文或页面横幅的引导。

> **知识拓展»»**
>
> 　　产品详情页中的文案内容一般出现在产品亮点介绍、设计诠释、细节描述和功效介绍等位置。电子商务文案写作者在进行描述时要统一文案的语言风格,不能前面使用轻快幽默的语言,后面又使用严肃沉闷的表述方式,这不仅会降低消费者的阅读兴趣,还会让消费者觉得莫名其妙。很多网上店铺的产品详情页文案千篇一律,没有自己的特色和亮点。因此,如果在产品详情页的文案写作中能独树一帜,运用独特的语言描述风格,不仅能吸引消费者关注,还能引领文案潮流,成为网店商家中的佼佼者。

第一段一般是通过销售语言来浓缩并传达产品信息和主要优点。

第二段解释销售语言中的卖点或将销售语言延伸开来。

第三段点明前面阐述的产品销售语言或者卖点能给消费者带来哪些直观的效果。

其中,第三段最为重要,在这一段中要把消费者使用产品之后的场景、效果直接表达出来,让消费者产生购买欲望,如图 4-29 所示。

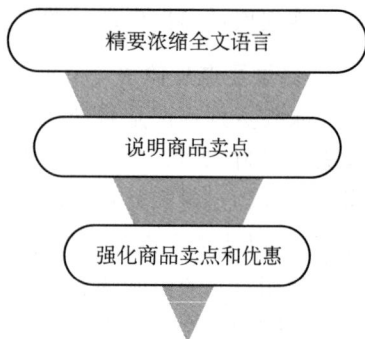

图 4-29 三段式写作法步骤

三、产品详情页文案的写作技巧

很多电子商务文案写作新手可能会有这样的误区:产品详情页就是简单地放几张产品图片,然后配上一些参数表或简单介绍,最后再放几个 5 星好评。这样的想法其实是错误的。要想做出一个优秀的产品详情页文案,需要先进行调查和构思,确定文案的页面布局和写作方向,然后进行细节的描述和优化。产品详情页文案的写作技巧主要有以下几点。

1. SEO 友好性

SEO 友好性应从网站容易被搜索引擎收录并且获得好的检索效果的角度来体现。一般来说,SEO 友好性高意味着网站的网页内容更容易被搜索引擎收录,这就提升了消费者通过搜索引擎获得商家宝贝搜索结果的概率,可以使消费者更方便地获取商家信息。

在写作文案时,可以从产品名称的角度来增加产品被搜索引擎收录的概率,产品名称可以 2~3 次的频率出现在文案中,要求产品名称完整,包括品牌名称、中/英文名称和型号,且不能出现错误,这样才能更好地匹配搜索引擎的结果,提高搜索效率。

2. 图文搭配

好的文字解说配以出色的图片,会给没有购买意愿的消费者留下良好的印象。产品文案离不开图片的点缀,既可以在图片中添加文字,也可以在图片外的空白地方添加文字。但要注意,文字不能遮盖图片所要传达的信息,同时要保证图片清晰、重点突出。例如,一款连衣裙的图文搭配效果,如图 4-30 所示。

3. 体现产品价值

产品价值分为产品的使用价值和非使用价值两种,在写产品文案时,一定要既体现产品的使用价值,又体现其非使用价值。

(1)产品的使用价值。使用价值是产品的自然属性,是一切产品都具有的共同属性之一。任何物品要想成为产品,都必须具有供人类使用的价值,毫无使用价值的物品是不能称为产品的。例如,粮食的使用价值是充饥,衣服的使用价值是御寒,雨伞的使用价值是挡雨,除螨仪的使用价值是清除螨虫,如图 4-31 所示。

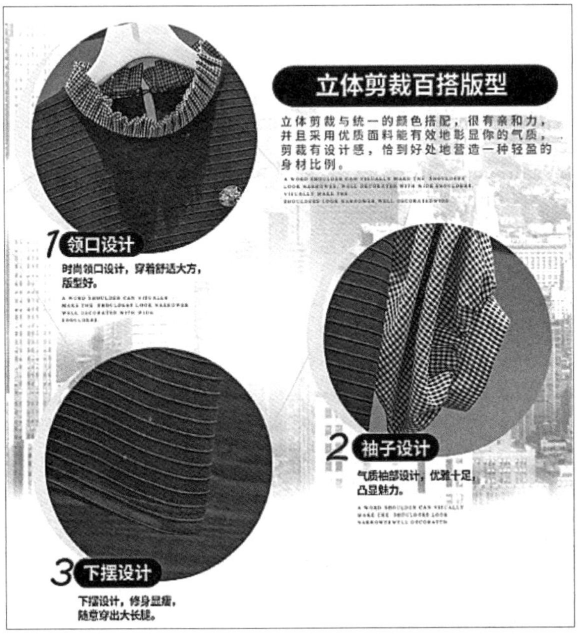

图 4-30　一款连衣裙的图文搭配效果 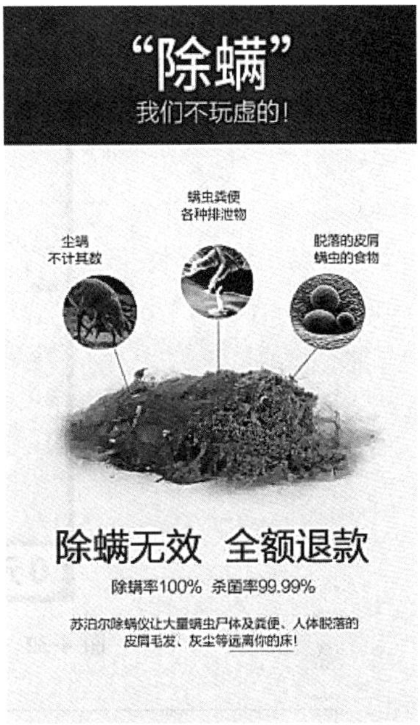　　　　图 4-31　一款除螨仪的使用价值说明

（2）产品的非使用价值。非使用价值通常也叫作存在价值（有时也称为保存价值或被动使用价值），是指人们在知道某种资源的存在（即使他们永远不会使用那种资源）后，对其存在赋予的价值。很多文案写作者在产品详情页文案写作时只体现了产品的使用价值，而忽略了产品的非使用价值，从产品营销的角度来说这是不正确的。因为通过挖掘产品的非使用价值，设计满足客户需求的非使用诉求，可以提升产品的价值，赋予产品更加丰富的内涵。产品的非使用价值可以从产品的附加价值、文案中的身份和形象、与职业相匹配、产品的第一感觉和面子的体现等角度进行挖掘。

例如，大家都知道近视眼镜的使用价值是解决人的近视问题，但近视眼镜的产品详情页内容也可挖掘了产品的非使用价值，从佩戴效果的体现等角度进行了撰写，如图 4-32 所示。

> **小思考>>>**
> 　　选择一件自己熟悉的商品，站在电商的角度创作一个详情页文案。

4. 紧贴店铺定位

文案写作一定要与客户群体的需求相贴合，紧贴店铺定位，不断强调自己的优势与特色，这样才能打动消费者。例如，裂帛、自语等店铺的定位为文艺风服饰，他们抓住了消费者对文艺风格的喜爱与向往，通过运用一些富含文艺气息的词汇和具有民族风情的语言进行文案的创作，主要体现了自由与心灵的放飞，与大多数都市白领的愿景相契合，成了文艺风服装品牌里的佼佼者，如图 4-33 所示。

5. 抓住目标消费人群的痛点

痛点并不是指买了这个产品有多好，而是不买这个产品会有什么样的后果。可以设身

图 4-32　一款近视眼镜的非使用价值信息的

图 4-33　裂帛的店铺定位文案

处地地从消费者的角度去寻找，思考消费者必须买这款产品的理由，以消费者的痛点带动店铺产品的卖点，以加深消费者的认同感，提升他们的购买欲望。例如，舒肤佳沐浴露洁净肌肤的痛点描述，如图 4-34 所示。

此外，还要深度挖掘消费者购买这个产品所关心的是什么，例如，肥胖的消费者在购买衣服时关心的是衣服是否显瘦合身，有头皮屑的消费者在购买洗发水时关心的是洗发水能否有效去屑，购买面包机的消费者关心的是用面包机制作面包是否简单、好吃，等等。

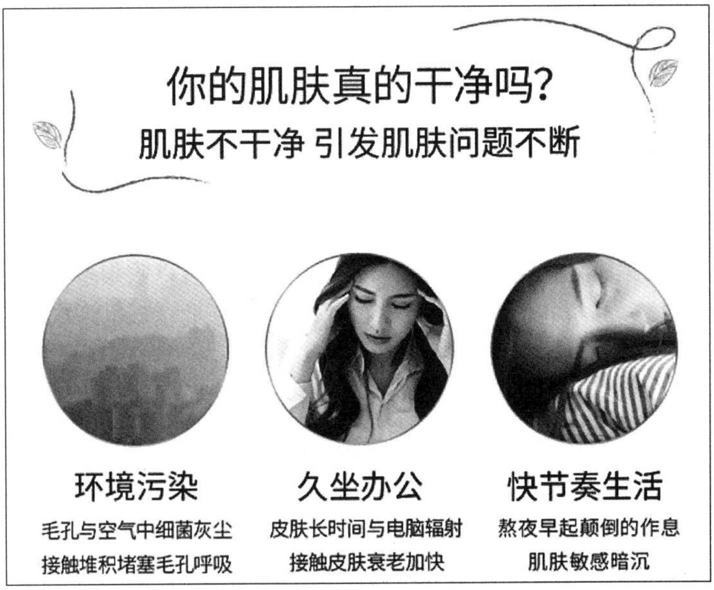

图 4-34   舒肤佳沐浴露洁净肌肤的痛点描述

产品的分类越细,目标消费人群的痛点就越容易找到。在产品详情页文案中,仔细分析并抓住消费群体的痛点与兴趣,并将其放大处理,就可以写出高转化率的好文案。

6. 以情感打动顾客

以情感打动消费者是指通过"故事"来为产品添加附加价值,让消费者更加容易接受。无论是写作什么类型的产品文案,只要能够讲好这个故事,就能调动阅读者的情绪,让他们在阅读的过程中逐渐认同产品的价值,最后促成购买。例如,"步履不停"淘宝店的连衣裙的情感文案等。

7. 逻辑引导顾客

优秀的产品详情页文案都有一定的逻辑,它主要围绕产品的某些主题来展开描述,对卖点进行细分,并从不同的角度切入。

> **素养提升》》》**
>
> 　在写作详情页时,应适时地推进创新,要把详情页写得有深度、有力度、有温度,彰显其独特魅力。好的详情页可以充分调动消费者的积极性、主动性。

(1)品牌介绍(也可放到最后)。

(2)焦点图(引起浏览者的阅读兴趣)。

(3)目标客户群设计,即买给谁用。

(4)场景图,用以激发顾客的潜在需求。

(5)产品详细介绍,以赢得顾客的信任。

(6)为什么购买本产品,即购买本产品的好处有哪些。

(7)不购买本产品会怎么样。

(8)同类型产品对比,包括价格、材质和价值等。

(9)客户评价或第三方评价。

(10)产品的非使用价值体现。

（11）拥有本产品后的效果塑造，给消费者一个100％购买的理由。

（12）为顾客寻找购买的理由，如自己使用、送父母、送恋人或送朋友等。

（13）发出购买号召，为消费者做决定，即为什么马上在你的店里购买。

（14）购物须知，包括邮费、发货和退换货等。

（15）关联推荐产品信息。

以上内容只是为产品详情页文案写作提供一个参考。在写作时，针对不同的行业、不同的产品，文案写作者要根据具体情况进行分析。在写作文案前，可以收集一些同行业销售量前几名的产品的详情页文案，分析它们的文案构成和写作方法，在此基础上形成自己的创作风格。

案例 4-3

故宫博物院的淘宝卖萌文案

截至2024年9月30日，故宫博物院微博拥有1 033.5万粉丝，淘宝店拥有978.4万粉丝。故宫文创淘宝的文案通过独特的风格和创意，成功地吸引了大量用户的关注和喜爱。

故宫卖萌语录，作为近年来故宫推广传统文化的一种创新方式，以其幽默、亲切的风格赢得了广大网友的喜爱。

雍正皇帝系列

"渔夫"雍正坐在溪边濯足，配文"朕……脚痒……"。

"书生"雍正围炉夜读，配文"朕就是朕，颜色不一样的烟火"。

"打虎"雍正拿着铁叉在山洞口与老虎僵持，配文"有种你进来！"

这些语录通过为雍正皇帝塑造出不同于传统威严形象的亲民、幽默形象，引发了网友的广泛关注和讨论。

卖萌产品文案

"雍正御批"的"朕亦甚想你"系列折扇，通过这句话将皇帝的思念之情以轻松的方式表达出来，使传统文化与现代情感相结合。

"奉旨旅游"行李牌，以"奉旨"为卖点，将古代皇家的尊贵感与现代旅游相结合，创造出独特的文化体验。

"格格钓金龟婿"书签，则以传统故事为背景，通过现代卖萌的方式呈现出来，让人们在阅读时也能感受到传统文化的魅力。

这些卖萌产品文案不仅具有趣味性，还巧妙地融入了传统文化元素，使人们在轻松愉快的氛围中感受到传统文化的魅力。

技 能 实 训

1. 实训题目

电子商务网店内页文案写作实训。

2. 实训目标

（1）通过教师讲解、案例讨论掌握相应知识点。

（2）初步学习团队合作，发挥每一位团队成员的能力，学习小组讨论、分析评价的方法，并对讨论问题进行记录和文字小结,完成案例讨论。

(3) 形成初步的独立思考能力。

(4) 培养初步的自主学习能力。

3. 实训内容与要求

(1) 由教师介绍实训的目的、方式、要求,调动学生实训的积极性。

(2) 由教师布置模拟实训题目,题目如下。

根据本章所学的知识,为一款多功能早餐煎蛋机写作详情页文案,文案内容应包括:主要卖点(蒸煎烙多功能、304 不锈钢材质、不粘锅涂层、加深水槽设计、30 分钟定时、隔热防烫手柄、缺水断电保护),常用场景(各种早餐制作情景),物流包装图,售后服务保障信息。

(3) 对学生进行分组、确定各小组的组长和人员分工,学习小组学习方式,制订小组计划,明确团队任务及目标。

(4) 由教师介绍电子商务网店内页文案写作的相关案例及讨论的话题。

(5) 各小组进行讨论,并记录小组成员的发言。

(6) 根据小组讨论记录撰写讨论小结。

(7) 各组相互评议,教师点评并总结。

实训成果与检测

1. 成果要求

(1) 提交案例讨论记录:教学分组按 3～5 名学生为一组,设组长 1 人、记录员 1 人,每组必须有小组讨论、工作分工的详细记录,以作为考核成绩的依据。

(2) 能够在规定的时间内完成相关的讨论,学习团队合作方式,撰写文字小结。

2. 评价标准

(1) 上课时积极与老师配合,积极思考、发言。

(2) 认真阅读案例、积极参加小组讨论、分析问题思路较宽,案例分析基本完整,能结合所学理论知识解答问题。

(3) 团队配合较好,积极参与小组活动,分工合作较好。

本项目考核检测评价

1. 填空题

(1) ＿＿＿＿＿＿＿＿＿＿是指产品详情页中的标题部分,它一般出现在用户搜索结果页面和产品详情页的顶部。

(2) 消费者在网站中购物,主要是通过＿＿＿＿＿＿＿＿和＿＿＿＿＿＿＿＿来查找自己需要的产品的,因此类目属性也决定着消费者搜索的结果。

(3) 在网店中购物时,消费者一般都是在＿＿＿＿＿＿＿＿中输入描述宝贝属性的词语来查找需要的产品的。

(4) 产品细节图是指表现产品＿＿＿＿＿＿＿＿的图片,主要分为款式细节、做工细节、面料细节、辅料细节和内部细节等。

（5）_____是指有购买经历的消费者对购物过程和使用感受等的评价。

2. 判断题

（1）产品标题的基本属性主要包括产品规格、名称、材质、类别和颜色等信息，它要求信息完整、正确和真实。   （ ）

（2）合理设置标题关键词能够增加产品页面的点击率，建议在产品上架期多使用竞争激烈的关键词，尽量避免长尾关键词和与产品属性吻合度高的关键词。   （ ）

（3）产品详情页是通过视觉来传达产品信息的一种形式，但是它对提高店铺的成交转化率起着无关紧要的作用。   （ ）

（4）好的产品详情页对产品的基本信息必须写得详细，否则会让消费者认知不清。

                                                  （ ）

（5）无论购买什么产品，质量和价格都是消费者最关心的问题。   （ ）

3. 简答题

（1）简述详情页的功能。

（2）简述爆款产品标题都要有哪些元素。

（3）简述产品详情页的设计原则。

（4）简述详情页文案的写作要求。

（5）简述电子商务文案写作者可以从哪些方面了解产品信息。

（6）简述产品详情页文案的写作技巧。

项目五

电子商务海报文案写作

项 目 五

学习目标

(1) 了解海报文案的起源和类型。
(2) 掌握海报文案的排版方式。
(3) 掌握海报文案标题的创作方式。
(4) 掌握海报文案的创作方法。
(5) 掌握促销文案的写作技巧。

学习重点、难点

1. 重点
(1) 海报文案标题的创作方式。
(2) 海报文案的创作方法。
(3) 掌握促销文案的写作技巧。

2. 难点
运用电子商务海报文案写作的相关知识分析问题、解决问题。

思维导图

```
                              ┌─ 海报的起源
              ┌─ 海报文案写作基础 ─┼─ 海报文案的类型
              │               └─ 成功海报文案的特点
电子商务海报文案写作 ─┤
              │               ┌─ 排版能决定海报文案的命运
              └─ 创作电商海报文案 ─┼─ 海报文案标题的创作方式
                              ├─ 海报文案的创作方法
                              └─ 海报文案战斗机——促销文案
```

📚 **引例**

春分品牌借势海报文案

春分,二十四节气之一,春季第四个节气。春分是春季九十天的中分点。各大品牌都在这个春天做出了春意满满、生机蓬勃的节气海报,如图5-1～图5-6所示。

图 5-1　统一绿茶春分海报

图 5-2　江小白春分海报

图 5-3　金典春分海报

图 5-4　携程旅行春分海报

图 5-5　途牛春分海报

图 5-6　同程旅游春分海报

辩证思考：分析以上文案内容，谈一谈你对电子商务海报文案的认识。

分析提示：海报和文案是电子商务运营人的必修课，近年来优秀传统文化越发受到营销市场的青睐，二十四节气也成为营销日历中的常客。一个鲜明的主题和一个引人入胜的视觉感受，都能够在海报上起到促进作用。

海报是极为常见的一种招贴形式，多用于电影、戏剧、比赛、文艺演出等活动，海报的语言要求简明扼要，形式要做到新颖美观。海报也是最常用的一种推广方式。对于电商来说，海报主要用于介绍商品和推广品牌。因此，海报文案也是一种电商常用的文案表达方式。

任务一　海报文案写作基础

"海报"从诞生到现在，已不仅仅是职业性戏剧演出的专用张贴物，其主要使用范围已经从文艺界转移到了体育界、教育界、商界等多个领域，其表现形式也从普通的平面海报发展为网络中有声音、有视频的多维立体海报。它同广告一样，具有向大众介绍某一事物、事件的特性。因此，海报也是广告的一种。对于电商来说，海报是"图像＋文字"的结合，两者相辅相成，图像的设计看起来会比较美观，并更容易吸引消费者的眼球，而文字则用来表现或突出主题。我们这里所说的海报文案是指海报中的文字，它是海报的主题，用来展示海报的宣传要点。因此，电商海报中的文字是海报的主体，图像主要起着辅助表达的作用。

一、海报的起源

海报这一名称最早起源于上海。旧时，海报是用于戏剧、电影等演出活动的招贴。在上海，人们通常把职业性的戏剧演出称为"海"，而把从事职业性戏剧表演的行为称为"下海"，人们便把这种作为展示戏剧演出信息的、具有宣传性的招徕顾客的张贴物叫作"海报"。"海报"属于户外广告，分布在各街道、影剧院、展览会、商业闹区、车站、码头、公园等公共场所，国外也称为"瞬间"的街头艺术。

海报具有在放映或演出场所、街头等地方广泛张贴的特性，加以美术设计的海报又是电影、戏剧、体育宣传画的一种。海报相比其他广告具有画面大、内容广泛、艺术表现、视觉效果强烈等特点。

随着社会的发展，海报也有了日新月异的变化，从材料的运用到创意的表现，都有了飞跃性的进步。现在的海报不再以写实或叙事的平铺直叙的方式来表达，而是融入了各种设计风格和创作思维，这使广告意图在表达的形式上更加丰富多彩，从而达到了更好的宣传效果。图 5-7 所示是早期的和现在的电影海报对比。

> **知识拓展>>>**
>
> 海报的范围已不仅仅是职业性戏剧演出的专用张贴物了，而是变为向广大群众报道或介绍有关戏剧、电影、体育比赛、文艺演出、报告会等消息的招贴，有的还加以美术设计。

图 5-7　早期的和现在的电影海报对比

二、海报文案的类型

海报按其应用不同大致可以分为商业海报、文化海报、电影海报和公益海报等，这些不同类型的海报也对应不同的海报文案。

1. 商业海报

商业海报是指宣传商品或商业服务的商业广告性海报，商业海报文案的设计要恰当地配合商品的格调和受众对象，并根据企业的商业诉求来为企业的商业目标服务，电商海报就包含在商业海报的范围内。例如，某购物广场海报文案如图 5-8 所示。

> **知识拓展>>>**
>
> 一切具有商业目的的海报都可以称为商业海报，包括多数以营利为目标的电影海报、营利性的文化演出海报、宣传企业或单位的介绍性海报等。

图 5-8　某购物广场海报文案

2. 文化海报

文化海报是指各种社会文娱活动及各类展览等的宣传海报。文娱活动包括各种演出、体育运动等，为这些活动制作的海报包含在文化海报范围内。展览的种类有很多，不同的展览都有其各自的特点，文案写作者只有了解展览和活动的内容，才能运用恰当的方法设计海报的内容和风格，如图 5-9 和图 5-10 所示。

图 5-9　足球运动的文化海报文案

图 5-10　学校的文化海报文案

3. 电影海报

电影海报是海报的分支，电影海报主要起到吸引观众注意力、刺激电影票房收入的作用,与文化海报等有几分相似。

4. 公益海报

公益海报带有一定思想性,这类海报具有特定的对公众的教育意义,其海报主题包括对各种社会公益、道德的宣传,或对政治思想的宣传,目的在于弘扬爱心奉献、提倡共同进步的精神等。例如,珍惜粮食的公益海报文案如图 5-11 所示。

图 5-11 珍惜粮食的公益海报文案

三、成功海报文案的特点

成功的海报文案可以帮助电商企业将婉转的宣传达到制高点,电商企业也是以这样的宣传得到显著的魅力展现。电商企业将海报做得有声有色,更能展现营销的策略。成功的海报文案应具备以下特点。

(1)诱导性。电商海报的首要任务就是引起消费者的注意,并激发他们的兴趣。想要诱导消费者购买商品,就需要电商海报在设计上标题醒目。电商海报标题字体要大,字数不宜过多,要使人一目了然。

(2)语言精练。电商海报的文案通常十分简洁,言简意赅,这正是电商海报与一般印刷广告的不同之处。

(3)配合图面。大多数电商海报都是图文混合,因此,文案要紧密配合图案,起到图文互补的作用。

素养提升>>>

作为新时代电子商务运营者,应该借助海报的门户功能,在宣传企业和产品的同时,引导用户能够仰望星空立大志,止于至善明大德,博学笃行成大才,脚踏实地担大任,为中华民族伟大复兴奉献青春力量,在开创多彩中国新未来中实现人生出彩。

案例 5-1

《人民日报》春节暖心活动:"牵妈妈的手"案例分析

你有多久没牵妈妈的手了?

《人民日报》巧妙地运用"回娘家"的热点,将其与母亲形象紧密相连,并且还选了一个意外走红的充满温情的图片,这张图片本身就容易让人产生共鸣。通过将本来就具有话题性的图片和热点相结合,配上深情的文字,制作了不同的海报文案,引发了全网的刷屏热潮。这一点值得学习和借鉴。我们一起来看一看这个刷屏的海报文案,如图5-12所示。

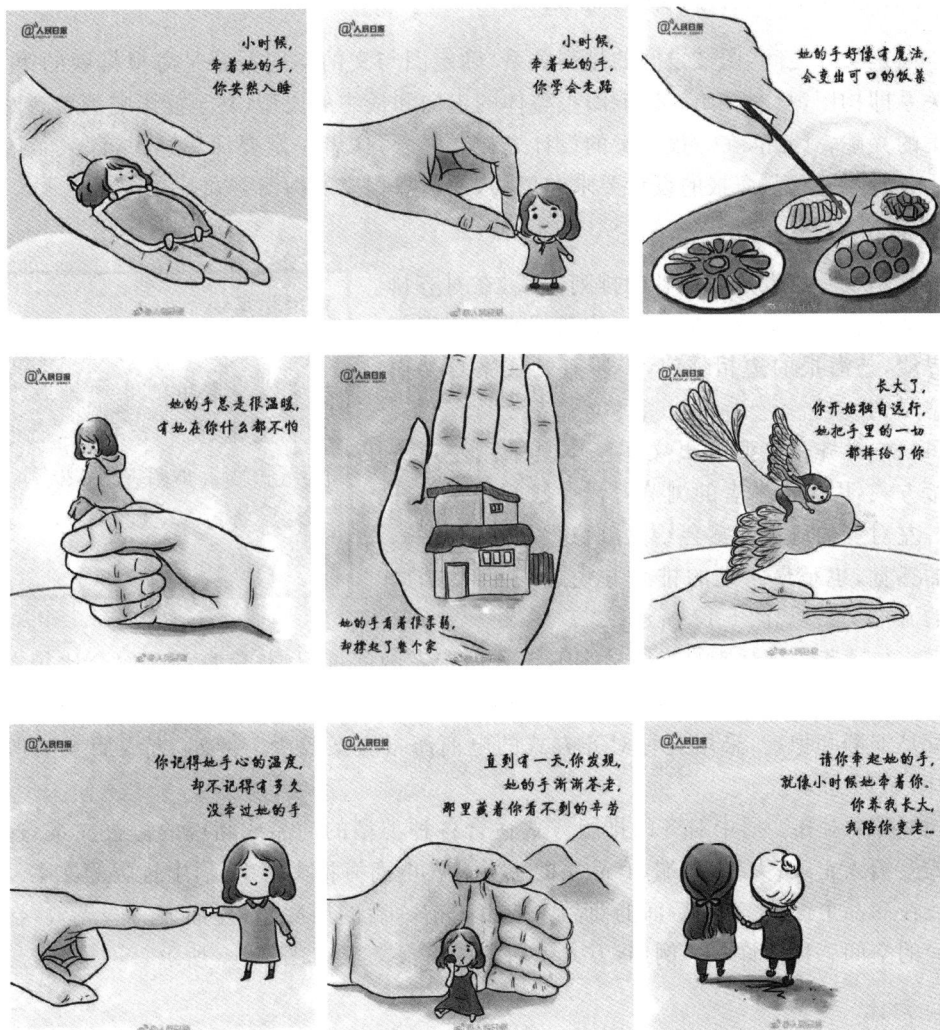

图 5-12　《人民日报》"牵妈妈的手"的活动海报文案

这组海报文案,虽然被分成单独的9张图片展示,但是如果你单独看每一张图片上的文字内容,就会发现它们可以组合成一个长篇广告文案,同时运用了起承转合的句式。这种走心的文案,单独的每一句都是一个短文案,把它们连在一起就是一个长篇文案,这一点是非常值得大家学习和借鉴的。

任务二　创作电商海报文案

海报作为营销过程中的一个重要内容,将电商和消费者直接联系在一起,通过视听的方式传递给消费者重要的商品信息,提高他们对商品的认知,从而激发他们的购买欲望。对于消费者来说,在看到某个商品的相关信息后,就会对商品产生兴趣。海报文案作为传递信息的载体,直接决定着商品的成败。电商海报文案中的主要信息包括主标题、副标题、附加内容等,有的海报还会添加商品卖点或促销信息等。

一、排版能决定海报文案的命运

空间是文字之间、图文之间的排列关系,确定图与文的空间关系是海报排版的第一步。空间关系即构图,自一开始就影响海报整体的走向和最终的成型,甚至能影响消费者对于海报文案的兴趣。因此,在海报文案的设计之初,文案写作者一定要深思熟虑,深入了解文字的多少、图像的类型、海报的设计要求和风格,并选择相应的构图方式。

1. 对齐

对齐是最常见也是最基础的排列方式,在对齐排版的文案中会有一条看不见的线,这条线平行于海报的边界线,与海报的边相呼应,将所有的文案自然而然地串联到一起。

（1）左对齐。电商海报文案基本是采用左对齐的排版方式,因为消费者的浏览习惯一般都是从左往右的。左对齐的海报文案会给人以稳重、力量、统一、工整的感觉,也是最常见的排列方式之一。例如,摩登印的海报文案,如图 5-13 所示。

> **知识拓展>>>**
> 对齐、对比、分组是电商海报文案中常用的 3 种排版方式。对于文案写作者来说,海报中每一个元素的存在及排列位置都是服务于海报效果和商品销售效果的。

（2）右对齐。右对齐的海报文案不符合消费者的阅读习惯,信息的获取会比较慢。但这种排版方式可以放置不太重要的多个段落的信息,从而突出其他元素。右对齐文案给人的感觉是安静和稳定,采用这种对齐方式的电商海报文案较少。例如,方太厨具的海报文案,如图 5-14 所示。

（3）居中对齐。居中对齐的排版方式适合各种类型的商品或品牌的海报文案,这种排版方式会给人正式、大气、高端、有品质的感觉。在电商海报文案中,居中排版的文案经常直接叠放在商品上面,文案和后面的商品营造出一前一后的层次感,再加上一些光效,会让整个画面的空间感提升许多。例如,方太生活家的海报文案,如图 5-15 所示。

2. 对比

消费者通常都不喜欢看平淡无奇、千篇一律的东西,有对比的画面才能吸引他们的注意力。在海报文案中,使用对比的排版方式可以有效地增加画面的视觉效果。对比包含的方式和内容有很多,如虚实对比、冷暖对比等,电商海报文案中最常见的对比形式是文字的大小和粗细及疏密对比。

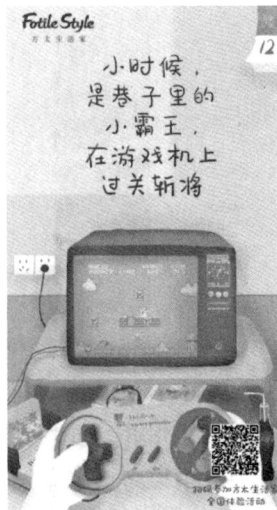

图 5-13　左对齐　　　　　　　　图 5-14　右对齐　　　　　　　图 5-15　居中对齐

在电商海报文案中,采用对比的排版方式时需要注意以下两方面。

一方面是文案中需要运用粗细对比和大小对比来强调和区分的内容,才是重点的语句,它们通常被放在标题或副标题中。

另一方面是文字的大小和粗细的对比一定要明显,让消费者一眼就能看出两者之间的对比关系。

(1) 大小和粗细对比。在海报文案中,通常将主标题加大加粗,与副标题形成大小和粗细对比。附加内容尽管采用小字,但在卖点价格部分会加粗强调,以再次形成对比。大小对比的目的是,突出显示主要内容,吸引消费者的视线,继而引导他们阅读其他内容。只要将重点文字提炼出来放大加粗,就能使整个版面信息主次分明、富有层次感,从而在视觉上引导消费者继续浏览。

例如,安踏运动鞋海报文案,如图 5-16 所示。图中的海报文案就是典型的文字大小和粗细对比,只通过改变文字的大小和粗细就能把海报设计得非常精美。另外,有时为了让对比更加明显,会降低小字部分的透明度,形成明暗对比。

图 5-16　安踏运动鞋海报文案

(2) 疏密对比。疏密对比的方式在居中对齐的排列方法中经常使用。在使用疏密对比方式时,需要注意字符的间距,把握好疏密度,否则容易给消费者造成松垮的感觉。例如,某服装海报文案,如图 5-17 所示。

图 5-17　某服装海报文案

（3）分组。如果一张电商海报上包含的文案信息太多，不加整理的话会显得杂乱无章。这时就可以考虑将文案分组，将相同信息的文案摆放在一起，从而使整个页面显得富有条理性，看上去更加美观，更加有利于消费者阅读。例如，羽绒服节海报文案，如图 5-18 所示。

图 5-18　羽绒服节海报文案

二、海报文案标题的创作方式

和谐的色彩搭配＋商品＋对应的海报文案，这样的海报才能吸引消费者的注意力。在创作海报文案时，需要先对商品和市场进行分析，再对商品进行定位、包装与修饰，让消费者看完海报后，一想到该商品就能想到海报上的文案（很多时候这句文案就是标题），这就需要正视标题的作用。

（1）吸引消费者的注意力。吸引消费者注意力的方式有很多，"恐吓"就是其中一种。这里所谓的恐吓并非真正意义上的恐吓。"恐吓"是指针对一些消费者不知道、不明白或者平时没有注意到的问题，采用"吓人"的文案引起消费者的注意，从而达到推销商品的目的。例如，"你知道吗？洗衣机比马桶脏 64 倍，也许你正在使用这样的洗衣机"这样的标题，就很容易吸引消费者点击继续阅读。

（2）夸大其词。夸张的手法也是海报文案的常用促销手段。例如，"送给妈妈最美的礼物"，这其实是一个很夸张的标题，容易吸引消费者的眼球。又如，壁挂新风机的海报文案，如图 5-19 所示。

您家的房子会呼吸吗

新鲜/洁净/富氧施迈博家用壁挂新风机

图 5-19　壁挂新风机的海报方案

（3）展现故事和情怀。故事和情怀是文案写作常用的方式,裂帛、初语、花笙记的成功案例,也证明了网店推崇特色风格与情怀。同样,锤子手机的海报也经常用到情怀营销,用广告和活动勾起消费者心中潜藏的情感,获得他们的认同,从而提高销量。例如,某服饰的海报文案,如图 5-20 所示。

图 5-20　某服饰的海报文案

三、海报文案的创作方法

作为将商品展示给消费者的直接方式,海报设计在很大程度上决定了商品销售或品牌传播的广度。消费者之所以看电商的海报,是因为该文案有价值,能触及他们最关心的问题。如果想让消费者了解文案所提供的价值,就需要把消费者能得到的好处在文案中说清楚,这样消费者可以快速判断海报文案是否对自己有用,并决定是否关注其中展示的商品。

1. 直接展示

这是一种常用的电商海报文案的写作方式,这种方式将某个商品或主题直接明了地展示出来,细致刻画并着力渲染商品的质感、形态和功能用途,呈现商品精美的质地,给消费者以逼真的感觉,使其对海报所宣传的商品产生一种亲切感和信任感。

例如,卡姿兰气垫CC霜海报文案,如图5-21所示。由于直接展示这种手法直接将商品推到消费者面前,因此文案要十分注意画面上商品的组合和展示角度,应突出商品的品牌和商品本身最容易打动人心的部分,运用光影、颜色和背景进行烘托,将商品置身于一个具有感染力的空间中,从而增强海报画面的视觉冲击力。

图 5-21　卡姿兰气垫 CC 霜海报文案

2. 突出特点

要想使店铺的商品在同行业众多相似的商品中脱颖而出,在创作海报文案时,就需要抓住和强调商品或主题本身与众不同的特征,并把它鲜明地表现出来,将这些特征放在海报页面的重要位置,或对其加以烘托处理,使消费者能立即感知这些特征并引起消费兴趣,达到刺激购买欲望的促销目的。例如,义乌形象宣传海报文案,如图5-22所示。

> **知识拓展>>>**
>
> 　　在电子商务海报文案中,对于那些应突出渲染的特征,一般可以赋予商品个性化的形象及与众不同的特殊功能,突出特点的手法也是常见的海报文案表现手法之一。

3. 合理夸张

这种方式是指对电子商务文案中所宣传的商品品质或特性,在某个方面进行明显夸大,以加深消费者对这些特征的认识。采用这种手法不仅能更鲜明地强调或揭示商品的实质,还能使海报文案产生一定的艺术效果。例如,蝦皮购物海报文案,如图5-23所示。

4. 对比衬托

对比是一种在处理艺术冲突中经常采用的突出的表现手法,这里的对比不是文案文字的对比,而是将海报文案中所描绘商品的性质和特点放在鲜明对照和直接对比中进行表现,借彼显此,互比互衬,借助对比所呈现的差别,达到集中、简洁、曲折变化的表现效果。通过这种手法,可以更鲜明地强调或揭示商品的性能和特点,给消费者深刻的视觉感受。对于电商海报文案来说,最常见的对比衬托项目就是价格。例如,某房产销售海报文案,如图5-24所示。

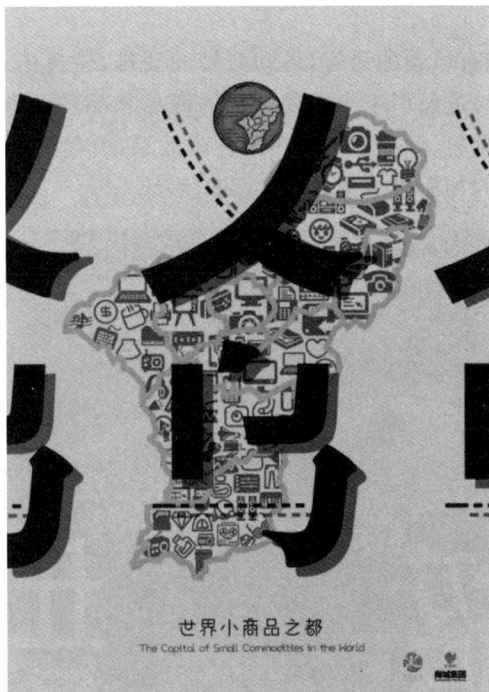

图 5-22　义乌形象宣传海报文案

图 5-23　蝦皮购物海报文案

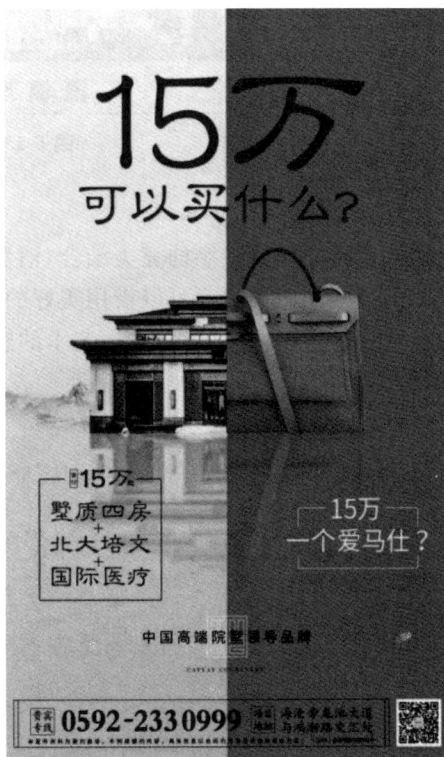

图 5-24　某房产销售海报文案

5. 幽默诙谐

这种方式是指运用饶有风趣的语言,借助巧妙的安排,营造出一种充满情趣、引人发笑而又耐人寻味的幽默意境,进而引申出需要宣传的商品和品牌。幽默的矛盾冲突以别具一格的方式,可以达到出乎意料、又在情理之中的艺术效果,引起消费者会心的微笑,从而发挥文案的作用。例如,蝦皮购物海报文案,如图 5-25 所示。

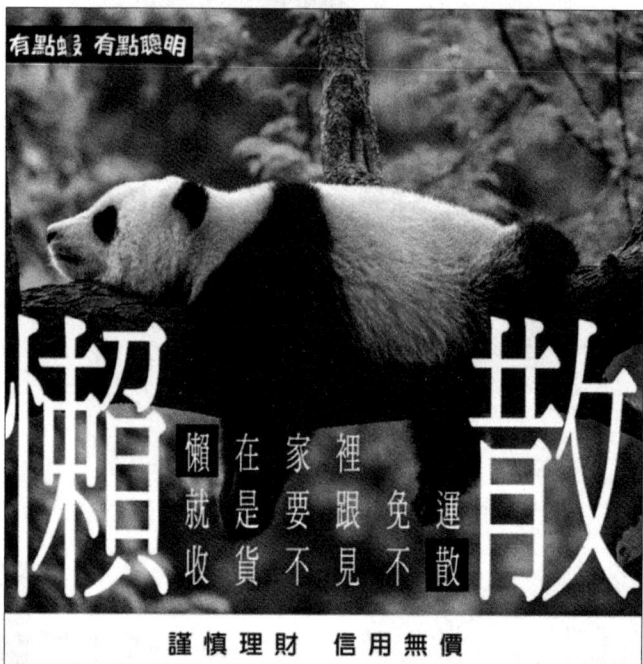

图 5-25 蝦皮购物海报文案

6. 以情托物

海报是图像与文字的完美结合,消费者观看海报的过程,就是与海报不断交流感情产生共鸣的过程。海报文案可以借用美好的感情来烘托主题,真实而生动地反映这种审美感情就能获得以情动人的效果,发挥艺术的感染力量,达到销售商品的目的。例如,某服饰海报文案,如图 5-26 所示。

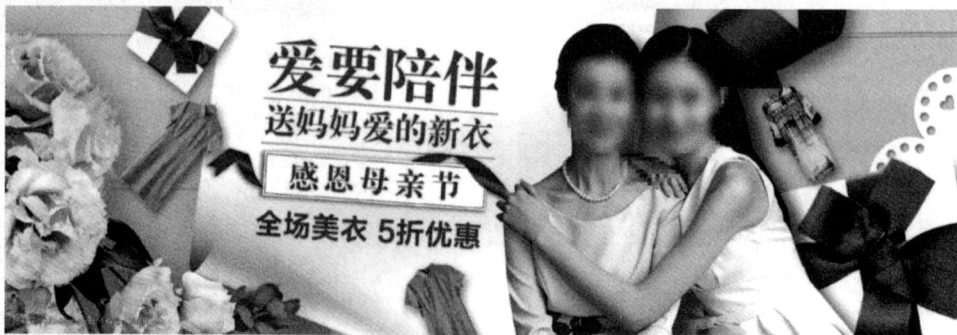

图 5-26 某服饰海报文案

7. 制造悬念

这种方式是指在文案上故弄玄虚,布下疑阵,使人看不懂海报画面或者有所期待,使其产生一种猜疑和紧张的心理状态,驱动消费者的好奇心,引起消费者产生进一步探明广告意图之所在的强烈愿望,然后通过文案标题或正文把海报的主题点明出来,使悬念得以解除(或者根本不解除悬念,把悬念保留下去)。例如,MQ 名气厨房电器系列海报文案,如图 5-27 所示。

> **小思考**>>>
>
> 　请根据海报文案的不同创作方式,分别收集一张对应的电商海报文案,并进行赏析。

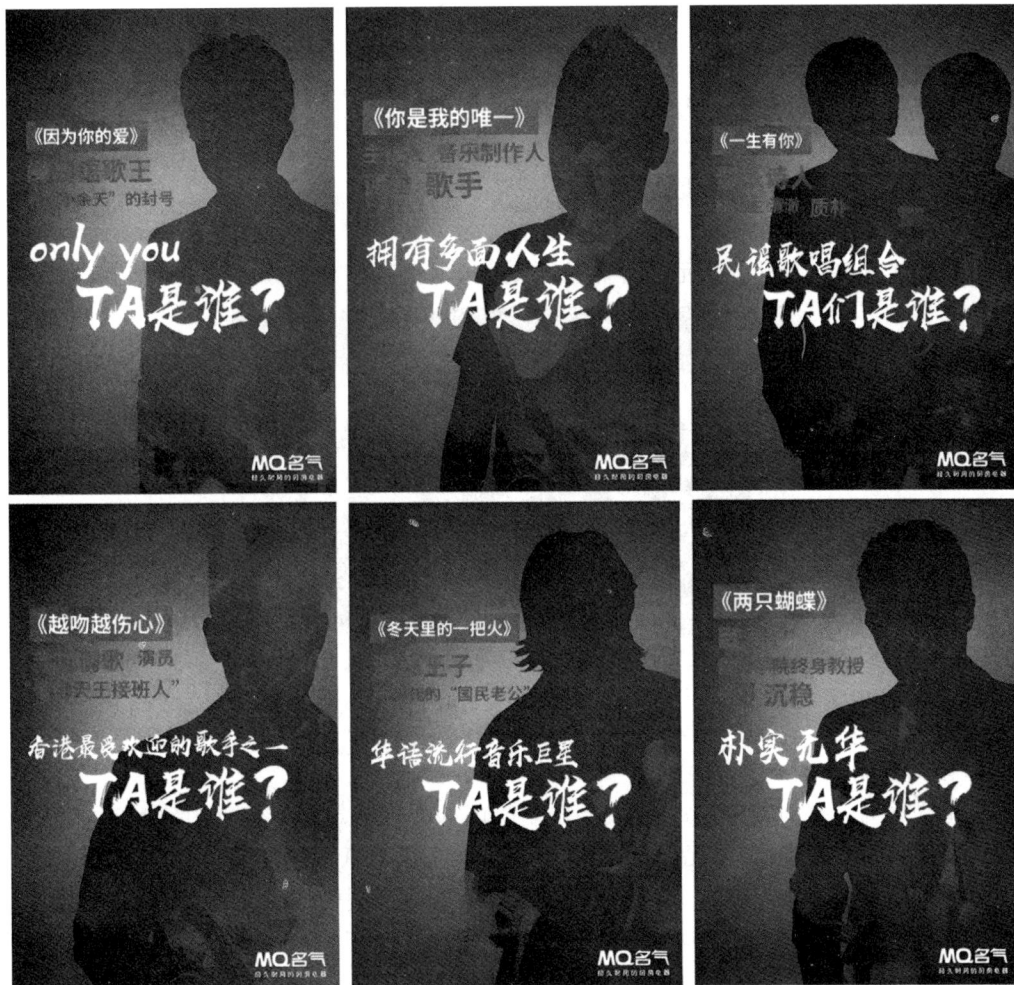

图 5-27　MQ 名气厨房电器系列海报文案

四、海报文案战斗机——促销文案

促销海报文案是电商为了促进商品的销售,在特定的时间范围内,利用打折、优惠等营销手段制作的海报文案,是一种非常特殊且功能性很强的海报文案。

1. 错觉折价

这是电商比较常用的一种促销方式。和传统的打折方式不同,这种方式给消费者一种错觉:他们所购买的商品不是打折商品,而是原价商品,只不过商家又给消费者让出了利润而已。例如,"花 100 元买 130 元商品""满 200 元返 100 元"等。例如,某超市促销海报文案,如图 5-28 所示。

图 5-28　某超市促销海报文案

2. 限时促销

这也是电商促销的常用方式,它利用限制时间的方式规定消费者抢购的时间。在这个"流量为王"的年代,客流带来无限的商机,促销虽然是以降低商品的售价为代价的,但会带来更多的消费者。对消费者而言,在电商的限时促销活动中,时间就是金钱,买到就是赚到。例如,淘宝聚划算上的活动:"10 分钟内所有货品 1 折""限时半小时,全场商品 1 折""24 小时后,恢复原价""急速秒杀"等,对消费者很有杀伤力,如图 5-29 所示。

3. 舍小取大

这是一种非常适合新店或者新商品的促销方式,这种方式的具体做法是:为某几种商品设置最低的价格,虽然这几款商品看起来是亏本的,但对其吸引来的消费者,电商却可以以连带销售的方式使他们产生其他购物行为。在网上购物的消费者如果选中一家服务好、价格实惠的店铺,回购率将会十分高,这对提高店铺知名度、增加流量有很大的帮助。例如,某口腔机构促销海报文案,如图 5-30 所示。

图 5-29　某限时抢购的促销海报文案

图 5-30　某口腔机构促销海报文案

图 5-31　签到换金币

4. 阶梯价格

这种阶梯价格式的促销方案是由美国商人发明的,这种方式其实是比较"冒险"的,但容易抓住消费者的心理。对于电商来说,吸引尽可能多的消费者才是关键。网络购物的选择性较大,这种方式可以吸引一定数量的消费者。例如,签到换金币,如图 5-31所示。

5. 降价打折

对于任何商家来说,降价和打折都是其促销的基本方式,例如,"所有光顾本店购买商品的顾客满 50 元可减 5 元,并且还可以享受八折优惠"。这种先降价再打折的优惠方式更有利于商家。又如,"50 元若打 6 折,损失 20 元,但满 50 减 5 元再打 8 折,损失 14 元",这种降价打折的实际优惠低于直接折扣,这种宣传上的双重实惠往往会诱使更多的消费者进行消费,如图 5-32 所示。

6. 积分抽奖

无论是实体商家,还是网店卖家,都喜欢采用积分抽奖的促销方式。只要消费者的消费达到一定的金额,就能兑换一定的积分,达到一定积分就能进行抽奖或者兑换礼物。积分抽奖会让消费者产生实惠的心理,让他们愿意一直光顾店铺来增加积分,从而给店铺带来了创收的机会。这种方式充分利用了互动、实惠等元素来保留客源。例如,积分抽奖的促销海报文案,如图 5-33 所示。

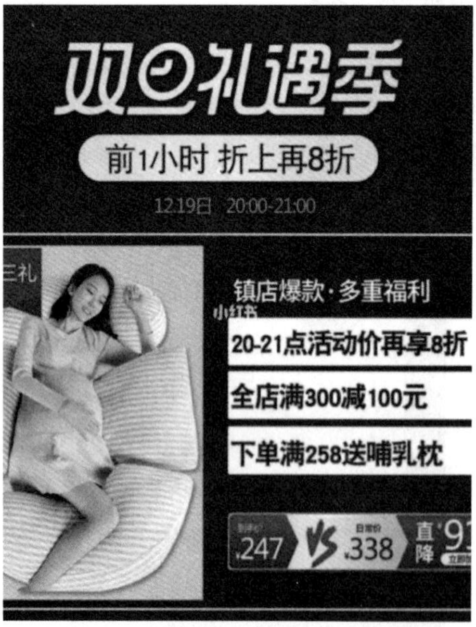

图 5-32　降价打折的促销海报文案

图 5-33　积分抽奖的促销海报文案

7. 到店有礼

这种方式主要是为了增加流量。到店有礼促销活动面向的消费者较多,且没有门槛要求,因此应用十分广泛。例如,到店有礼的促销海报文案,如图 5-34 所示。

图 5-34　到店有礼的促销海报文案

8. 百分百中奖

这种方式是将折扣换成奖品,且让消费者百分百中奖,迎合了消费者的"彩头"心理,同时实在的实惠也让消费者得到了物质上的满足,如图 5-35 所示。

9. 临界价格

这种方式是指将价格设置为比整数价格少一点的数值,如将 100 元的商品定价为 99.9 元,是应用比较广泛的方式之一,如图 5-36 所示。

小思考>>>

　　请根据促销文案不同的写作技巧,分别收集一张对应的电商海报文案,并进行赏析。

图 5-35　百分百中奖的促销海报文案

图 5-36　临界价格的促销海报文案

素养提升>>>

　　海报文案写作之所以难度更大,在于文案写作者需以高度概括的视觉语言表达丰富的内在意涵,并使其具有独特风格。做视觉的"减法"已不易,做内涵的"加法"更为难。打造有中国风格的设计,离不开对中国传统文化的深刻把握。

案例 5-2

冬奥会中国队夺首金,众车企海报创意大比拼

　　2022 年 2 月 5 日 21 时 37 分,首都体育馆内爆发出震耳欲聋的欢呼声,中国队夺得短道速滑混合团体接力金牌,收获第 24 届北京冬奥会中国代表团首金。

　　这么大的热点事件,广大的车企营销人员争先抢用,第一时间放出各家早已准备好的各种宣传海报,进行一番创意大比拼。

1. 一汽红旗

　　此前,一汽红旗曾宣布,将向在 2022 年北京冬奥会上获得奖牌的中国冬奥代表团运动员敬赠红旗 H9 轿车。一汽红旗的祝贺海报正上方为一枚金牌,中间是数名运动员飞速滑过冰面的瞬间,并配有"短道速滑混合团体接力第 1 枚金牌,珠联冰璧竞飞红"的文案。海报下方"红旗助力每一个荣耀时刻!"两行金色大字和一辆红旗 H9 轿车也是特别醒目,如图 5-37所示。

2. 北京汽车

　　北京汽车的庆祝海报通过"好事多'魔'方摘首金"的文案,将海报分为上下两部分。海报上方为一个极速滑行而过的运动员,下方为"北京汽车魔方"车型,它的出现将助力北京汽车率先抢夺汽车行业燃油智能全新赛道,如图 5-38 所示。

　　据悉,魔方是北京汽车和华为深度合作开发而来的车型,也是全球首款搭载华为鸿蒙智能座舱-鸿蒙车机 OS 的燃油 SUV。此外,"北京,主场见证,0.016 秒,刀尖上的荣耀",这三行文字也将冬奥会举办地与北京汽车品牌进行了呼应。

3. 东风本田

　　东风本田的庆祝海报有点不一样,没有真人,也没有"植入"自家车型,祝福的意味最为纯粹。其海报中是一个正在滑行的运动员,背景中通过中央电视台大楼、鸟巢等北京元素,突出北京这一地点,文案为速度至上,"滑"丽夺冠,如图 5-39 所示。

4. 一汽奥迪

　　一汽大众奥迪是中国短道速滑队合作伙伴。其文案"八年相伴,共庆此刻。一汽大众奥迪八年常伴中国国家短道速滑队"。海报背景为一个户外冰场,两名中国短道速滑队员身着国家队队服站立在冰面上,身后有一个红色的拱门写着"我们的主场",如图 5-40所示。

5. 长城汽车

　　长城旗下坦克品牌的庆祝海报以动漫设计为主。文案写道"身披卫冕的荣光,跃向世界。潮玩坦克,为热爱喝彩",如图 5-41 所示。

图 5-37　一汽红旗海报文案

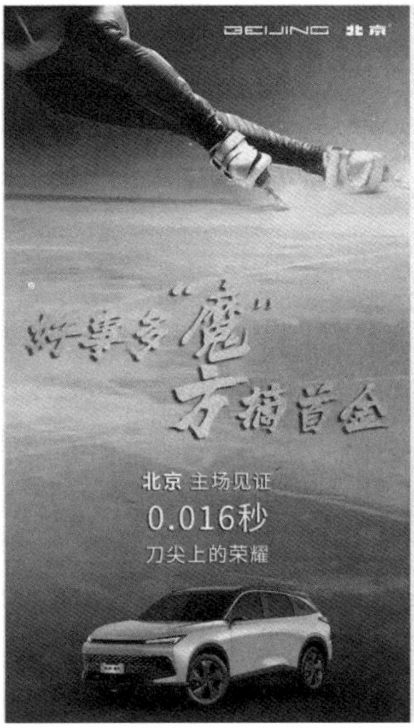

图 5-38　北京汽车海报文案

图 5-39　东风本田海报文案

图 5-40　一汽奥迪海报文案

图 5-41　坦克品牌汽车海报文案

6. 奇瑞汽车

　　奇瑞汽车的庆祝海报设计思路也以突出冰上健儿的滑行瞬间为主,黑色的冰鞋与金色的冰刀十分夺目,文案写道"瑞雪送金运,赛场论英雄"。

一张张优秀的创意海报不仅能够突出产品的特色,而且当我们看懂海报的同时,往往会为这绝佳的创意拍案叫绝,这正是创意海报的魅力所在。

技 能 实 训

1. 实训题目

电子商务海报文案写作实训。

2. 实训目标

(1)通过教师讲解、案例讨论掌握相应知识点。

(2)初步学习团队合作,发挥每一位团队成员的能力,学习小组讨论、分析评价的方法,并对讨论问题进行记录和文字小结,完成案例讨论。

(3)形成初步的独立思考能力。

(4)培养初步的自主学习能力。

3. 实训内容与要求

(1)由教师介绍实训的目的、方式、要求,调动学生实训的积极性。

(2)由教师布置模拟实训题目,题目如下。

根据本章所学的知识,为一款空调扇写作商品海报文案,其主要卖点为"冷风机""家用""小房间""移动""无叶水""小空调",分别运用以情托物、对比衬托、直接展示、幽默诙谐和制造悬念5种方式来写作文案内容。

(3)对学生进行分组、确定各小组的组长和人员分工,学习小组学习方式,制订小组计划,明确团队任务及目标。

(4)由教师介绍电子商务海报文案写作的相关案例及讨论的话题。

(5)各小组进行讨论,并记录小组成员的发言。

(6)根据小组讨论记录撰写讨论小结。

(7)各组相互评议,教师点评并总结。

实训成果与检测

1. 成果要求

(1)提交案例讨论记录:教学分组按3～5名学生为一组,设组长1人、记录员1人,每组必须有小组讨论、工作分工的详细记录,以作为考核成绩的依据。

(2)能够在规定的时间内完成相关的讨论,学习团队合作方式,撰写文字小结。

2. 评价标准

(1)上课时积极与老师配合,积极思考、发言。

(2)认真阅读案例、积极参加小组讨论、分析问题思路较宽,案例分析基本完整,能结合所学理论知识解答问题。

(3)团队配合较好,积极参与小组活动,分工合作较好。

本项目考核检测评价

1. 填空题

(1) 电子商务海报的首要任务就是引起消费者的_____,并激发他们的_____。

(2) _____是指宣传商品或商业服务的商业广告性海报。

(3) "恐吓"是指针对一些消费者不知道、不明白或者平时没有注意到的问题,采用_____的文案引起消费者的注意,从而达到推销商品的目的。

(4) 海报是_____与_____的完美结合,消费者观看海报的过程,就是与海报不断交流感情产生共鸣的过程。

(5) _____活动面向的消费者多,且没有门槛要求,所以应用十分广泛。

2. 判断题

(1) 电子商务海报文案基本采用了右对齐的排版方式。　　　　　　　　(　　)

(2) 海报设计在很大程度上决定了商品销售或品牌传播的广度。　　　　(　　)

(3) 成功的海报文案可以帮助电商企业将婉转的宣传达到最高点。　　　(　　)

(4) 恐吓海报文案是电商为了促进商品的销售,在特定的时间范围内,利用打折、优惠等营销手段制作的海报文案。　　　　　　　　　　　　　　　　　(　　)

(5) 阶梯价格式的促销方案是由英国商人发明的,这种方式其实是一种比较"冒险"的方式,但容易抓住消费者的心理。　　　　　　　　　　　　　　　(　　)

3. 简答题

(1) 简述海报有的类型,并举例说明。

(2) 简述促销海报文案类型中舍小取大的具体做法。

(3) 简述海报文案的创作方法。

(4) 简述海报文案标题的创作方式。

(5) 简述在电商海报文案中采用对比的排版方式时需要注意的方面。

(6) 简述成功海报文案的特点。

项 目 六

电子商务品牌文案写作

学习目标

（1）了解电子商务品牌文化的特征、功能、作用等。

（2）掌握电子商务品牌故事的类型。

（3）熟悉电子商务品牌故事的写作原则。

（4）掌握电子商务品牌故事的结构要素。

（5）熟悉电子商务品牌文案的写作流程。

（6）掌握电子商务品牌案的写作技巧。

学习重点、难点

1. 重点

（1）电子商务品牌故事的类型。

（2）电子商务品牌故事的结构要素。

（3）电子商务品牌文案的写作技巧。

2. 难点

运用电子商务品牌文案写作的相关知识分析问题、解决问题。

思维导图

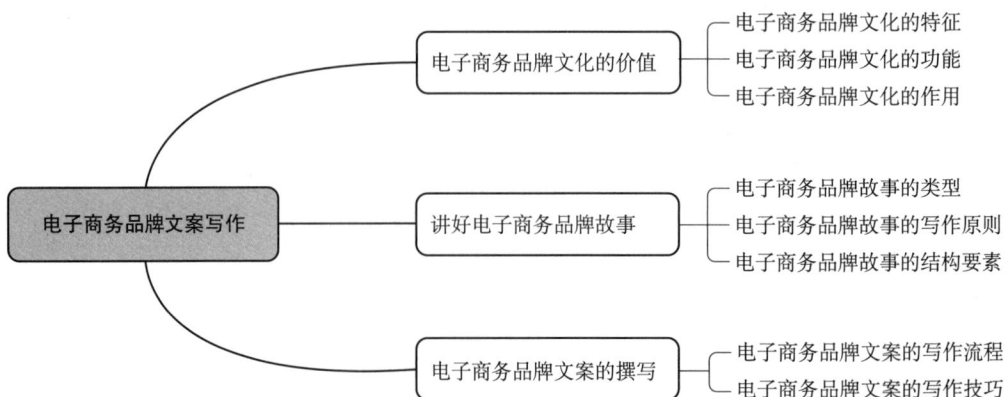

引例

New Balance《致匠心》

　　"匠心"是这个时代的稀缺品,但也有这样一群人,数十年如一日地研究着同一件事情。New Balance(新百伦)为推广英美产系列跑鞋,请来著名音乐人李宗盛助阵,为品牌拍摄了品牌宣传片《致匠心》向工匠精神致敬,如图6-1所示。

图6-1　品牌宣传片《致匠心》

　　在宣传片中,著名音乐人李宗盛和来自New Balance工厂的工匠交替出现,他们各自聚精会神地完成手中的作品:吉他和一双New Balance鞋。宣传片大量使用近景,描绘二者雕琢的过程,并伴随"人生很多事急不得,你得等它自己熟⋯⋯"等画外音,向消费者传递New Balance心中的工匠精神——"专注与坚持,具有坚定的目标,并且愿意为目标不断地坚持"。这段宣传视频引起了很多人的共鸣,视频一推出,便引起了大量网友的自主分享传播。在宣传片中,视频文案通过李宗盛讲述出来。

　　人生很多事急不得,你得等它自己熟。

　　我20岁出头入行,30年写了不到300首歌,当然算是量少的。

　　我想一个人有多少天分,跟出什么样的作品,并无太大的关联。

　　天分我还是有的,我有能耐住性子的天分。

　　人不能孤独地活着,之所以有作品,是为了沟通。

　　透过作品去告诉人家:心里的想法,眼中看世界的样子,所在意的、珍惜的。

　　所以,作品就是自己。

　　所有精工制作的物件,最珍贵最不能替代的就只有一个字——人。

　　人有情怀、有信念、有态度。

　　所以,没有理所当然,就是要在各种变数、可能之中仍然做到最好。

　　世界再嘈杂,匠人的内心,绝对必须是安静、安定的。

　　面对大自然赠予的素材,我得先成就它,它才有可能成就我。

　　我知道,手艺人往往意味着固执、缓慢、少量、劳作。

但是,这些背后所隐含的是专注、技艺、对完美的追求。

所以,我们宁愿这样,也必须这样,也一直这样。

为什么?我们要保留我们最珍贵的、最引以为傲的。

一辈子,总是还得让一些善意、执念推着往前,我们因此能愿意去听从内心的安排。

专注做点东西,至少对得起光阴、岁月,其他的就留给时间。

辩证思考:分析以上文案内容,谈一谈打造电子商务品牌文化的重要性。

分析提示:在这个崇尚快餐式消费的时代,人们在选择产品时,悉心挑选的东西好像总离心目中的期望差一点点匠心。可是,有些东西总要有人去传承——"所有精工制作的物件,最珍贵、最不能代替的就只有一个字——人"。因此,就有那些固执的匠人,没有理所当然,就是要慢下来,在各种变数之中坚持做到最好。这就是 New Balance 宣传片令人致敬的匠心,也正是打动消费者,引起消费者共鸣的地方。因此,New Balance 以匠人心态来面对创作、专注、真诚地完成自己作品的价值观和理念也得到了消费者的高度认同。事实上,讲一个好故事对品牌形象的树立和传播的效果是惊人的。

市场的成功经验告诉我们,很多著名的品牌都是通过塑造一个传奇的故事,向消费者展示出了品牌的文化和价值,表现出了品牌的理念和个性,并吸引了消费者的关注和认同,从而确立了市场地位。这个故事通常是以宣传文案的方式出现在消费者面前的。对于电商商家来说,要想赢得消费者的关注和市场认可,并且从大量同质化的商品中脱颖而出,就同样需要撰写个性化的品牌故事并将其作为宣传文案。

任务一 电子商务品牌文化的价值

品牌文化其实是一种"文化包装",其价值在于通过赋予品牌深刻而丰富的文化内涵,建立起鲜明的品牌定位,并充分利用各种内外部传播途径,使消费者在精神上对品牌产生高度认同,确立其品牌信仰,最后使其成为该品牌的忠诚顾客。品牌文化是一种附加价值,是商品软实力的体现。电商商家只有拥有自己的品牌文化,才能拥有更多忠诚的消费者,从而占据更多的市场份额,增加自己的市场竞争力。

在写作电商品牌宣传文案前,文案写作者首先需要了解电商品牌文化的特征、功能与作用,再在此基础上将文字与品牌文化融合起来。只有这样才能写作出既能体现企业精神,又能够打动消费者的文案内容。

一、电子商务品牌文化的特征

随着网络的不断发展,很多电商商家为了获得更大的销售利润,已经开始把创造一个知名品牌作为重要的战略目标。和传统品牌相比,大多数电商品牌由于发展时间不长、生产和销售方式不同等因素,并没有形成品牌文化,且即便形成了品牌文化,也与传统品牌文化大相径庭。电商品牌文化通常具有以下特征。

1. 信息含量大

与传统商业模式相比,电商模式有着更加广泛的消费群体,但由于网络的虚拟性质,消费者的真实身份被很好地隐藏,电商商家不能对很多潜在的消费群体进行准确的定位。因此,电商品牌文化的内涵所包含的信息必须足够广泛,只有这样才能尽可能多地覆盖消费群体,增加品牌文化的受众范围。

2. 传播成本低

传统品牌文化只能通过报纸、广告和电视等传统媒体进行传播,而电商品牌文化基于网络平台,其受众既是信息的接收者又是信息的发布者,因此电商商家可以自发地在网络中进行品牌文化的传播,不仅传播的成本低,而且效果好。

3. 传播速度快、传播范围广

网络传播是一种数字化传播,几乎覆盖了全球。网络传播可以通过光、电或空气进行,具有迅速、快捷和方便等特点。同时,网络信息具有即时刷新的特点,消费者可以随时随地地接收消息,不受传统媒体

> **知识拓展>>>**
>
> 写一个好的文案品牌故事,主旨在于向目标受众传递品牌价值,建立情感上连接和认同,同时获取受众的信任和支持。因此,文案故事必须基于客观和真实。任何文案品牌故事如果离开了真实可信,都是不可取的。而故事事件也不在大小,只要能打动受众的心,引起受众共鸣,就都是好故事。

传播时间的限制,这就使电商品牌文化的传播不受空间和时间的影响。

4. 消费者的主动性和独立性强

传统营销环境下的生产厂家和企业往往需要通过巨额的广告投入来影响大众媒体,以达到吸引消费者注意力的目的。而在网络中,消费者拥有对信息的选择、接收和处理等的主动权,可以随时随地根据自己的需要进行网上消费,也可以任意选择自己心仪的品牌或商品。消费者拥有比传统购物更加便捷和省时省力的购物方式,这也体现了消费者在网络购物中的主动性和独立性。

5. 忠诚度不高

消费者在网络购物时考虑的不仅是价格、购物体验或品牌,还有商品与品牌的价值、信誉、服务,以及消费带来的风险等因素。而且,日益激烈的竞争使得商家们开始了价格战,消费者拥有了更加广泛的选择范围,使得消费者不必约束于某一品牌,可以随时抛弃某个品牌转向另一个品牌。这导致消费者对品牌的忠诚度较低,因此,有力的品牌文化的推广极有可能为电商商家提高声望,并使其从众多竞争者中脱颖而出。

二、电子商务品牌文化的功能

品牌文化是一种看不见摸不着的精神力量,它一旦形成,就会对企业的经营管理产生巨大影响和推动作用。它不仅可以增强品牌的竞争力,还能激励企业员工的工作积极性,吸引更多的消费者成为品牌的追随者。

1. 导向功能

品牌文化的导向功能体现在以下两个方面。

(1)企业内部。品牌文化集中反映了企业员工的共同价值观,表明了企业所追求的目标,因此具有强大的号召力,能够引导员工为实现企业目标而努力奋斗,使企业能够健康发展。

(2)企业外部。品牌文化所倡导的价值观、审美观和消费观,能够有效地引导消费者的

消费观念,使之与企业主张的理念趋于一致,从而增强消费者对品牌的忠诚度。

2. 凝聚功能

无论是电商商家还是普通企业,品牌文化都是其建设团队的精神力量,它可以从各个方面和层次把全体员工紧密地联系在一起,使员工为实现企业目标而齐心协力、奋力进取。品牌文化所代表的功能属性、利益认知、价值主张和审美特征等因素,会对认同其价值的消费者产生吸引力,使品牌像磁铁一样吸引消费者,从而极大地增强消费者对品牌的忠诚度。同时,品牌文化还可能吸引其他品牌的消费者,使其转变成为本品牌新的追随者。

3. 激励功能

优秀的品牌文化可以促使电商企业内部形成良好的工作氛围,激发员工的责任心、荣誉感和进取心。品牌文化形成的价值观、利益属性、情感属性等因素,会对消费者起到创造消费感知、丰富消费联想、激发消费欲望、产生购买动机的作用。因此,品牌文化可以将精神财富转化为物质财富,为电商商家带来高额利润。

4. 约束功能

品牌文化中包含一定的规章制度和道德规范。一方面,在生产经营过程中,要求电商商家必须通过这些严格的规章制度对员工进行行为道德规范。另一方面,品牌文化还能使消费者发挥监督作用,保障商品的服务和质量。

5. 推动功能

品牌文化可以推动电商商家的长期发展,使其在市场竞争中获得持续的竞争力,也可以帮助电商商家克服经营过程中的各种危机,从而持续健康发展。但是,通过品牌文化改善电商商家的经营效果需要一定的时间积累,一般不会出现立竿见影的效果。因此,只有持之以恒地进行品牌文化建设,才能获得良好的成效。

6. 协调功能

品牌文化并非一成不变,相反,品牌文化需要根据电商商家的发展、社会经济的发展、消费者需求的变化等因素来进行调整,以保证商家和社会之间不会出现裂痕和脱节。

三、电子商务品牌文化的作用

建设品牌文化不仅可以很好地树立起电商商家的公众形象,为商品赋予鲜活的生命力和张力,还代表着商家就商品特征、利益和服务对消费者做出的承诺,并且能够让商家的商品和服务与竞争对手产生较大的差异,让消费者感受到品牌的价值。在目前网络电商的竞争中,如何通过品牌来塑造电商商家与消费者之间的关系,以提升消费者对电商商家和商品的忠诚度,已经关系到大部分电商商家的生存和发展。

> **小思考**》》》
> 　　利用网络或图书馆渠道搜集关于永久牌自行车历史发展过程的资料,为其写作一篇品牌故事。

对于绝大多数电商商家而言,品牌文化主要体现在两个方面:一是商品标题中包含的品牌名称,二是商品详情页中的品牌故事。在标题中添加品牌名称非常简单,只要在商品标题的开头直接写上品牌名称即可。而要进行品牌故事文案的写作,则需要文案写作者在熟悉品牌故事的概念和类型的基础上,掌握其写作的流程和技巧。

简单来说,品牌故事可以向消费者传达电商商家的品牌理念、精神文化和商品来源等众多信息,能够获得消费者更加强烈的信任感和认同感,对塑造品牌形象、传递品牌理念有十分重要的作用。在商品详情页中添加商品的品牌故事,可以增加消费者对所购买商品的信心。同时,对品牌故事进行诠释和传播又可以拉近消费者与品牌之间的距离,增进消费者对品牌的感情。因此,品牌故事也是详情页文案的一个重要组成部分。

案例 6-1

路虎品牌文化故事之不可能的旅程

1955 年,6 位牛津和剑桥的学生驾驶着两辆路虎车从伦敦出发,开启了一次探索未知世界之旅。他们的目的地是新加坡。Tim Slessor 是他们中的一员,他为我们回忆了当时的情况。

这次探险之旅是当时所有跨大陆探险之旅中路程最长的:环绕了半个地球,从英吉利海峡到新加坡。当时我们几个本科生没有钱、没有汽车,什么都没有。

大家在深夜坐在一起喝咖啡时突然冒出了这么一个主意。当时我去 Adrian Cowell 的房间喝睡觉前的最后一杯咖啡,他突然开始做白日梦似的说:我们组织几个人一起驾车去新加坡怎么样? 疯了吧? 也许。为什么不行呢? 毕竟,在我们之前还从没有人这样干过。我们可以做第一人。于是我们找了一张地图,在上面大致描绘了路线,粗略地估算了里程。当时我们一直谈到深夜。这次远征的想法就是这样产生的,或者更准确地说,就是这样构想出来的。

在我们还没来得及多想时,整个车队就凑齐了。首先加入的是摄影师 Antony Barrington Brown,然后是大学汽车俱乐部的秘书 Henry Nott;还有 Pat Murphy,他是我们的向导和签证外交官。然后,我们还想从牛津找一个人。我们是这样想的:如果我们能成功找到两辆赞助车,可以把一辆涂成浅蓝色,另一辆涂成深蓝色。众多媒体的关注增加了我们获得赞助的概率。

我们派了一队人马到另外一个地方。他们给我们找来了车队总监兼机械工程师 Nigel Newbery。Adrian,最先提议的那个人,最后成了我们的商务主管——出纳、会计和秘书。接下来,我们先写了一封信,然后亲自登门拜访了位于伯明翰的路虎公司,试图说服他们相信我们能组织完成一次在当时看来几乎不可能的探险之旅。

正如 Adrian 指出的,尽管困难重重,但如果我们真的成功完成了这次到新加坡的跨大陆之旅,罗孚公司(路虎的前身)可获得不可估量的宣传效应。几天后,路虎公司来信说他们采纳了 Adrian 的提议。我们顿时欢呼雀跃——然后又做了一些工作。

1947 年，一位英国人在威尔士的海滩上用简单的线条勾勒出了一辆汽车的轮廓。那辆汽车就是路虎。它果敢、坚毅，不断地改变着历史，将所有的地形征服于轮下，俘获了全世界人的心。

几经风雨，不断创新，今天我们掀开了 ABOVE AND BEYOND 的新篇章。秉承传统，带领无数人探索未知的世界，完美融合性能和美感，每一辆路虎车都独一无二。

任务二 讲好电子商务品牌故事

每一个成功的品牌，都希望创作出属于自己的经典品牌故事，以此表达自身的品牌个性，树立企业的品牌文化，彰显品牌的文化内涵。

品牌故事是在塑造品牌的过程中整合产品信息、品牌形象及品牌文化等基本要素，加入时间、地点、人物及相关信息，并以完整的叙事结构或感性诉求信息的形式传播并推广的故事。一个好的品牌故事和品牌紧密关联，能提高记忆度和辨识度，从而获得更多消费者的关注，增加品牌曝光度和受欢迎程度，提高消费者的品牌忠诚度。

> **知识拓展》》》**
>
> 品牌个性是通过品牌人格化显示出来的，是区分品牌的重要依据。

一、电子商务品牌故事的类型

故事是一种与消费者产生情感连接和价值认同的沟通方式。无论电商文案写作者选择创作哪种类型的品牌故事，都应根据自身条件和品牌特性找到能引起消费者共鸣的地方，写出能打动消费者内心的内容。品牌故事的文案写作包括以下 7 种类型。

> **知识拓展》》》**
>
> 并不是只有拥有悠久历史的品牌才可以撰写历史型的品牌故事。一个新品牌虽然建立时间不长，但其产品可能拥有一定的历史传承，如某款茶叶产品与某个历史人物有关联，某历史人物对该茶叶情有独钟等，电商文案写作者在为该品牌撰写品牌故事时，就可将这种关联作为创作历史型品牌故事的写作切入点。

1. 历史型故事

讲述品牌的历史故事，是电子商务文案写作者撰写品牌故事的惯用方式。厚重的历史是品牌价值的一部分，在漫长的岁月中，只有优秀的品牌才能做到历久弥新，并且人们对一个品牌的历史总是充满了好奇。这类品牌故事一般包括如下内容：品牌从创建到走向成功所经历的困难，品牌在发展中发生的感人小故事，品牌每个发展阶段的关键举措，品牌所取得的成绩和获得的荣誉，等等。历史型故事一般用坚持不懈的精神来打动消费者，从而使消费者对品牌产生敬意与好感。如图 6-2 所示为胡姬花古法花生油的品牌故事节选，其强调了该品牌悠久的历史、品牌的由来，属于典型的历史型品牌故事。

图 6-2 胡姬花品牌故事

2. 传说型故事

通过讲述一个传说故事或神话故事表现品牌特征，就是所谓的传说型故事。这个故事可以是流传至今的故事，也可以是电子商务文案写作者编撰加工的故事。例如，知名女鞋品牌达芙妮（DAPHNE），其名字源于希腊神话，希腊女神达芙妮与太阳神阿波罗的

> **小思考**>>>
>
> 从网络中搜集一些民间传说，以其中一个为基础写作一篇传说型的品牌故事。

爱情神话故事则是达芙妮品牌一直以来的设计主题．达芙妮的品牌创始人及设计师们在表述他们对于"达芙妮"的理解时，也说到"希腊女神达芙妮与太阳神阿波罗的爱情神话是达芙妮空间设计的主题，希望每一个踏入达芙妮的女人，都像是谈了一场恋爱，体验了一场华丽的戏，甚至找到真正的自我。所以，无论是今日女孩还是明日女人，我们相信，自信的女人都会在达芙妮的引领下产生一种如新生般的感动"。达芙妮的品牌故事就改编自达芙妮与阿波罗的爱情神话故事，生动地展示了品牌的文化内涵，象征着对爱亘古不变的追逐。

案例 6-2

达芙妮的品牌故事文案

我是达芙妮，一个自然、坦率、自主的女生，是河神的女儿，因为爱好打猎，时常在森林里穿梭。

有一天，当我在森林里打猎时，太阳神阿波罗出现了，而这一切竟是因为爱神的戏弄。太阳神阿波罗深深地爱上了我，闯入了我的世界，而我并不爱阿波罗，所以我只能逃。

于是，一场追逐游戏开始了。眼看着自己快被阿波罗追上时，我逃到河边，大声向父亲河神求救，于是河神把我变成了一株月桂树。

阿波罗追上我时，我已成了河岸旁姿影婉约的月桂树。阿波罗轻拥着月桂树，道歉并伤心地对我说："我美丽的可人啊！你将成为我的树，以后我的胜利将成为你的专利，我将用你的枝叶编织成胜利的花冠，用你的树枝做竖琴，用你的花朵装饰弓箭，让你青春永驻，不必担心衰老。我要将你和那些胜利的人们归属在一起！"于是，月桂冠便成了奥林匹克运动会上胜利的象征。

3. 人物型故事

一个品牌从无到有的过程往往是成就品牌的关键，品牌创始人的个性与创业时期的故事，很可能就此决定了品牌雏形。另外，人们喜欢阅读创业者或企业家的励志故事，希望从中得到启发。因此，人物型的品牌故事对消费者也具有很大的吸引力。如图 6-3 所示为湾仔码头的品牌文案，该文案讲述了品牌创始人的传奇人生，通过几则小故事，形象地刻画了湾仔码头品牌创始人独特的人格魅力、对创业的坚持，以及为保证品牌品质所做的努力和坚守，容易使消费者对该品牌产生好感，提高消费者对品牌的信任度和忠诚度。

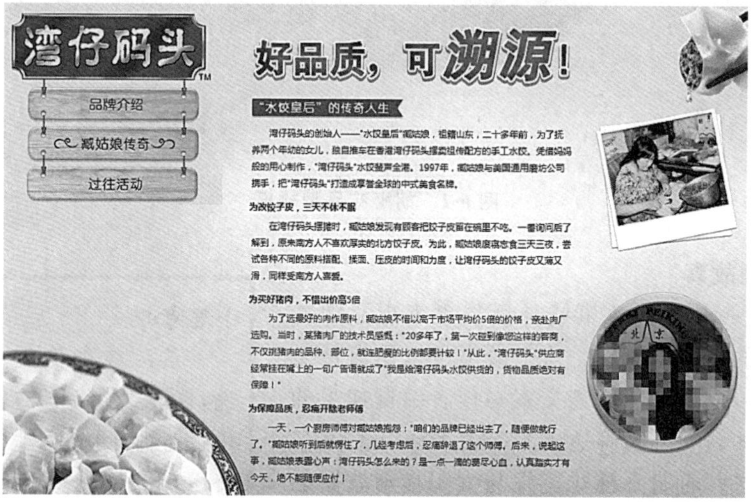

图 6-3 湾仔码头品牌文案

案例 6-3

宜家家居品牌故事

英格瓦·坎普拉德（Ingvar Kamprad）从 5 岁开始卖火柴，他在年少时还售卖过圣诞树装饰、种子和铅笔等。由于坎普拉德学习成绩优异，他的父亲总会给他现金奖励，这些奖金成为他创业的基金。

正是拿着这笔奖金，在 1943 年，年仅 17 岁的坎普拉德创立了宜家。宜家（IKEA）这一名称所用的字母分别取自他自己名字（Ingvar Kamprad）、出生地农场名字（Elmtaryd）和旁边小镇名字（Agunnaryd）的首字母。

当时他包揽了老板和员工的所有工作，从进货、销售到财务都只有他一个人，凡是他认为能低价卖掉的东西，他几乎都卖。

最开始的宜家只是出售一些袜子、贺卡、皮夹等一些普通的家居生活用品,坎普拉德主要通过邮寄的方式从国外进口这些商品,再把它们卖给消费者,从中赚取差价。大概到了1950年,坎普拉德才开始做起家具生意。

以上是宜家家居用品创始人的传奇故事节选,这个故事展示了该品牌创始人的奋斗史。该创始人经过了多次创业,无数次失败,最后建成了世界著名的家居企业,并成为20世纪最伟大的企业家之一。这种传奇性的经历不但能打动消费者,还可以作为人生经验,帮助大多数人成长。

4. 创业型故事

越是著名的企业,其创业过程就越艰难。当这些企业成功之后,人们总愿意去回顾和搜寻这些企业创办伊始的故事。例如,何时开始创业、在创业时遇到何种困难、他们是怎样克服困难的……人们想通过这些故事来获得经验和鼓励。因此,很多品牌都将创业时期的故事作为品牌故事,以此展现品牌永不服输、敢于尝试的精神。

创业的过程往往是成就品牌的关键,创业者的个性与创业时期的故事很可能决定了品牌基因。例如,化妆品品牌的品牌故事中,很多是创业型故事,因为写作品牌故事都是为了增加销售额,而化妆品的消费人群决定了其品牌故事的长期目标还包括对消费者进行潜意识的品牌植入。因此,对于女性这个消费群体,一个独立、自信且美丽的女性的艰苦创业过程能很容易引起她们的关注和共鸣,进而使其成为该品牌的忠实用户。如图6-4所示为雅诗兰黛化妆品品牌官方网站中的品牌故事起始页面。这个故事展示了该品牌创始人的创业经历,从最初创业到功成名就,其间所遭遇的困苦都带给她无穷的创作灵感,从而创建了一个世界闻名的化妆品品牌。消费者对这个品牌的关注和认可,在很大限度上是对该创始人的认可和致敬。

图6-4 创业型品牌故事

5. 卖点型故事

卖点型品牌故事是指通过品牌故事凸显产品工艺、优越产地、独特原料、核心技术、制作水平等产品卖点。如图 6-5 所示为 1436 小山羊绒稀有品的品牌故事，其介绍了"1436"品牌名称的来历，并凸显了"每根羊绒纤维平均细于 14.5 微米，长于 36 毫米"的小山羊绒的精品规格，以及"将每件作品以 120 道工序精心处理"的产品材质和工艺的卖点。

图 6-5 1436 品牌故事

6. 理念型故事

理念型故事是指以品牌追求的理念、品牌的风格和品牌的定位为传播内容的品牌故事。理念型故事适合走差异化路线的品牌，使人们只要一提到某种理念或风格，就会马上联想到这个品牌。例如，三只松鼠的品牌态度是要做国内互联网第一坚果品牌；良品铺子的品牌态度是"让嘴巴去旅行"，向消费者提供各地零食。又如，Beardbrand（经营胡须油和胡须护理产品的电商品牌）是为了提倡都市胡子型男的生活态度风潮而创作的理念型品牌故事。

案例 6-4

Beardbrand 品牌故事文案

2012 年 2 月，Eric Bandholz 前往波特兰参加西海岸 2012 年胡子锦标赛（The 2012 West Coast Beard& Mustache Championships）。Eric Bandholz 在这次比赛中，经历和体验了有胡子的生活方式，并且爱上了这种生活方式。

这次比赛不久后，Eric Bandholz 与 Jon Reisinger 创建了 beardbrand 这个品牌。

每一种产品或服务，都只会对某一特定的人群而非所有人群产生吸引力。如果产品或服务没有清晰的定位，那么这种产品或服务很难脱颖而出。Eric Bandholz 非常清楚

Beardbrand 的消费者是一群 urban beardsmen(搞笑的胡子型男),且 Eric Bandholz 本身也是一名 urban beardsmen。于是,Eric Bandholz 开始写博文,用图片、声音、视频热情地跟消费者分享 urban beardsmen 的理念和生活方式。

Eric Bandholz 是一个热情的人,他专注于分享 urban beardsmen 具体的内容,话题包括长胡子的技巧、urban beardsmen 的生活方式及胡子护理产品的使用等。最终,他在 YouTube 上获得了 25995 个关注者,在 Facebook 上获得了 47757 个关注者,在 Instagram 上获得了 48600 个关注者。

此外,Eric Bandholz 还为 urban beardsmen 创建了社群,发起了 Urban Beardsmen Style 运动,致力于改变人们对 urban beardsmen 的形象认知。为此,Eric Bandholz 受邀参加了很多媒体访谈,得到诸多媒体报道,扩大了 Beardbrand 的品牌影响力。

7. 细节型故事

网络在为消费者带来便利的同时,也为各商家带来了巨大的竞争。这是一个细节制胜的时代,企业的成功与否更多时候取决于各件小事情是否做得足够好,以及企业是否能把各种决策真正细化并推行下去。只有注意细节,在每一个细节上做足功夫,全面提高市场竞争力,才能保证企业的长足发展。例如,著名的"张瑞敏砸冰箱"的故事,此类品牌故事通过小细节来表现企业态度,使消费者更真切地感受企业形象。

案例 6-5

海尔砸冰箱事件

1985 年,海尔从德国引进了世界一流的冰箱生产线。一年后,有消费者反映海尔冰箱存在质量问题。海尔公司在给消费者换货后,对全厂冰箱进行了检查,发现库存里的76 台冰箱虽然制冷功能没有受到影响,但外观有划痕。时任厂长的张瑞敏决定将这些冰箱当众砸毁,并提出"有缺陷的产品就是不合格产品"的观点,在当时社会上引起了极大的轰动。从此,关注细节、关注商品质量就成了海尔的企业精神,并为其走向世界打下了坚实的基础。

张瑞敏曾经说过:"什么是不简单?把每一件简单的事做好就是不简单。"很多时候,消费者对于品牌的印象源于一些细节,如客服回复问题的速度快慢、商品外观是否有划痕等。消费者能够从完美的细节中感受到品牌一丝不苟、精益求精的企业精神和态度。通过阅读细节型的品牌故事,消费者会进一步了

> **小思考》》**
> 云帆是一个针对 28～48 岁的女性消费群体的轻奢服装品牌,请为其分别写作一篇理念型和细节型的品牌故事。

解和认识品牌,从而认可和信任品牌,最终产生消费行为。

二、电子商务品牌故事的写作原则

优秀的品牌故事主要是为了向目标受众传递品牌价值,建立彼此之间的情感连接和认同,由此来获得受众的信任和支持。要想达到这样的效果,则必须写出能打动受众、引起他们共鸣的故事。因此,在塑造品牌故事的过程中,必须注意以下几点。

1. 品牌故事的真实性

品牌故事是发生在品牌产生和发展过程中的真实故事。企业在发展过程中会遇到各种问题，只有提取其中的真实故事，才能经得起推敲，让消费者信服。例如，小米从产品研发开始，让粉丝参与其中，与消费者共同完成研发，并把这个过程公之于众。因此，小米的品牌故事能够让人产生信任感。当这个传播即将降温时，雷军又出版了一本《参与感》(见图 6-6)，将这个品牌故事的传播推向高潮。

2. 品牌故事的个性化和侧重性

品牌故事的个性化和侧重性是指让消费者直观地感受到品牌的价值观，如海尔的"砸冰箱事件"，目的是强调产品的质量及"不合格的产品绝不出厂"的企业经营理念。这样就能让消费者在听到故事的同时，快速感受到海尔"质量第一"的品牌价值观。

3. 品牌故事不宜恶意炒作

在品牌竞争过程中，不能采用恶意炒作或贬低竞争对手的做法，因为这样做即使能提高品牌的知名度，也会产生负面影响，对品牌的发展没有任何好处。例如，罗振宇的《罗辑思维》被广泛传播，有很多人将其当作热议话题。这都是为了更好地宣传产品，因此，在一年内仅凭书籍销售就实现了过亿元的营业额。这些都是积极正面宣传的有效体现。

图 6-6 《参与感》的封面

> **知识拓展》》》**
> 品牌故事是连接品牌与消费者的载体，一个好的品牌故事，必须将价值观和理念转化为可以感知的产品或品牌定义，如 roseonly "一生只爱一人"，雅诗兰黛"为每个女性带来美丽"，达芙妮"对爱亘古不变的追求"，等等。

三、电子商务品牌故事的结构要素

故事是用语言艺术来反映生活、表达思想感情的一种叙事类文体。故事要么寓意深刻，要么人物典型或情节感人、以小见大。总之，故事要给受众留下深刻的印象，切忌情节平淡，没有可读性。故事一般包括背景、主题、细节、结果和点评 5 个要素，通过文字将这些要素生动地描写并刻画出来，是写作品牌文化故事的关键。

1. 背景

背景是指故事发生的有关情况，包括发生了什么事情、在什么时候发生的、有哪些主要人物、故事发生的原因，即故事的时间、地点、人物、事情的起因。例如，"1789 年，一位患了肾结石的法国贵族，在寻访名医到达阿尔卑斯山脉脚下时，由于长途跋涉十分口渴，便命令仆人去附近的农家取些水喝……"这段文字便很好地介绍了故事的背景。

> **知识拓展》》》**
> 背景的介绍并不需要面面俱到，重要的是说明故事的发生是否有什么特别的原因或条件。

2. 主题

主题是指故事内容的主体和核心,是电子商务文案写作者对某种理想的追求或对某种现象的观点。通俗地说,主题就是电子商务文案写作者要表达的内容。主题的深浅与表达的内容往往决定作品价值的高低,电子商务文案写作者需要将其融合在人物形象、情节布局及环境描写和高明的语言技巧之中。

主题可以通过以下途径进行表述。

(1)人物。人物是故事思想主题的重要承载者,人物形象的塑造可以很好地反映故事所要表达的主题思想,揭示某种思想或主张。

(2)情节。情节在故事中起着穿针引线的作用,它可以将故事的开始、发展和结束串联起来,形成一个完整、鲜活的故事。情节的展开可以推动故事的发展,让故事层层深入,从而吸引读者。

(3)环境。通过社会环境或生活环境的描写来揭示或暗示某种思想,同时结合人物思想性格的刻画,可以很好地描述故事所要表达的主题。

(4)抒情语句。故事一般不会直白地表达主题,但会通过一些抒情性的语句来表现故事的主题。

例如,我们熟知的德芙巧克力因其醇香的口感和极高的营养价值被中国消费者喜爱。德芙,是爱,是愉悦,是幸福的代名词。德芙 Dove 寓意为 Do you love me,在品牌背后还有一段鲜为人知的动人的爱情故事。

案例 6-6

德芙品牌故事

20 世纪初,一个在卢森堡王室后厨帮厨的小伙子莱昂,机缘巧合和王室公主芭莎相爱了。由于身份和处境的特殊,他们谁都没有说出心里的爱意,只是默默地将这份感情埋在心底。

直到有一天,芭莎公主被选中与比利时王室联姻。看着日渐憔悴的芭莎,莱昂决定表白,在准备甜点时,他在芭莎的冰淇淋上用热巧克力写了几个英文字母 Dove 是 Do you love me 的英文缩写。他相信芭莎一定可以猜他的心声。然而,芭莎发了很久的呆,直到热巧克力融化都没有发现莱昂的表白。几天之后,芭莎出嫁了。而莱昂认为芭莎放弃了他们的爱情,黯然神伤下也离开了王室后厨。最后他来到了美国,经营着一家糖果店。

世异时移,多年以后,当莱昂和芭莎成了白发苍苍的老人时,他们几经辗转又见面了。莱昂得知当年芭莎其实吃了他送给她的巧克力冰淇淋,却没有看到那些融化的字母,没有看到莱昂的表白,在不确定莱昂的心意后,她只能听从王室的安排。误会解除了,然而芭莎却很快离开了人世,莱昂无限悲凉。如果当年那冰淇淋上的热巧克力不融化,如果芭莎明白他的心声,那么她一定会改变主意与他私奔的。如果那巧克力是固定的,那些字就永远不会融化了,他就不会失去最后的机会。莱昂决定制造一种固体巧克力,使其可以保存更久。经过苦心研制,香醇独特的德芙巧克力终于制成了,每一块巧克力上都被牢牢地刻上 Dove,莱昂以此来纪念他和芭莎那错过的爱情,它虽然苦涩而甜蜜,悲伤而动人,如同德芙的味道。

3. 细节

细节描写是指抓住生活中细微的典型情节加以生动细致地描绘，使故事情节更加生动、形象和真实。细节一般是作者精心设置和安排的，是不可随意取代的部分，恰到好处的细节描写能够起到烘托环境气氛、刻画人物性格和揭示主题的作用。

4. 结果

故事有起因当然就有结果，告诉读者故事的结果能够加深他们对故事的了解和体会，有利于故事在他们心中留下印象。例如，德芙 Dove 巧克力的品牌故事的结果是莱昂和芭莎在年老时终于见面，但由于芭莎疾病缠身，两人相聚不过三日便天人永隔。为了纪念他们错过的爱情，莱昂研制了一种固体的、不容易融化的香醇巧克力，并在每块巧克力上刻上 Dove。

> **知识拓展>>>**
>
> 常见的细节描写方法有语言描写、动作描写、心理描写和肖像描写等。无论采用哪种方法，都需要电子商务文案写作者事先认真观察，选择具有代表性、概括性、能深刻反映主题的事件进行描写，突出故事的中心，给读者留下深刻的印象。

5. 点评

点评即对故事所讲述的内容和反映的主题发表一定的看法和分析，以进一步揭示故事的意义和价值。点评尽量从故事内容出发，引起读者的共鸣和思考。例如，德芙 Dove 巧克力品牌故事的点评为：当情人们送出德芙，就意味着送出了那轻声的爱情之问 Do you love me，那也是创始人在提醒天下有情人，如果你爱他（她），请及时让他（她）知道。

任务三　电子商务品牌文案的撰写

品牌文案其实是一种"文化包装"，是通过赋予品牌深刻而丰富的文化内涵，进行鲜明的品牌定位，并充分利用各种高效的内外部传播途径，使消费者在精神上对品牌产生高度认同，创造品牌信仰，最终形成强烈的品牌忠诚。品牌文化塑造是一种更深层次的营销方法，是以品牌文案营造文化氛围来提升自己的内涵，进而吸引消费者的一种手段。

一、电子商务品牌文案的写作流程

因为故事的形式易被消费者接受，一个生动的品牌故事可以引起消费者对商品的共鸣，以及对品牌文化的深切认同，所以品牌故事是电商品牌宣传文案的主要类型。一个好的品牌故事不仅要赋予这个品牌性格，同时还要向消费者传达品牌精神。对文案写作者来说，创作品牌故事也是工作中的必备技能之一。

网络中不断有新的电商品牌产生，如何为这些品牌写作品牌故事并获得消费者的认可，是文案写作者需要考虑的问题。下面详细介绍品牌故事的写作流程。

1. 搜集整理

要想写作出优秀的电商品牌故事，就必须对品牌和商品本身进行深入的探究与分析。要了解品牌和商品的定位是什么，有什么样的文化内涵，需要表达什么样的诉求，品牌和商品面对的消费群体有哪些，竞争对手是谁等问题。表 6-1 所示为文案写作者在写作电商品牌故事时，可以搜集的相关资料信息。

表 6-1　与品牌故事相关的资料信息

信息类型	具 体 信 息
企业信息	品牌创始人的个人经历,品牌的创办动机和创办历程,商品设计、研制和开发的历程
商品信息	商品的卖点和性能特征,商品的生产过程,商品的材料、工艺和情感附加值,商品的使用体验和感受
消费者信息	消费群体的定位,消费群体的个性特征,代表消费群体的特定消费者的消费故事,消费者的情感故事和特别的使用体验
竞争对手信息	竞争对手的品牌故事,竞争对手的缺陷,竞争对手的文案信息
其他信息	社会热点,传统文化

2. 确定主题

电商品牌故事的主题是指目标品牌在品牌本体因素和环境因素的双重约束下,在品牌设计中对该品牌价值、内涵和预期形象做出的象征性约定。它源于品牌历史、品牌资源、品牌个性、品牌价值观和品牌愿景等,包括基本主题和辅助主题,通常可通过品牌名称、标志、概念和广告等进行表达和传递。

例如,数码电商品牌爱国者,如图 6-7 所示。该品牌名称传递出了其品牌价值观和品牌愿景。该品牌自创办之初,便为打破国外企业的市场垄断,以"成为令国人骄傲的国际性企业"作为奋斗目标,所以其品牌故事就以爱国、科技报国为主题。

aigo 爱国者
自主科技 自由生活

图 6-7　数码电商品牌爱国者

当搜集到了足够多的信息后,文案写作者就可以从中提炼出品牌所要表达的思想,并可以以品牌为核心,通过讲述品牌的创造、巩固、保护和扩展的故事,将与品牌相关的时代背景、文化内涵、社会变革情况或经营管理理念进行深度展示。

3. 初稿撰写

品牌故事初稿的写作通常是在完成了资料搜集和主题确认后才正式开始的。文案写作者要争取在初稿中通过故事将品牌理念和品牌的各种内在因素一一表达出来,让消费者可以轻易地、完整地了解品牌的全部信息。同时,还要注重体现故事的风格和内容,要有起伏的情节和丰富的感情,这样才能带动消费者的情绪,给其留下深刻的印象。

(1) 品牌故事的写作角度。品牌故事的写作角度并不单一,文案写作者可以根据品牌需要呈现的效果来选择故事写作的角度,如公司的角度、顾客的角度、商品的角度等。从不同的角度出发,可以写出不一

> **知识拓展»»»**
>
> 品牌理论创始人杜纳·E.科耐普(Duane E. Knapp)这样解释品牌故事:"品牌故事赋予品牌生机,增加了人性化的感觉,也把品牌融入了顾客的生活……因为人们都青睐真实,所以真实就是品牌得以成功的秘籍"。

样的故事,并且都可以达到震撼人心的效果。如图 6-8 所示为品牌故事常见的 3 个写作角度。

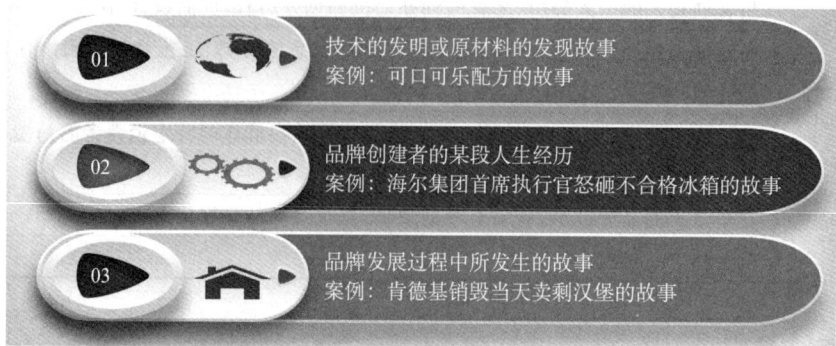

图 6-8 品牌故事常见的 3 个写作角度

商品、感情、人都是品牌故事中不可缺少的要素,只有将商品与人紧密联系在一起,再融入真挚的情感,才能让故事变得饱满,吸引并感动消费者,最终达到品牌传播的目的。

(2)品牌故事所包含的内容。品牌故事通常包含 6 个主要内容,即人物、时间、地点、事件、起因和结果,文案写作者在写作过程中,要先确定故事的主题,然后再沿着这条主线进行写作。品牌故事要展示出品牌最想让消费者知道的内容,如品牌创建者或领导者的某种精神和品质,或者商品先进的生产技术等。例如,某化妆品品牌故事,如图 6-9 所示。

图 6-9 某化妆品的品牌故事

该化妆品品牌故事主要以商品的材质来源为主题进行写作。从故事中可以看出,时间是很多年前,地点是法国南部的比利牛斯山脉的温泉。该故事通过多个具体例子说明泉水有神奇的护肤功效,于是该品牌的创始人利用泉水的活性萃取精华作为主要护肤成分,创造了这个化妆品品牌。

4. 稿件修改

写作品牌故事的过程中,可能会因为语言组织不当、逻辑不通等情况造成故事缺乏吸引力,从而难以广泛流传开来。因此,在写作过程中,文案写作者需要仔细斟酌用词,选择适合品牌主题且能够表达品牌理念的词语或优美的句子来进行写作。写作完成后,文案写作者还要通读和校对稿子,修改稿件中的错误,保证故事没有错别字、语法不通等问题。

另外,由于很多电商品牌的创建时间较短,文案写作者对品牌故事的认识和理解不够,因此创作出来的品牌故事显得不够成熟。但随着品牌的不断发展,写作品牌故事的要求可能会发生变化,此时文案写作者就要根据品牌发展过程的变化来进行写作,并在文案中融入品牌新的文化理念和商品特色。例如,下面的某葡萄酒电商的品牌故事。

案例 6-7

某葡萄酒电商的品牌故事文案稿件修改示例

最初的品牌故事

第一支中国干红的诞生,让我们永远记住了昌黎这个地理名字,品着特定小产区干红,留在我们记忆里的是红绿相间的葡萄村庄和醇美的佳酿。这里还有一段历史,关于昌黎的地理气候、关于阳光、关于一个长长的酿造葡萄酒的传奇故事……

据地理学家考证,×××葡萄园的土壤类型之所以有很强的多样性,是因为一亿年前中生代燕山造山运动。当时伴着大量的中酸性岩浆侵入和火山喷发,黏土质、石灰岩及泥灰石的岩层不停地翻搅,当地壳运动渐渐消失后,今天×××葡萄园特定的土壤结构便形成了。

特定小产区里的每一粒葡萄都经受了温暖的阳光与晶莹的露珠的洗礼。在这块非常小,却极其美丽的葡萄园里,特殊的土壤,恰当的降雨,有效的积温差异,甚至空气,都魔法般组合得恰到好处,是生产完美干红的最佳组合。

这就是昌黎人的财富,是一亿年前燕山造山运动遗留给昌黎人的一笔财富。于是,天赐的这片乐土便开始汇日月之精华孕育惊世之酿。

在×××葡萄园里,每一瓶特定小产区生产的干红葡萄酒都是由最优土地生产的葡萄酿出来的,并且这些最优土地的面积很小,仅有几平方千米,知道这点的人不多。这种特定的土壤结构是由三层土壤所形成:第一层是黏土和细砂,十分利于水分的渗透和葡萄们的养分吸收;第二层是中粗砂夹砾石,便于葡萄根系的保温和透气;第三层是混合岩和花岗岩,利于散热。正是因为上天的恩赐,才酿成了这种珍贵的干红葡萄酒。

同时,火山灰蕴藏的丰富矿物质为葡萄根脉提供了充足的养分,这种地质大变迁形成的大气风格也潜移默化地渗透到了每一串葡萄果里,加上酿酒师的精心酿造,于是一瓶瓶奇迹便诞生了。

你知道的,什么人都可以制造干红,到处都有干红。这些干红也许没那么特别,可是它们就是干红,我们得承认这点。同样,我们也得承认,在中国再也没有一处土壤比得上昌黎这一片特定的土壤了。在这个世界上,有些事物从它诞生之日起,就被赋予特殊的内涵与时代意义,×××葡萄园特定小产区就是如此。特定小产区自诞生之日起,它独一无二的地理

传奇就奠定 ×××美酒人文精神的永恒,也造就了一个新的时代,因此开创出了中国特定小产区干红时代。

修改后的品牌故事

×××葡萄园因培育特定小产区的葡萄而闻名,当然,还有美酒。秋天是去昌黎观光的大好时机,葡萄成熟了,硕果累累。

来自全国各地的人涌向这个地方,这里是长满了葡萄的人间伊甸园。人们惊讶于这里大海的颜色,独一无二;人们惊讶于这里的美酒,像风一样肆意,像邂逅一样惊喜,像月光一样纯净。事实上,游客们会惊讶地发现,那些平日里相当冷静、务实的当地酒农正带着丝毫不加掩饰的感情凝视着面前的万亩葡萄园,凝视着那远望如一只展翅的凤凰的山丘。

毕竟,万亩×××葡萄园里的每一颗葡萄都像钻石一样珍贵。

当地人讲,大禹治理洪水时,有一条长着翅膀的神龙相助,大禹按照神龙尾巴在地上画出的痕迹,把洪水引入渤海。这里的河流非常发达,伴着渤海的涛声,除滦河、映山河、饮马河、贾河、东沙河之外,还有六条河流滋养着×××葡萄园,当地人称它们为"四沟七河"。

葡萄园和河流是息息相关的,如果说山丘养育了葡萄树,那么河流则创造了葡萄园。只有河流才能成功地孕育出有屏障的山坡地,并能沉淀出卵石和沙砾,以便产生适合种植葡萄的土壤。生产一瓶上好的葡萄酒,除了要有品质优良的葡萄和上乘的酿制工艺,还要有适宜的风土条件。而对葡萄酒而言,风土的概念还不仅仅是指培育葡萄的土质,这里所指的风土还包括气候和温度。

风土条件代表着葡萄园的自然因素特点的总和。即土壤以及土壤的自然结构,光照强度,地块的朝向和相关的小气候。昌黎是一块特定的天赐乐土,×××葡萄园的葡萄酒正是汇日月之精华孕育出的惊世之酿。

案例中的两篇品牌故事有着明显的不同,即篇幅长短不同。网上购物的消费者需要尽可能快地接收商品和品牌的信息,内容越多,消费者浏览完文案的可能性就越小。而且最初的品牌故事中有很多专业性很强的内容,消费者不容易理解,也需要修改。

5. 定稿发布

完成品牌故事的写作和检查后,品牌故事的稿件就不需要再修改了。接下来就是在适当的时机进行品牌故事的发布和传播,以获得目标消费者的认同,并在消费者心目中留下深刻印象。

二、电子商务品牌文案的写作技巧

相比传统的商业品牌,电商商家更加注重品牌宣传文案的写作。通过把品牌的历史、内涵和精神融入一个故事中,电商商家可以潜移默化地向消费者灌输品牌理念。文案写作者要想写好品牌故事,则需要掌握以下5个写作技巧。

1. 选择有亮点的故事

品牌故事类型的多样性决定了文案写作者在写作品牌故事时有多样化的选择,而且很多著名的品牌都会围绕品牌定位,定期或不定期地推出新的品牌故事。那么在写作时,文案写作者该如何选择故事内容呢?对于消费者来说,能够被吸引的前提是故事中有感兴趣的内容,这就是所谓的故事的亮点。写作品牌故事时,文案写作者可以从以下3个方面来找到故事的亮点。

（1）意外。意外分为两种情况。一种是从故事的角度来看，意外是故事内容的重要转折，是利用惊奇吸引消费者的注意、用兴趣维持消费者的注意的故事设计。例如，饺子品牌今日藏饺的品牌故事，如图 6-10 所示。这个故事主要是通过古代皇帝对于"金屋藏娇"和"今屋藏饺"两种不同意思的对比，给予消费者一个意外的结局，从而让消费者记住品牌。

图 6-10　用意外作为亮点的品牌故事

另一种是从品牌故事自身来看，品牌的产生本来就是一个意外。例如，可口可乐的诞生故事。可口可乐通过这个品牌故事给予了商品一个神奇的产生过程，让消费者在饮用商品、感到怡神畅快的同时产生一种不真实的感觉，这样更容易给消费者留下深刻的印象，而这个商品意外诞生的经过也就成了故事的亮点。

案例 6-8

可口可乐的诞生故事

1885 年，美国佐治亚州的约翰·彭伯顿发明了名为彭伯顿法国酒可乐的深色糖浆。同年，政府发出禁酒令，他又在此基础上发明了无酒精的糖浆。1886 年 5 月 8 日，他想发明一种能让很多需要补充营养的人喜欢喝的饮料。一天，他正在搅拌做好了的饮料，发现这种饮料具有提神、镇静及减轻头痛的作用。他将这种液体加入了糖浆和水，然后加上冰块，他尝了尝，发现味道好极了。不过在倒第二杯时，助手一不小心加入了苏打水，结果让饮料的味道更好了。合伙人罗宾逊从糖浆的两种成分中得到了命名的灵感，这两种成分就是古柯（Coca）的叶子和可拉（Kola）的果实，罗宾逊为了整齐划一，将 Kola 的 K 改 C，然后在两个词中间加一横，于是 Coca－Cola 便诞生了，第一份可口可乐的售价为五美分。

（2）引发消费者的思考。不同的事情可以引发不同的思考，不同的消费者对同一件事的思考也不相同。从一定意义上来说，品牌故事能够带给消费者怎样的思考也是决定其质量的一个因素。如果品牌故事能够带给消费者一定的联想和思考，就能加深消费者对品牌的印象，达到传播品牌故事的目标。

该故事以"吃出星级酒楼的味道"作为主题，讲述了驰记工坊品牌的创业故事。故事中的主要商品是燕窝,而消费者看到故事标题和内容,就会思考普通燕窝与星级酒楼的燕窝的区别,也想知道两者的不同之处,于是就有了购买商品解除疑惑的冲动。因此,引发消费者的思考也就成为该品牌故事的亮点。

（3）发现不一样的视角。写作品牌故事通常需要围绕故事的主题进行,但为了体现品牌的个性,文案写作者需要从独特的视角展示品牌的特点。例如,很多饮食类的电商文案,其主题都是围绕家和亲情来展开。因为在我们的文化体系里,食物和家总是紧密地联系在一起。因此,如果从食材本身或者食物以外的因素给予消费者一个选择的理由,这个新的视角就能充分吸引消费者的注意。同样,写作品牌故事也一样,跳出创业故事的局限,将故事的主角从商品变成消费者,从消费者的角度写作,这样的方式也是一种新的亮点。例如,金融品牌蚂蚁金服的品牌故事,如图 6-11 所示。

图 6-11　运用不同视角写作的品牌故事

该品牌通过 24 个不同城市的 24 个人的故事,展示了不同职业的消费者不一样的人生。故事从全新的普通人的角度诠释了蚂蚁金服品牌"便利每一个人的生活"的主题,很好地传达了品牌的含义,使消费者从中看到了和自己一样的普通生活,让其产生了共鸣,也使其记住了品牌。

2. 揣摩消费者心理

消费者的心理活动对商品销售有着决定性的影响,所以文案写作者在写作电商文案时,需要分析消费者的实惠、仿效、攀比、炫耀等购物心理。写作电商品牌故事也同样需要揣摩消费者的心理,文案写作者要明白消费群体需要什么,然后根据其需要来创作故事

> **知识拓展**>>>
> 　人物的行为是故事的表面现象,人物的心理则是故事发展的内在依据。

内容,这样才能更好地激发消费者的兴趣,实现写作品牌故事的目标。例如,白酒水井坊酒的品牌故事,如图 6-12 所示。

在很早之前,白酒就以其独特的魅力,覆盖了各大消费群体,人们把对自身的探索、对生活的困惑和对世界的疑问融进酒中。水井坊酒文案就是通过具有悠久历史的品牌故事,向

BRAND STORY & HISTORY
品牌故事与历史

　　600余年前,承天府恩泽,俯览锦江,水井街酒坊在古成都城中心水井街开窖建坊,引岷江上游活水,前庭当垆、后庭酿酒,是古代酿酒作坊与酒肆的典型实例,堪称"第一坊"。

　　水井街酒坊历代大酢师恪守坊间养窖古训,悉心养护酒坊。至今完整保留的古窖池,印证了水井坊600余年不间断生产发展的足迹。加之两河交汇处的独有气候环境,让古窖池中数以万亿计的酿酒古微生物菌群600余年繁衍至今,酿得一城风雅,浸润酒香。

图 6-12　某白酒的品牌故事

消费者传递该品牌白酒能够实现舒缓压力、化解矛盾等作用,从而获得了消费者的认可。

　　又如,零食品牌三只松鼠的品牌形象——松鼠,就是某零食品牌以"坚持""勇敢"为主题打造出来的,并巧妙地结合了创始人的创业经历与商品特点,在两者之间找到了相似的人物性格并以此为连接点,实现了创始人的创业经历与品牌形象相对接。该零食品牌的消费者大部分为年轻人,他们普遍拥有自己独特的观念,个性意识较强,但生活压力较大。文案写作者将可爱的松鼠作为品牌故事的主角,既匹配了物质上的商品,也满足了消费者精神上的需求。

3. 增强故事的代入感

　　写作品牌故事并非只是为了销售商品,而是需要通过故事向消费者传递某种情绪或观念,让消费者感受到品牌的精神和思想,为消费者的记忆与想象增添细节。简单来说,就是文案写作者通过品牌故事的写作,让消费者对故事中的角色产生代入感,使其融入故事的场景中,以抓住消费者的痛点来实现产生共鸣的效果。例如,支付宝的账单故事,如图 6-13 所示。这两则故事通过图文的方式向消费者刻画了生动的画面,展示了消费者在使用支付宝的过程中因亲情或爱情所获得的幸福感,并传播了使用支付宝的意义。从亲情和爱情这两点出发写作品牌故事,很容易使消费者产生共鸣并被故事所感动。

小思考》》

　　现有一款男士商务保温杯,采用 304 不锈钢材质,容量为 1000 mL,保温时长 12 小时。请结合保温杯的基本信息,从感情诉求的角度撰写一篇品牌故事,尽量让消费者融入故事中,并对该品牌产生好感。

知识拓展》》

　　在进行品牌文化故事写作的过程中,尽量不要使用单一的语言环境,而是要对故事的发生、发展进行多种可能性的描述,使故事更具有吸引力。

图 6-13　支付宝的账单故事

案例 6-9

支付宝的账单故事

（1）别以为我只会看书啊

一下子好像自己跟爸妈的角色互换了，每个月准时给他们充话费、交水电费。

感觉自己突然成了这个家的大人，爸妈却变成了小孩子。

以前在家的时候爸妈总说我天天赖在家里，现在倒是总叫我回家看看。

陪伴他们的时间少了，能做的也只有交话费和水电费这种小事了。

别以为我只会看书啊，我还是很孝顺的女孩子。

（2）爱情和面包都在手上

翻开支付宝账单，看到我最常光顾的店是××超市，毫不意外，那是他楼下的超市，我几乎每天都去。

每天等他下完班回来，就会一起去买菜。

逛超市应该是世界上最幸福的事情了吧，一起准备晚餐会让人感觉爱情和面包都在手上。

二十多年从来没有做过饭的我，在这一年学会了很多菜，如可乐鸡翅、番茄炒蛋、宫保鸡丁……

我做的菜从难以下咽，到现在能够慢慢变得色香味俱全了……

4. 发挥故事的诱惑力

好的故事都有一个必要条件，那就是有吸引力。品牌故事为了吸引消费者的关注，必须强化吸引力,并且要对消费者产生诱惑力。让品牌故事产生诱惑力主要有两种手段,一种是直接告诉消费者商品的功能和商品所能带来的利益。例如,零食品牌百草味的品牌故事。该品牌通过数千年前神农尝百草造福苍生的神话故事,引申出源自神农精神的品牌理念,即要以独特的方式为消费者精心打造健康优质的商品,甄别出每一种食物所能够给消费者带来的酸甜苦辣,让消费者不仅能够品尝世间百味,还能从每一款商品中收获圆满与快乐。

案例 6-10

百草味的品牌故事

上古时候,人们靠打猎为生,久而久之,飞禽走兽越来越少,人们只有忍受饥饿之苦。谁要生疮害病,在当时那种无医无药的情况下,就只能听天由命。神农不忍百姓受苦,便带着一批臣民,向大山上走去。他亲自采摘花草,放进嘴里品尝,熟悉各类花草的习性,并详细记载下来,哪些苦、哪些热、哪些凉、哪些能充饥、哪些能医病都写得清清楚楚。就这样,神农尝完一山花草,又到另一山去尝,一直尝了七七四十九天。他尝出了麦、黍、稷、菽、稻能充饥,便开始让人们种植,这就是后来的五谷。他尝出了三百六十五种草药,写成《神农本草经》,为天下百姓治病。从此,天下百姓终于可以安居乐业了。

如神农尝百草一般,我们希望百草味高品质的产品及我们所倡导的享乐文化能给每位消费者带来味觉享受、健康保障、分享的喜悦和生活的乐趣。

另一种是让品牌故事产生诱惑力的手段则体现在情感方面,即先利用品牌故事让消费者对品牌产生某种情绪,再通过引导消费者进一步了解品牌或购买商品来完成情绪上的释放。例如,淘宝网中著名的品牌——铜师傅,它就是通过品牌故事体现了坚守与创新的品牌精神。故事中介绍了该品牌汇集了很多工艺大师和匠人,他们都专注于原创铜制工艺品的设计和打造。很多关注传统工艺传承的消费者就会被这种专注的匠人精神所感动,产生想进一步了解品牌和商品的好奇心,这就体现了品牌故事的诱惑作用。

5. 提升故事的分享魅力

移动网络的普及导致信息分享成为消费者的日常活动之一,电商商家可以通过促使消费者广泛分享品牌故事来实现提升品牌关注度、提高商品销量的销售目标。文案写作者在写作品牌故事的过程中,可以从情感、精神意义和实用性等方面来刺激消费者分享故事。例如,某面膜的品牌故事,如图6-14所示。

> **知识拓展》》**
> 通常,具有独特视觉,能引发人们思考,有意义、有道理、打动人心的故事更能引发消费者的主动分享传播。

图中文案为某面膜的品牌故事的开始,该品牌故事通过男女主角的情感故事来细说整个品牌的由来。

某面膜的品牌故事以"相遇、相知、相爱、相守"为主线串联整个品牌的发展历程,有比较强的可读性及分享性,故事的真实性较强,能让消费者从男女主角的经历中看到自己的影子,从而找到精神上的共鸣点。而且整个品牌故事就像一部小说或电影,让人回味无穷。该故事文案通过充分演绎男女主角生活和工作中的喜怒哀乐,赋予品牌性格,可以在消费者的脑海中留下深刻印象。消费者被故事内容感动,就想要与朋友或亲人分享这种情感,于是该品牌故事就会得到更多的传播。

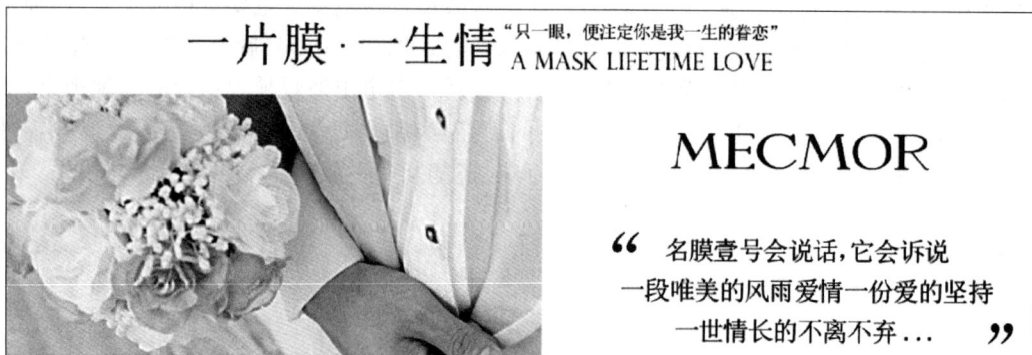

图 6-14　某面膜的品牌故事

技 能 实 训

1. 实训题目

电子商务品牌文案写作实训。

2. 实训目标

（1）通过教师讲解、案例讨论掌握相应知识点。

（2）初步学习团队合作，发挥每一位团队成员的能力，学习小组讨论、分析评价的方法，并对讨论问题进行记录和文字小结，完成案例讨论。

（3）形成初步的独立思考能力。

（4）培养初步的自主学习能力。

3. 实训内容与要求

（1）由教师介绍实训的目的、方式、要求，调动学生实训的积极性。

（2）由教师布置模拟实训题目，题目如下。

根据本章所学的知识，为一款女性运动鞋写作一个品牌故事，要求以母子亲情、姐弟亲情、男女爱情、夫妻之情 4 种情感为主题。

（3）对学生进行分组、确定各小组的组长和人员分工，学习小组学习方式，制订小组计划，明确团队任务及目标。

（4）由教师介绍电子商务品牌文案写作的相关案例及讨论的话题。

（5）各小组进行讨论，并记录小组成员的发言。

（6）根据小组讨论记录撰写讨论小结。

（7）各组相互评议，教师点评、总结。

实训成果与检测

1. 成果要求

（1）提交案例讨论记录：教学分组按 3～5 名学生为一组，设组长 1 人、记录员 1 人，每组必须有小组讨论、工作分工的详细记录，以作为考核成绩的依据。

（2）能够在规定的时间内完成相关的讨论，学习团队合作方式，撰写文字小结。

2. 评价标准

（1）上课时积极与老师配合，积极思考、发言。

（2）认真阅读案例、积极参加小组讨论、分析问题思路较宽，案例分析基本完整，能结合所学理论知识解答问题。

（3）团队配合较好，积极参与小组活动，分工合作较好。

本项目考核检测评价

1. 填空题

（1）_____可以向消费者传达电子商务商家的品牌理念、精神文化和商品来源等众多信息，能够获得消费者更加强烈的信任感和认同感，对塑造品牌形象、传递品牌理念有十分重要的作用。

（2）品牌文化所倡导的_____、_____和_____，可以对消费者起到引导作用，引导消费者的消费观念与企业主张趋于一致，从而提升消费者对品牌的忠诚度。

（3）在商品详情页中添加商品的_____，可以增加消费者对所购买商品的信心。

（4）品牌故事是在塑造品牌的过程中整合_____、_____、_____等基本要素，加入时间、地点、人物及相关信息，并以完整的叙事结构或感性诉求信息的形式传播推广的故事。

（5）通过讲述一个传说故事或神话故事表现品牌特征，就是所谓的_____。

2. 判断题

（1）网络传播是一种数字化传播，但覆盖范围比较有限。　　　　　　（　　）

（2）消费者在网络购物时一般只考虑价格、购物体验或品牌。　　　　（　　）

（3）一个品牌从无到有的过程往往是成就品牌的关键，品牌创始人的个性与创业时期的故事，很可能就此决定了品牌雏形。　　　　　　　　　　　　　　　（　　）

（4）理念型品牌故事，通过品牌故事突显产品工艺、优越产地、独特原料、核心技术、制作水平等产品卖点。　　　　　　　　　　　　　　　　　　　　　　　（　　）

（5）写作品牌故事并非只是为了销售商品，而是需要通过故事向消费者传递某种情绪或观念，让消费者感受到品牌的精神和思想，为消费者的记忆与想象增添细节。（　　）

3. 简答题

（1）简述电商品牌文化的功能。

（2）简述电子商务品牌故事的结构要素。

（3）简述文案写作者可以从哪些方面来找到故事的亮点。

（4）简述电子商务品牌故事的写作原则。

（5）简述电子商务品牌文案的写作流程。

（6）西班牙位于欧洲西南部的伊比利亚半岛，被人们誉为"世界橄榄油王国"。西班牙安达卢西亚地区以出产顶级橄榄油闻名于世，它每年出产的特级初榨橄榄油占到西班牙全国总量的 60%。这里拥有炎热漫长的夏季,温和短暂的冬季和蒙蒙细雨的春天,是种植橄榄极为理想的地方。橄榄油具有抗氧性能和富含不饱和脂肪酸,在高温下煎炸食物可减少有害物质的吸收,不会减少食物的营养价值。炒菜时,倒入少许的橄榄油,能使菜品增色不少,清香而不油腻。现有一款产自西班牙安达卢西亚的橄榄油,该产品的生产企业从鲜果采摘到压榨装瓶,全程跟踪橄榄油生产过程,严格遵循传统的制作过程。请根据以上描述内容创作一篇品牌故事。

项目七

电子商务微信文案写作

学习目标

(1) 熟悉电子商务微信文案的写作基础。
(2) 掌握电子商务微信公众号文案的内容创作。
(3) 掌握电子商务微信朋友圈广告文案的内容创作。
(4) 掌握电子商务 H5 推广文案的内容创作。

学习重点、难点

1. 重点
(1) 电子商务微信公众号文案的内容创作。
(2) 电子商务微信朋友圈广告文案的内容创作。
(3) 电子商务 H5 推广文案的内容创作。

2. 难点
运用电子商务微信文案的相关知识分析问题、解决问题。

思维导图

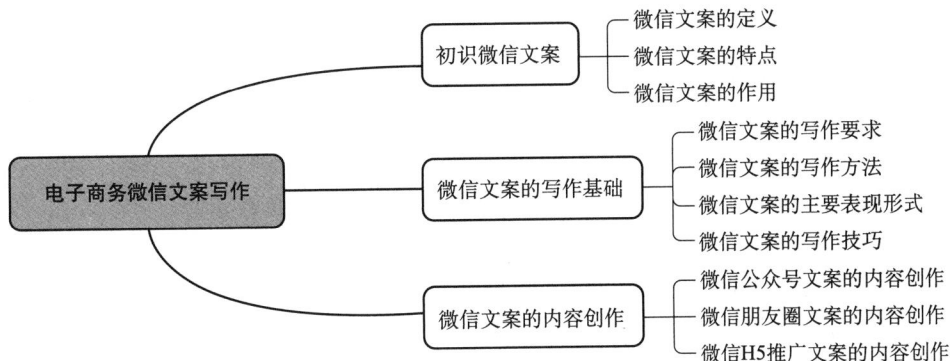

📖 **引例**

不忘初心，让生活更纯粹

我们的距离被微信拉远了吗？不，只是我们同时被改变着。

微信最初的出现，没有想到过有一天会成为如此泛滥的生活 App。现在的人们，还有几个人的手机上没有微信呢！而微信的封面图，最初的意义也是指想要成为像腾讯 QQ 那般，成为人们生活中必不可少的软件用品。为此，微信就得从另一种角度出发，寻找新起点，让需要不再成为需要，而是存在。

都快忘了，最初是怎么从 QQ 的使用天地中挣脱，开始投入微信的日常使用呢！

是哥哥那一句"怎么还用 QQ，微信聊"？

从最初对微信的排斥，到后来变成日常需要，最后遗忘 QQ，甚至将其卸载。这也记录了我成长阶段的改变，从当年的那个小不点，变成了接纳万千大象的大人。学会了更快去适应新环境，学会新技能，不落后于人，紧跟时代的脚步。

但是凡事都是双面性，有好即有坏，有了微信的大家，就成了文案中的状态，如图 7-1 所示。

图 7-1　为自己的现实买单，也为别人的生活点赞

我们起早贪黑，马不停蹄。

我们为自己的现实买单，也为别人的生活点赞。

我们渴望被关注，却也享受孤独。

我靠近了你，却冷落了你。

我不太懂你，可我佩服你。

我赞赏你，我取关你。

我信任你，我怀疑你。

我丢失你，我遇见你。

世界再大不过你我之间。

我，微信，你。

但是，偶尔也要感谢这些时潮物品的出现，让曾经遥不可及的事情变得更方便。能看到远在老家的父母亲人，和好友之间的交流不再局限于打字，每天嚣张的表情包尽可能真实还原我们的心情；也让长大后劳燕分飞的我们，还能有个小角落在相互默默联系着，不会忘了彼此。也许,在过了多年后,微信和QQ都会被抛弃,更新潮的生活App又会出现;也希望大家还能够保持初心,不要再生出这么多的变故,让我们的生活纯粹一点。

这个世界,能够让我们留恋的事情已经很少了,不要再挥霍我们之间好不容易保存的情义了。

辩证思考:分析以上文案内容,讨论并思考电子商务微信文案写作应如何切入,如何吸引受众。

分析提示:写微信文案要注意方式方法和技巧,想要吸引受众,获得成功,就要简洁凝练并且走心。

微信作为当今最流行的移动互联网入口之一,无疑是移动电商时代进行营销的重点选择平台。微信不仅是当代人们常用的通信方式,而且随着微信公众号和微信商城的推出,大、中、小企业及电子商务商家,都开始通过微信进行营销,或直接以微信作为电子商务经营的平台,而微信文案就是最常见,也是最重要的电商文案之一。

任务一　初识微信文案

在微信的众多服务插件中,微信朋友圈、微信公众号等已经成为信息传播、资源共享的重要途径。编写一条优秀的微信文案可以在朋友圈、微信公众号中获得关注者的点赞、评价和转发。运营微信朋友圈及微信公众号,是以获得关注度为目的的,最终还能通过特定途径实现价值。

一、微信文案的定义

微信文案就是在微信中发布的文字、图片等信息。微信中有很多插件都可以实现信息发送共享,如好友消息群发、微信朋友圈、微信公众号等。

微信文案是以产品的概念和特点进行深度分析,利用文字、图片等元素写出的能够进一步引导读者进行消费的文章。通过微信文案进行营销,不仅可以降低营销成本,还能让用户更深入地了解产品或服务,增加用户忠诚度。

> **知识拓展》》》**
> 微信是腾讯公司于2011年1月21日推出的一个免费应用程序,可以通过网络快速发送语音短信、视频、图片和文字。同时,还可以通过其服务插件"漂流瓶""朋友圈""公众平台""小程序"等共享资料和媒体内容。

二、微信文案的特点

微信文案可以简洁如朋友圈,也可以丰富如公众号。要想了解、编写微信文案,应该先明确微信文案和其他文案的区别及其特点。

1. 形式多元化

微信已经从单线的聊天平台逐步转变为多元化平台,它涵盖了许多插件,如扫一扫、摇一摇、微信朋友圈、微信公众号、小程序等;也包含了多种功能,如微信支付、微信理财、微粒贷借款、生活缴费、城市服务等。这一系列的功能足以说明微信是一个多元化的平台,从而影响着微信文案形式的多元化。

2. 传播效率高

在微信里推广商品,传播效率比较高,因为微信是一种即时通信工具,商家在朋友圈里面发布信息,消费者可以在任何时间、任何地点查看。而且消费者在查看企业的微信公众号推送的信息时,一次只能看一家企业推送的信息,从而确保消费者在查看信息时的专注度。

同时,微信的这种实时推送及一对一查看的方式,确保了每位消费者都能看到企业推送的信息,从而实现 100% 的到达率。

3. 转化率高

直接发送广告对所有商家来说都是最容易的营销推广方式,但目前消费者对广告普遍存在一种排斥心理。如果直接发广告,会引起消费者的反感,即便是拥有众多忠实粉丝的品牌也会因此而失去一部分客户。而微信文案可以很好地解决这个问题,它可以通过图文并茂的描述或诙谐幽默的故事巧妙地引导消费者,让消费者自然地接受并主动寻求更多的内容,这大幅提高了消费者的接受程度,提高了转化率。而且消费者看到感兴趣的内容,还会主动分享到自己的朋友圈和微信群,特别是一些促销活动和打折信息。这样就形成了一传十、十传百的效果,形成了一个不断扩散且范围广泛的交流圈,增加了很多额外的消费者。

三、微信文案的作用

微信文案是通过对产品的概念和特点进行深度分析,整合文字、图片等元素写出的能够进一步引导消费者进行消费的文案。通过微信文案进行营销,不仅可以降低营销成本,还能让消费者更深入地了解产品或服务,增加消费者的忠诚度。

1. 降低成本

借助电子商务平台从事商业活动的企业或个人要维持企业或店铺的正常运转与市场扩展,需要进行大量的营销与推广活动。以前,大多数商家会选择通过短信推送店铺的各种活动通知,以便消费者及时收到各种活动消息。但短信服务由运营商提供并收取费用,这需要商家承担一定的成本,且开支会随着时间和消费者数量的增加而不断累积,从一开始的一个月几十元变为上千元,甚至上万元。而通过微信进行消息的推送是免费的,并且目前微信的使用用户数及活跃用户数量相当庞大,几乎大部分的网上消费者都有使用微信的习惯,且使用频率相当高。

例如,《微信生活白皮书》中介绍的普通微信用户一天内使用微信的时间数据,可以看出微信的使用频率是非常高的。因此,如果商家采用微信文案的方式进行推广能最大限度地节约成本,十分实惠,如图 7-2 所示。

> **素养提升》》**
>
> 在以"微"为标志的"微时代",微信在移动生活领域捷足先登,正处在发展的黄金期。在人们的日常生活和人际交往中,微信的通信优势不言而喻。微信自发布以来,因其内容丰富、风格活泼、形式新颖等优点而备受用户的喜爱,各电子商务企业也纷纷开设了微信公众号。正因如此,电子商务企业更应该借助微信平台传播正能量信息,打造正面舆论场,创新传播形式,打造精品爆款推文。

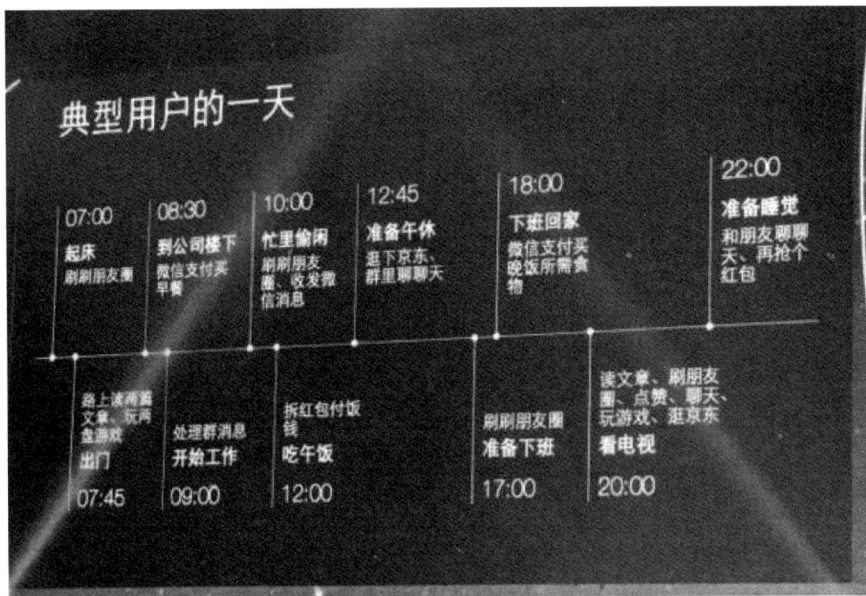

图 7-2 典型用户的一天

2. 加深与客户的交流

微信可以通过文字、图片、语音甚至是视频通话来进行社交活动,是近几年来最流行的社交工具之一。对于电子商务商家来说,微信强大的功能可以让他们直接与消费者进行交流,直接回复消费者提出的问题,从而获得更高的转化率,促成交易。同时,微信中只有消费者与商家是好友关系,或当消费者关注了商家的微信公众号后才能看到商家所发送的消息,与商家进行互动。微信营销具有受众准确、忠诚度高等特点,是一种有后续发展空间与销售潜力的营销方式。

3. 定位准确

微信营销最大的特点是只有关注者才能看到商家发送的消息。与微博只要发送了消息,用户都能查看相比,微信具有更准确的消费者定位的特征。使用微信进行营销的方式主要有以下 4 种。

(1)采用微信自媒体运营,通过微信内容来吸引更多的潜在受众关注自己,然后再通过内容推送来增加与关注者之间的黏度,将潜在受众转化为消费者或忠实的粉丝。

(2)将微信二维码放在其他的广告文章或推广活动中,让受众通过扫描二维码的方式来关注商家账号。

(3)通过微信中的微网站或微网店来宣传自己的产品。

(4)直接在目标消费人群所关注的微信号上做推广。

> **小思考>>>**
> 谈一谈你对微信方案的认识。

这 4 种营销推广的方式以文案作为支撑在微信平台进行推广,只有受众看到并喜欢商家的微信文案才有可能关注商家的账号或产品。因此,文案写作人员应针对这几种推广方式撰写受众感兴趣的内容。

任务二　微信文案的写作基础

随着移动互联网、电子商务、移动 App 的快速发展,微信作为当今最流行的移动互联网入口,无疑成了电子商务时代商家营销的最佳选择之一。微信不仅可以作为通信工具,还可作为营销工具。在微信公众号和微信商城推出之后,无论是大、中、小企业或电子商务商家,都开始通过微信进行营销。许多企业、品牌商家开通了微信公众号进行营销文案的推送,个体商家也开始开通微信公众号经营个人品牌,微信变成了常见的电子商务营销平台之一。

一、微信文案的写作要求

微信作为当今的电子商务及人们常用的社交工具,在开始为电子商务营销服务以后,微信文案就具备了销售文案的特点。结合微信平台的传播有限性与受众忠诚度,微信文案应当满足以下要求。

1. 图文并茂

在现代社会媒体中,传统的广告文案已经失去了优势,转而以有趣的、大家更容易接受的图文广告的形式进行表现。这样的方式虽然广告的意味较重,但因为有趣、可读性强等,受众也会乐于接受,进而转发与分享,如阿里的《疯狂的一亿元》就是这种文案。

2. 精练易懂

微信的互动性、交流性比较强,为了快速传递信息,有效减少读写麻烦,微信文案往往使用短小精悍的话语,从而起到快速沟通交流、有效传递思想的目的。同时,若是文案长篇大论、太过专业难懂,受众就很难集中精神阅读。因此,微信语言一般都比较简短通俗,文案写作人员要选择要点进行表达。精练易懂、有效准确成为受众对微信语言的基本要求。同时,这也是电子商务文案的语言表达特点。

3. 个性特色

为了引起受众的有效关注,有些文案写作人员往往使用特殊的语言或流行语来表达特定的含义。以朋友圈为代表的微信文案还有着极强的娱乐性和互动性,一些公众号为了吸引受众阅读,还会使用活跃幽默的语言,使文案更具有娱乐和玩笑的意味;还有许多方言俚语、网络用语等也在微信语言中广泛使用。这让微信语言相比传统的书面语言文字有更加丰富的内涵与审美空间,也更符合人们当下的语言交流习惯。

4. 引导购买

在微信长文案中,受众被文章吸引或文末未做购买提示时,可能会导致受众忽略这是一篇目的性较强的销售软文或广告文案。当阅读文案之后有了消费欲望却没有产品链接,购买无门时,这种消费欲望就会削弱甚至消失。而明确的购买引导,如"点击了解更多""点击阅读原文,马上带走""立即抢""扫描下方

> **知识拓展》》**
> 　　按照正常语速,一条微信语音最多能传递 70 字的信息。采用九格拼音输入法和微软输入法的拼音打字输入,每分钟最多能输入 30 字。如果聊天时间间隔过长,将无法达到有效互动的目的。因此,语言精练简短变得十分必要。

二维码,立即下单"等则有利于受众进行下意识的购买动作,起到一篇销售性文案应有的作用。

二、微信文案的写作方法

微信文案的写作可以参考以下几种方法,分别是核心观点罗列法、各个击破法、倒金字塔法、故事引导法等。

1. 核心观点罗列法

核心观点罗列法即先将核心观点单独列出来,再从能够体现观点的各方面来进行扩展讲述,这样可以使文案始终围绕一个中心来表述,不会出现偏题或杂乱无章的问题,同时还会加强文案对消费者的引导。

2. 各个击破法

各个击破法是根据要推广的内容,将商品或服务的特点单独进行介绍。在写作过程中,要注意文字与图片的配合,充分对商品或服务的卖点进行介绍,通过详细的说明和亮眼的词汇吸引消费者的注意。

3. 倒金字塔法

倒金字塔法是写作中最常用的一种方法,也就是按先重要后次要的顺序来写。在生活和工作节奏越来越快的今天,读者已经很少有耐心看长文案。因此,写文案时就可以采用倒金字塔的写法,先将文案的精华浓缩在文案开头,然后在后面的内文中依次围绕开头的内容展开解释和说明,最后进行总结即可。倒金字塔法在很多文案写作中都可以被灵活运用,它具有以下优点。

(1)可以快速写作,不用为结构苦思。

(2)可以快编快删,删去最后段落,不会影响全文。

(3)可以快速阅读,无须从头读到尾。

4. 故事引导法

故事引导法是通过讲述一个感人、悲伤或喜悦的故事,让读者充分融入故事情节中,跟着故事的发展阅读下去,在文案结尾再提出需要营销推广的对象。采用这种写作方法,一定要保证故事有趣和情节合理,这样才能使故事有看点,方便推广对象的植入。

三、微信文案的主要表现形式

智能手机的出现,加速了电子商务移动端的发展,而微信以手机为媒介,是一款与个人信息紧密联系的手机软件。企业在进行微信文案写作前,要充分融入品牌的特点,形成风格鲜明、具有强烈个人色彩的文案,这样才能让消费者在看到微信文案时有一种眼前一亮的感觉。

素养提升>>>

微信走进寻常百姓家,深获大众的青睐。电子商务企业在使用微信进行宣传时,切记勿用"微信"怂"危言",应巧用微信,让微信传递正能量,传递好思想。

微信的智能化与随时随地交流的特点,是其他网络平台所不具备的,也是微信最明显的优势。微信文案可以通过公众号、朋友圈和H5等方式进行推广。

1. 公众号文案

公众号是目前微信营销的主战场,它主要包括订阅号和服务号。为它服务的文案写手一般是企业聘用的专职人员,并且需要具有专业的文案策划与撰写能力。公众号所写的文案内容要尽量口语化,且不要使用过多的专业术语,每句话不要太长,最好保持在每句20个字以内。如果文字太多,需要使用逗号“,”或顿号“、”隔开。此外,段落不能太长,保持每段7~8行最佳,且段落长短要有变化,不能让受众感到乏味。例如,一家名叫“烤匠”的烤鱼店公众号发布的闭店文案,如图7-3所示。

除此之外,还有一种附加在公众号上的文案表现形式,这里一并讲述。它就是大多数微信公众号推送文章末尾常有的“阅读原文”,它作为公众号下的附加文案表现形式,对微信营销有很大的作用。因为在微信文案中不能放置超链接,只有末尾有一个“添加原文链接”的超链接位置,所以不少企业或商家会在这里设置广告、文案页面或产品页面的链接作为“阅读原文”的内容来推动受众的购买。如图7-4所示为“阅读原文”的位置及其设置方法。为了醒目,“阅读原文”一般会用鲜艳的颜色标注或以“猛戳”“点击”“↓↓↓”等文字符号进行提示。在设置“阅读原文”的广告或文案时,一定要保证自身文案的说服力与吸引力,让受众在读完内容后有点击“阅读原文”的冲动,这样才能达到营销推广的目的。

图7-3　烤匠闭店文案

图7-4　附加文案“阅读原文”

2. 朋友圈文案

朋友圈曾经是微信文案的主体或主要形式，它是一个个人化的平台，通过朋友圈可以分享趣味性的内容、社会热点、个人感悟、咨询求助和专业知识等内容。朋友圈文案的特点之一就是要尽量短，最好控制在 6 行以内，100 个字左右最佳。在朋友圈分享文案时，最合适的时间点是在一天中的 10：00—12：00、12：00—14：00、16：00—17：00、20：00—23：00，最佳数量是每天 6～8 条，切记数量不能多，更不能刷屏。因为朋友圈基本上是好友，刷屏不仅会造成好友的反感，直接让人丧失阅读的兴趣，还可能会被拉黑。

另外还要注意，朋友圈不能发消极的、关于宗教政治的、低俗的东西，也不要发太多抱怨的或心灵鸡汤类的内容，因为微信账号代表着个人的风格与思想，人们通常通过账号所发布的内容来了解这个账号的持有人，进而判断是否能与账号的持有人建立相互信任、相互欣赏的关系。

3. H5 文案

H5 是微信文案常用的一种表现形式，由其制成的文案又被称为动画文案，它在微信等移动端的主要作用是用来替代 Flash 动画，因为移动端不支持 Flash 动画，而 H5 在动画展现和交互上基本可以满足需求。H5 文案不仅表现形式精美、内容形式多样，相比于普通的图文文案也显得更加灵活。

> **小思考》》**
> 　尝试结合微信营销文案的各种类型，举出不同文案的具体例子。

一个完整的 H5 文案由文字、图片和音乐这三个基本元素组成，文案表现形式活泼多样，视觉冲击效果突出，受众的动手操作性也更强，能更好地刺激并打动受众，有助于文案被广泛转发与分享，如图 7-5 所示。

图 7-5　H5 文案

四、微信文案的写作技巧

朋友圈文案和公众号文案都是由文字和图片组成的，其中朋友圈文案一般不设标题，当文案内容太多时,可能会在文案最前面用单独一行来设置文案的标题,且为了醒目,可能还会添加一些符号,如【九寨沟旅游季】等。而公众号文案除设置标题外,还有缩略图、摘要等内容。但在微信文案具体写作之前,首先我们要进行的是消费者需求的分析,其次再进行微信文案的写作技巧的简要介绍。各部分的详细写法将在后面依次讲解。

1. 分析消费者的需求

在这个全民手机的时代,移动互联网上使用时长排名前三的项目分别是社交 App、手机游戏和阅读。作为移动互联网中基础性的需求,阅读在提供内容的同时,也容易让消费者产生一定的购买需求,而微信能提供大量的阅读内容。对于电商来说,必须懂得通过微信这个社交 App,分析消费者的需求,才能更好地营销和推广商品,完成自己的商业目标。

(1)日常需求。消费者都是有基本需求的,对于不同属性的微信公众号来说,其对相应消费者的日常需求更应该认真了解,并做到在日常覆盖的同时加以差异化,制定相应的选题时间表。例如,酒店行业,消费者需要通过公众号知道最新的住宿资讯,还需要知道其他包括餐饮、休闲等的相关信息,这些都是常态化的需求。

(2)重大事件需求。重大事件需求是指在网络或现实中发生新闻热点事件后,消费者对于事件或人物的深层次了解的需求。这时,微信文案可以将商品营销与这些重大事件联系起来,既满足消费者对于事件起因的了解需求,又达到营销商品的目的。例如,在丹麦生蚝事件中,丹麦驻华大使馆通过微博和官方微信公众号发布了生蚝泛滥、丹麦人求"解救"的文章,求救信一出,就激起了全中国"吃货"的空前热情。针对这一事件,电商就可以推出相关商品营销文案,如图 7-6 所示。这就是在迎合消费者短期内迅速膨胀的时效性需求,并且这也是电商营销的很好的途径。

图 7-6　与丹麦生蚝相关的微信文案

(3)娱乐需求。这里的"八卦"并不完全是指娱乐圈的新闻,而是指为了满足消费者的娱乐心理,根据现有线报和资料,撰写出的相应领域不为人知的调查报告、实地走访、一线体验的文案。例如,科技账号果壳网,其中的很多文案就是具有"八卦"性质的,以及阿里巴巴电商影响力盘点微信文案也是这种类型,如图 7-7 所示。

(4)逆反需求。在庞大的微信用户群体中,"90 后"是一个重要的群体,这代人的特点是具有极其强烈的逆反心理和反主流观念的需求。根据数据分析,很多"90 后"消费者本身其实并没有倾向于哪种观点,他们中的一大部分完全是为了逆反而逆反。针对同一个事件和观点,他们需要标新立异,与众不同。因此,文案写作者在进行文案创作时,可以考虑满足

知识拓展〉〉〉

在什么时间节点、什么情况下满足消费者的哪种需求,就要具体问题具体分析了。其实最难做到的,往往是满足消费者的日常需求,这是最简单的,也是最难的。

图 7-7　阿里巴巴电商影响力微信文案

这部分消费者的需求。通常情况下,逆反需求具体又包括审丑需求、反权威需求、自我否定需求、排他需求等。

2. 微信文案标题的写作

好的标题可以引起读者的兴趣,引导读者阅读内容。

1)微信文案标题的类型

微信文案标题的类型可以分为如下 4 种类型。

(1)直言式标题:简单直接地表达文案主题,读者看一眼就能明白文案主题。

(2)提问式标题:通过提问方式,引起读者共鸣,启发读者思考,并探索问题的答案。

(3)猎奇式标题:利用新鲜感、好奇心等猎奇心理来引起读者的阅读兴趣。

(4)惊吓式标题:通过惊吓的方式吸引读者兴趣。但值得注意的是,这类标题在写作时可以适当夸张,但本质还是应该实事求是。

2)微信文案标题的特点

文案标题可以在第一时间吸引读者的眼球,引起读者的阅读兴趣。这也决定了文案能否被读者广泛传播。那么,好的微信文案标题必须具备哪些特点呢?

(1)主题鲜明。标题是对文案内容的高度概括,要使人们看到标题就能理解文案的具体内容是什么。因此,标题必须结合文案主题且要鲜明,而不能与内容毫无关联。如果目标受众看了半天也没有搞清楚主题的内容,那就没有心情去看内文了。记住,无论是标题还是文案开头,一般只有 30 秒时间留住消费者。图 7-8 所示是腾讯大申网的微信招聘文案,其主题是招聘,而不是让消费者购买商品。

(2)简明扼要。研究表明,文案标题以 7~15 字为宜,我们虽不能将这个标准作为硬性的规定,但还是要坚持简洁明快的原则。

图 7-8 腾讯大申网微信招聘文案

（3）远离标题党。文案标题的内容应是具体实在的，而不能含糊其词或过于抽象，或者为了博人眼球而故作离奇，那是"标题党"的做法，消费者的体验非常不好。即使我们以此吸引了大量消费者，但其中许多并非目标受众，而是无效流量，因为标题党是网民非常痛恨的。

（4）个性独特。标题要有个性和独到之处，这样才有刺激性和吸引力。因此，文案标题要有创意，甚至可以"雷人"。

（5）引人注目。标题的内容只有与消费者的心理需求联系起来，诱发他们的关心、好奇、喜悦等情绪，才能充分发挥宣传作用。因此，标题在字体、字号和位置等各方面，都应考虑视觉化和艺术化，要能引起人的注意。同时，对不同的宣传对象，标题的拟写也要有针对性，不可离题，这样才能充分发挥文案的说服力。

（6）契合网络文化。网络具有独特的文化特性，如娱乐化、扎圈、草根、互动等。网络营销文案，尤其是网络推广传播文案，更需要契合网络文化和网民的心理特征。

知识拓展》》

搜索引擎优化（SEO），即 search engine optimization 的缩写，它是一种通过分析搜索引擎的排名规律，了解各种搜索引擎怎样进行搜索、怎样抓取互联网页面、怎样确定特定关键词的搜索结果排名的技术。搜索引擎采用易于被搜索引用的手段，对网站进行有针对性的优化，提高网站在搜索引擎中的自然排名，吸引更多的用户访问网站，提高网站的访问量、销售能力和宣传能力，从而提升网站的品牌效应。

搜索引擎营销(SEM),是英文 search engine marketing 的缩写。简单来说,搜索引擎营销就是基于搜索引擎平台的网络营销,利用人们对搜索引擎的依赖和使用习惯,在人们检索信息时,将信息传递给目标用户。搜索引擎营销的基本思想是让用户发现信息,并通过点击进入网页,进一步了解所需的信息。企业通过搜索引擎付费推广,让用户可以直接与公司客服进行交流和了解,实现交易。

(7) 契合 SEO。在搜索为王的网络时代,搜索引擎营销成为主流方式,而 SEO 作为免费的 SEM 手段更为重要。有时候文案主要是为 SEO 服务的,因此我们需要考虑 SEO 对于文案标题的一些标准。首先是标题字数不要超过 30 个字;其次是标题要含有要优化的关键字,这样才能被搜索到。当然,高级技巧还需要考虑搜索引擎的中文分词技术。

3. 微信文案正文的写作

编写微信文案的正文,可以比较随意,一般只要逻辑没有问题、不影响正常阅读就可以。微信文案的正文可以正式一点,也可以随意一点;可以偏向生活,也可以偏向娱乐;可以和现实贴近,也可以契合网络。总之,微信文案的正文按微信定位来展开即可。

编写微信文案正文,可以从以下 4 个方面考虑。

(1) 选题:选题要足够新鲜,也要足够创新。

(2) 内容:内容尽量简单,要便于阅读,这种简单还体现在内容结构设置上。

(3) 消费者:消费者群体一定要很集中,这也是基于微信定位的原因。

(4) 传播属性:有的文案和选题具有天然的传播属性,可以让读者主动传播,如健康类、生活类、搞笑幽默的选题等。

4. 微信文案配图

微信文案还涉及配图问题,不管是公众号文案还是朋友圈文案,都可以加上适当的图片进行修饰。为微信文案搭配的图片一定要和文案有一定的关联。例如,讲解美食的微信文案,可以配上美食图片;介绍旅游的微信文案,可以配上风景等图片。

> **知识拓展》》》**
>
> 　有的微信文案实在不知道如何配图,就将文案的关键字或关键词做成一张图片,图片里面就一个或多个词语,以此来突出主题。

除了贴合文案主题的配图,还有以下两种典型文案的配图。

(1) 心情分享类文案。这类文案的配图可能和文字本身没有什么关系,仅仅是因为图片好看,或者和文案的整体风格能搭配而已。

(2) 吐槽类文案。这类文案的配图就比较随意,可以是网络图片,也可以是表情包等。

案例 7-1

Feekr 旅行

微信支付大家应该再熟悉不过了,无论是孩子还是老人,无论你从事什么职业,微信支付都给你的生活带来了无限可能。

有一部分人希望通过旅行寻找自己、认识自己，以此来探求内心的世界。例如，那些走在路上的背包客、徒步旅行者、骑行者等，在旅行结束之后，他们会用一种独特的视角记录自己的所见所闻，希望通过唯美的图片和感性的文字让读者看到他们的追求和人生感悟。从营销角度来说，这些人外出旅行的意义并不是享受，而是体验。

因此，为了能够给这些人提供一个更方便、优惠的旅行体验，Feekr 旅行诞生了。Feekr 旅行的意思就是自由飞翔的人。所以，我们不假思索地就会想到，这是一个年轻、追求自由、热衷于体验的旅行企业。

在微信营销中，Feekr 旅行更是注重年轻背包客、自由旅行者的需求，带给他们低价的优惠。Feekr 旅行的微信公众号文案非常小资、感性，迎合了当代年轻旅行者的喜好。就连 Feekr 旅行推送的旅行产品、地点、路线都非常有个性。追求小众个性化的 Feekr 旅行每天都会为用户推送一些优惠旅行信息。

个性化的出游路线、低价的旅游产品，都深受个性旅行者的喜爱，他们追求的是个性，不是庸俗；追求的是自由，不是约束。因此，Feekr 旅行是这类游客的亲密伙伴。

Feekr 旅行在微信公众号中的文案方式与其他旅行社完全不同。普通旅行社的微信文案做推广、促销、抽奖，为用户送优惠。但是仔细来看，那些大众化的旅行社或者企业针对的用户也十分大众，因此这种方式正对用户胃口。但是 Feekr 旅行不同，Feekr 旅行的用户都是一些小众消费者，他们热爱感悟人生，体验不同寻常的旅行，因此 Feekr 旅行在微信公众号中的文案也显得十分有个性。

Feekr 旅行坚持认为，人们常去的旅行景点不一定就是完美无瑕的。其实，每一个城市都有不为人知的美景。因此，Feekr 旅行将那些不知名或人们去得少的景点推荐给用户，并且用低价优惠吸引用户，让用户去体验，从而发现不同的美。

任务三 微信文案的内容创作

好的微信文案不是极力说服他人接受，而是通过多种方式表达诉求，让消费者接纳，吸引消费者购买。

一、微信公众号文案的内容创作

微信公众号是企业或商家在微信公众平台上申请的应用账号，通过公众号，商家可在微信平台上利用文字、图片、语音、视频实现和特定群体的全方位沟通、互动，形成一种主流的线上、线下微信互动营销方式。微信公众号文案一般要受众关注公众号之后才能看到。也可通过公众号受众的二次分享传播给他人，从而扩大公众号的粉丝量和受众群。因此，电子商务微信公众号文案的写作一定要注意其有趣性与吸引力。

1. 微信公众号文案定位

运营微信公众号之前，一定要进行一系列定位。一般情况下，微信公众号方案的定位要考虑以下四个方面的内容。

> **知识拓展›››**
>
> 在文案内容上，需要注意两点小细节：一是注意层次结构；二是中英文之间、中文与数字之间、中文与链接之间都需要添加空格。

　1）选择公众号的类型

　运营者在定位之前要进行自我思考，找到定位的关键点。

　运营者要根据自身情况选择公众号类型。如果是自媒体商家，可选择订阅号；如果是以服务为主的行业，可选择服务号；如果是进行企业内部管理，可选择企业号。

　2）根据内容定位进行垂直领域创作

　内容定位主要考虑两个方面：一是所运营的公众号是做什么的；二是目标受众是谁。

　（1）所运营的公众号是做什么的：①所运营的公众号是干什么的；②所运营的公众号能为用户解决什么问题；③和同类公众号相比，所运营的公众号有什么特点或者优势。

　对个人微信公众号来讲，运营者要找到个人兴趣爱好、专业特长与受众需求之间的契合点，进行微信公众号内容定位；对于企事业单位及政府部门运营的微信公众号来说，要找到受众需求与部门文化的契合点。明确了内容定位后，接下来的工作就是围绕内容定位进行深度挖掘，推送垂直领域文案。

　要持续做垂直领域文案，文案工作人员就一定要在这个环节学会资源盘点。首先，思考自己对哪个领域的话题有独特的了解，即"超越一般用户平均程度的理解"。其次，电子商务文案写作者要考虑自己最擅长哪种内容表现形式，是写文章、摄影还是视频；最后，考虑受众最喜欢哪种内容呈现形式，找到自己擅长与受众喜爱的契合点进行写作。

　（2）目标受众是谁。一般情况下，在进行受众需求调研时，要明确如下内容：①目标用户的基本信息，即年龄、性别、爱好、收入、职业、婚姻等。②目标用户的手机依赖性，包括手机用途、查看微信公众号文章的时间段、线上信息浏览足迹等。③目标用户的阅读特征，包括微信公众号阅读习惯、阅读主题、阅读方式、阅读倾向等。

　除此之外，运营者在经营自己的公众号时，还要对自己平台上发表的文章做好把控，不能发布内容低俗、与平台定位无关及内容与标题严重不符的文章。

　3）竞争策略定位

　微信公众号营销成为目前比较火热的营销工具，要在海量微信公众号中脱颖而出，就必须打造独具特色的微信公众平台。这需要微信运营者差异化定位产品和服务。例如，小米手机精准定位用户群体，将目标集中在年轻一代身上，有效避免了同行之间的激烈竞争。同时，把握好年轻人的心理特征，打造出属于自己的产品服务特色。例如，网易王三三的战略目标是"提高网易新闻品牌在18～25岁年轻用户群中的品牌认知"，因此其运营中的要点就是：抓住年轻用户的喜好、增加品牌曝光、以大众化的内容获得广泛传播。

　4）内容表现形式定位

　在微信公众平台上，企业展示的内容主要是文本、图片和视频。想要通过独特形式展示完美的内容，除了要了解上述三种常用形式，还要对微信平台的内容表现拓展形式有一定的了解，如H5页面展示内容、微信语音推送等。选择表现形式的依据是目标受众的阅读习惯和阅读需求。

2. 微信公众号文案标题写作策略

　与电子商务其他类型的文案一样，微信文案写作中也要抓住用户的"痛点""痒点"和"兴奋点"，写出有用、有趣和有料的标题。

　（1）适度结合热点，切入点独到。当一个事件或热点出来，各大媒体的记者编辑都会对事件进行轮番报道。这时，要想在众多文章中快速占有一席之地，就必须选取合适角度，要有独特的观点和严谨的逻辑及充足的论证。

微信公众号文案的编辑方式灵活,传播范围广泛,受众群体大众化,因此在拟写标题时,可选用较活泼的语言,采用网络流行语拉近与受众之间的距离。

例如,《人民日报》微信公众号在电视剧《人民的名义》播出期间,推出《"达康书记"想不火都难!一个水杯都是戏格满满》《"达康书记"被老婆坑、下属蒙,为啥还是人人爱?》等微信文章,阅读量都超过 10 万。

（2）标题与"我"相关,对"我"有用。受众在互联网海量信息面前选择性注意到的多是与自身相关的事物,以满足自己对信息的不同需求。让受众在海量信息中,快速找到与自己有关、对自己有用的信息,这需要掌握微信文案标题写作的核心技巧——与"我"有关、对"我"有用。比如,《晚上 11 点后睡的

人,白开水里一定要加一点它!让肝……》这个微信文案标题,一方面明确了受众对象是"晚上 11 点后睡的人"及想提醒这些人的亲戚朋友,体现与"我"有关的原则;另一方面给出了解决办法——"白开水里加一点它",体现对"我"有用的原则。另外还有《手机经常开关机到底好不好? 真相来了……》《城市竞争力最新排名来了! 你所在的城市上榜了吗?》《高考分数线公布了! 这些省已经可查,各地将陆续公布》等。

另外,一些只求达到满足受众一探究竟欲望的微信文案标题也受到追捧。例如,《20 年没游过泳,这位 56 岁的浙大教授突然跳进了西溪……》,这篇微信文案一方面可以吸引浙大人点击阅读,另一方面大量非浙大人也对"20 多年没游过泳""56 岁教授"等感到好奇,想了解事情的真相,出于好奇心去点击阅读。类似的还有《痛心! 23 岁姑娘凌晨打车遇害,上车前一定要注意这件事!》《一所"国字头"大学横空出世! 网友:文科生要不要……》,这类文案的标题也是与"我"有关的标题,与"我"的关注点、好奇心、地域等有关。

（3）文风幽默。在全民娱乐化的互联网时代,枯燥、说教、沉闷是电子商务文案的天敌。有趣的内容能够给人带来好心情,让人更有兴致阅读下去。同时,文风幽默,也对树立作者"接地气"的形象十分有利。例如,《我,一个矮子的史诗》《看书是我治疗自卑的唯一方法》《我是如何成功地把一家公司开垮的》,这些塑造自我形象的篇目,只看标题就让受众看到了名人普通、平凡的一面,认识到他们与普通人一样,也有各种烦恼,会失败自卑,会把事情搞砸,但同时仍然积极乐观、充满正能量。这种形象很真实,让受众在看完后内心充满着实现梦想的激情。

3. 微信公众号文案内容摘要写作策略

摘要写作可分为两种:文章前半部分的内容＋见解、文章的主要内容＋见解。

（1）文章前半部分的内容＋见解。这种摘要适合内容质量不是特别高的文案,采用这种方式来引导读者打开文章阅读,提升阅读量。这种摘要适用于新闻、热点事件、营销、娱乐、兴趣等主题的文案。

（2）文章的主要内容＋见解。这种摘要适用于质量很高的文章,受众需要精读。受众先通过摘要理

解文章的主要内容,再进行精读,吸收文章的精华。这种摘要主要适用于研究报告、干货、攻略、数据调查、演讲原文等。

4. 微信公众号文案正文写作策略

公众号文案正文的编写相对来说就要自由很多,可以简单地阐述,也可以分门别类地总结。下面分享两种微信文案的正文写作方式——阐述和反转。

(1)阐述。阐述就是徐徐道来,就像平常说话一样慢慢地将话题由浅入深地展开,或者将正文内容按条款依次罗列。阐述并不单指叙述一种方式,它可以是反问,也可以是提出疑问,抛出问题引导思考,然后解决问题。

(2)反转。从表现方式来看,反转的方式要比阐述的方式有趣,反转式的文案正文内容和标题表达的意思反差极大,甚至完全相反,这样给读者的冲击力比较大。例如,大家都喜欢正能量的心灵鸡汤,但是当网络上开始用"毒鸡汤"来反驳正能量的心灵鸡汤时,大家对"毒鸡汤"的共鸣非常大。以下举几个反转式文案的典型案例。

> **知识拓展》》》**
>
> 　进行公众号文案写作的基本原则是好玩、有趣、见解独到,适合传播和分享,核心就是要"有内容"。

例1:你以为有钱人真的快乐吗? 有钱人的快乐你想象不到!

例2:先定一个小目标,赚他一个亿。

例3:生活不只眼前的苟且,还有远方的苟且。

例4:平庸的外表让你万事开头难,然后中间难,然后结尾难。

在微信公众号中,经常使用正文内容和标题的反转。

案例 7-2

微信文案,很厉害的样子

微信支付大家应该再熟悉不过了,无论孩子还是老人,无论你从事什么职业,微信支付都给你的生活带来了无限可能,今天就让我们一睹为快吧,如图7-9～图7-16所示。

图 7-9　微信扫码点餐　　图 7-10　微信支付分　　图 7-11　微信车主服务图　　图 7-12　微信电子发票

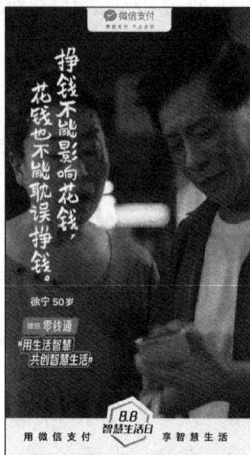

图 7-13　微信零钱通　　图 7-14　微信亲属卡图　　图 7-15　微信生活缴费图　　图 7-16　微信刷脸服务

随着智慧生活主题的不断深入人心，微信支付也推出了一系列智慧服务。微信的走心文案通过与特定群体的全方位沟通、互动，同样达到了深入人心的效果。

二、微信朋友圈文案的内容创作

微信营销文案除可以通过微信公众号进行发布外，还可以通过微信朋友圈这一渠道进行推广、传播与分享。因此，在学习微信文案时，掌握微信朋友圈广告文案的写作方法对于文案写作人员来说也十分必要，下面进行详细介绍。

1. 加入微信朋友圈文案的必要

要写作微信朋友圈广告文案，需要做的第一件事就是加入微信朋友圈。朋友圈推广是微信营销的一种重要方式。微信朋友圈中的人都是自己相熟的，或是信任度比较高的朋友。朋友圈广告不像其他网络文案或商务文案一样容易淹没在众多资讯中，寻找时需要人费心搜索。一般来说，运用微信作为日常社交工具的人很多，他们刷朋友圈的频率也很高，文案写作人员甚至不需要一个醒目的标题，只需用一些简单有趣的文字、图片与视频，就能博取潜在受众的注意。

某些电商平台的商家对微信朋友圈的运用就十分成功，受众通过淘宝首页和详情页或其他渠道获取商家的微信成为其微信好友之后，就能在朋友圈看到商家的动态，商家就能在朋友圈发布一些与品牌、产品上新、活动和推广相关的文案，从而达到营销的目的。

不少品牌也善于利用微信朋友圈来进行品牌的推广宣传，不仅能扩大受众范围，还能加强粉丝黏性。图 7-17 和图 7-18 所示就是一些品牌的朋友圈广告营销文案示例。

目前，越来越多的企业与店铺都加入了微信朋友圈营销的阵营。在这样的环境下，各大品牌加入微信朋友圈营销势必会成为一大潮流趋势。

2. 微信朋友圈文案写作要点

在微信朋友圈进行广告营销，重要的是给自己树立一个良好的形象，这样在推广产品、品牌与服务时也会更加方便。除了直接型产品推广，在朋友圈广告文案写作中，还可以通过新品及活动发布、分享真实的生活、发表自己的看法等，来展示一个真实又有趣味的自己，以

图 7-17　丝芙兰微信朋友圈文案图

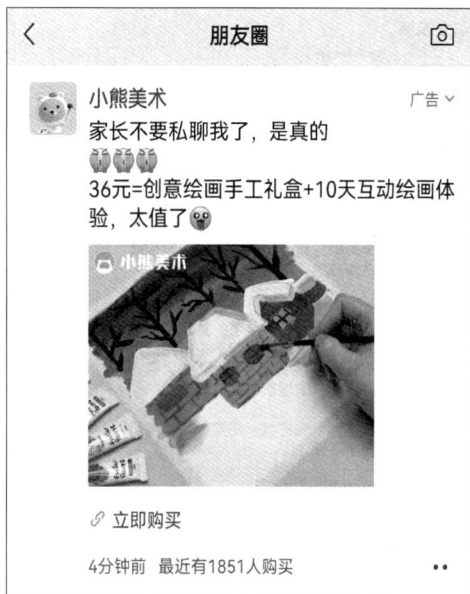

图 7-18　小熊美术微信朋友圈文案

此来获取潜在受众的好感。这样的精心经营能为产品营销和品牌推广提供不少帮助。朋友圈广告文案写作有以下 7 个要点。

（1）生活分享。文案写作人员在为电商企业或品牌撰写微信朋友圈文案时，要知道，朋友圈中的好友很多都是客户或者消费者，甚至彼此连面都没见过。因此，可以在朋友圈中分享自己生活中的幸福时光和趣事，不用一味地植入自己的产品。如果朋友圈中有些人不厌其烦地发些硬推文案，而你只是单纯地进行生活分享，反而会给他们一种眼前一亮的感觉。有时候也可以在其中融入自己的产品，但不要太过生硬，而是用一种自然而然的方式，让受众在真实生活

> **知识拓展》》**
> 　　纯分享式的文案看似毫无价值，实际上是有利于营销的，一方面有利于形象的树立，让朋友圈里的人觉得你是一个鲜明的、活生生的、有情调的人；另一方面则能在潜在受众面前刷足存在感又不惹人厌烦。

中了解和感受产品，给予他们更多购买产品的信心。图 7-19 所示为一家电商企业的纯分享生活式的朋友圈文案；图 7-20 所示为一个微信代理商发布的一篇融合产品的朋友圈文案，说是自己要在家吃火锅，其实分享的就是他自家的食品。这些表达方式都是文案写作人员可以采纳、学习的。

（2）情感分享。每个人在成长过程中都会有一些感悟，可以用文字把这些亲身经历的感悟描述出来，分享到朋友圈中。对于受众来说，如果恰好有比较类似的经历，这种似曾相识的感觉会唤起他们的共鸣。即使没有这些经历，文案也可能成为其治愈情感的心灵鸡汤。文案写作人员也可以将一些"好玩儿"的事分享出来，它既可以来源于生活中的创意，也可以是网上的段子，在娱乐自己的同时娱乐他人，加深受众对你的印象。在开心之余，受众也许会转发，这样就能让更多的受众对你产生印象，从而有利于增加产品或品牌的营销可能性。

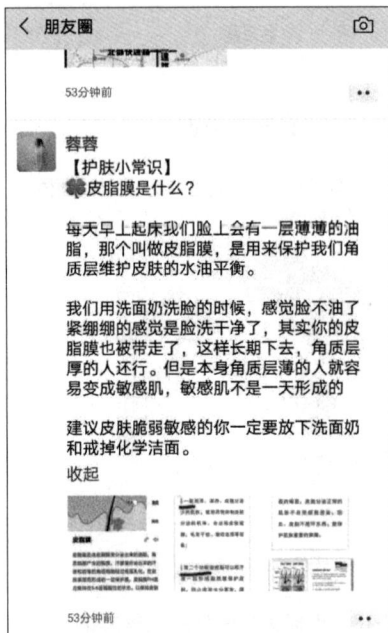

图 7-19　分享式微信朋友圈

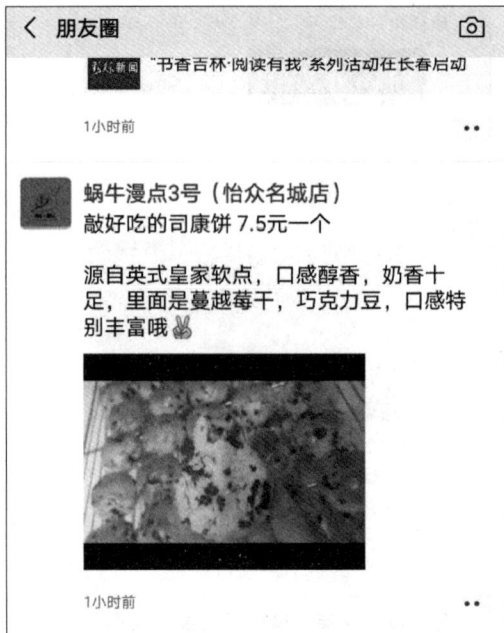

图 7-20　融合产品的微信朋友圈

（3）热点分享。热点包括当下热门的话题、新闻、节假日等，这些流行的东西总能满足人们的好奇心，赢得他们的关注。如果文案写作人员花一点心思去收集并整理热点分享到朋友圈中，就很容易引起受众的新鲜感，同时他们也更容易关注到你的产品和品牌。

（4）产品信息分享。在朋友圈中晒一晒自己的产品上新信息、产品详情信息、促销活动、发货情况，

> **知识拓展>>>**
>
> 　　朋友圈也可以像微博一样，发布一些日常趣闻或生活琐事，这将使我们在维护微信好友关系的基础上，还可以帮助提高自己及商品的知名度，增强传播影响力。

但是不能太频繁，一天一到两次或两天一次为最佳，这样的分享也会刺激一些受众产生购买的冲动，如图 7-21 所示。

> **知识拓展>>>**
>
> 　　在进行朋友圈营销时，先要找到目标消费者群体，分析他们的一些共同需求点，然后针对需求点找到合适的解决方法，并在朋友圈中提供解决方案。可以先给他们留下一个良好的印象，接着持续地分享一些有实用价值的信息，这样更有利于商品得到他们的认可。

（5）专业知识分享。作为一个在朋友圈进行产品营销的电子商务写作人员，需要有非常专业的产品知识，因为没有人愿意买连产品都介绍不清楚的人的产品。此外，专业知识的分享如使用方法、使用技巧或产品功用等，也许能帮助受众解决一些实际的问题。即使解决不了，也能让他们感受到你的专业，为以后的销售打下坚实的基础，如图 7-22 所示。

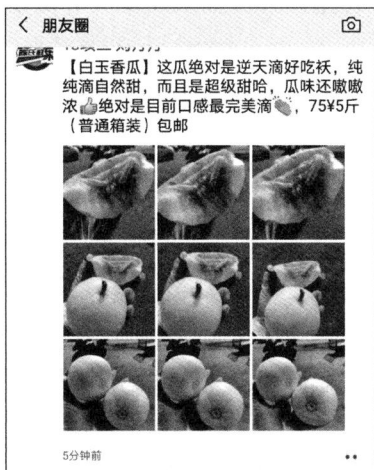

图 7-21　产品信息分享

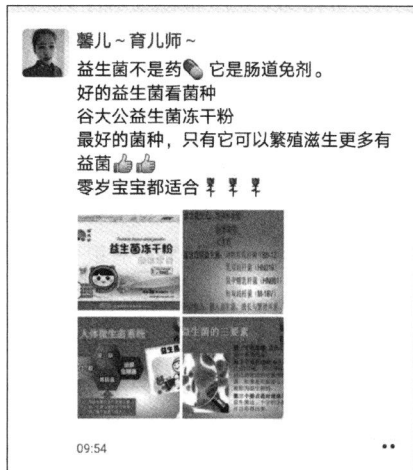

图 7-22　专业知识分享

（6）消费评价分享。商家在微信营销的过程中，也需要像在网络上销售产品一样，进行物流信息跟踪，当物流显示到达受众手里时，还需要受众确认收货。而当受众使用之后，电商商家通常需要受众分享一下使用感受，或者提供一些反馈图，这也是常用的一种营销方式。有时候，为了让受众在朋友圈中分享使用感受，可赠予他们一些赠品，随受众下次购买时一起邮寄过去，一举两得，如图 7-23 所示。

（7）与朋友互动。互动也是朋友圈里增加粉丝的一种方式，通常可以直接在朋友圈中发表一些互动性比较强的话题，让受众都参与讨论。互动的话题最好比较新奇，有一定的宣传力度与实用价值，要

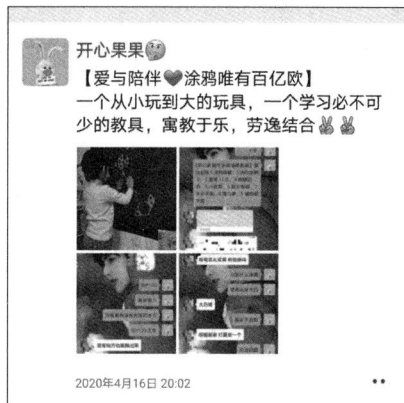

图 7-23　消费评价分享

抓住热点、制造热点，也可适当地以利相诱。互动可以是要求受众在朋友圈下面留言提供一些建议或评价，再从中抽取幸运朋友送礼的方式；也可以发表一些趣味话题，如猜谜、竞拍等。

3. 微信朋友圈文案写作注意事项

在写作微信朋友圈文案时，应注意以下 6 个写作事项。

（1）需要站在受众的角度去思考，如他们喜欢什么、反感什么，这样才能写出符合受众胃口的文案。不少文案写作人员坦言，自己回头看自己的朋友圈都很不顺眼。因此，文案写作人员写好文案后，最好自己思量一下"我作为受众，看了这条朋友圈是什么感觉？"并据此进行修改。

（2）朋友圈文案应尽量精简，保持在 120 字以内比较合适。否则文字太长会被折叠，被看完的可能性比较低。

> **知识拓展》》**
> 若微博或电商平台有什么活动，文案写作人员也可在朋友圈进行分享。有不少受众对这种内容的文案也很有兴趣，会参与互动。

（3）在写作时，要注重图文的结合，特别是要善用图片。如果文案只有文字，内容难免稍显单调。

（4）运用生动形象的语言，特别是流行词汇的运用，有时会增加文案的趣味性，使文案更吸引人。

（5）不要刷屏。无论是哪种类型的信息（尽管不是和产品有关的），如果你频繁地在朋友圈进行发布，会引起人们的反感，甚至被拉进黑名单。

（6）善用表情包。表情包是很流行的一种交流方式，不少受众都对它感兴趣。若是文案中有一些表情包，不少受众会将表情包保存下来以做"斗图"使用。因此，对表情包的运用也能吸引不少受众的关注。

知识拓展>>>

在进行朋友圈营销时，需先找到目标消费人群的共同所需点，然后针对所需点找到合适的解决方法。在这个过程中，要注意给受众留下良好的印象，再通过对这些所需点的描述为后续的成交埋下伏笔，只要得到受众的认可，产品的销售指日可待。

案例 7 - 3

朋友圈文案——儿童牙科系列

乳牙掉了别难过，那是给恒牙的"成长券"～×××帮新牙好好长大，让每一次换牙，都变成你和牙齿的"成长约定"。

想给你"双重甜蜜"：糖果的甜，和牙齿健康的甜～用×××护牙，让笑容里的小牙齿，陪你"甜"满成长时光～

小时候总好奇"牙齿怎么换牙"，现在懂啦～找×××护牙，就像给牙齿请个"成长保镖"，守护你啃甜、大笑的每一瞬间～

护牙任务大作战！拿上×××这支"护牙武器"，每天刷一刷，把"蛀牙怪兽"打得落花流水，赢取"甜趣畅吃"奖励～

小牙齿也盼着变强壮！快带它来×××牙科"成长站"，检查、涂氟、窝沟封闭，给牙齿加满"防护盾"～

童年要甜，牙齿要"刚"！和×××组队护牙，定期看牙像"升级闯关"，每关通关，牙齿就能陪你吃遍成长甜～

小乳牙在嘴巴里开"成长派对"啦～换牙别怕，×××是守护派对的"牙精灵"，帮新牙稳稳安家，让你啃糖、啃饼干都超厉害！

听说牙齿也想变厉害？快带它找×××做个"体检游戏"，把蛀牙小怪兽全赶跑，让牙齿和你一起开心长大～

你的牙齿藏着"成长超能力"！用×××好好护牙，就能一直"咬碎"难题、"嚼出"快乐，像超级英雄的牙齿一样厉害！

三、微信 H5 推广文案的内容创作

H5 就是人们常说的 HTML5(全称 hyper text markup language5),它是目前网络上应用十分广泛的语言,也是构成网页文档的主要语言,还是一种标准。现在通常所说的 H5 则是一种经过技术商业化的、在非英语环境人群中迅速传播的概念改造,它是指某种在微信等移动端上发布的效果,能够提升公司格调,刺激并打动消费者,并被广泛转发分享的一种短动画,这里可以把 H5 称为动画文案。因为移

动端不支持 Flash 动画,而 HTML 5 在动画展现和交互上基本可以满足企业需求,同时也因为有微信的大力支持,HTML5 网页作为一种营销形式被广泛应用,目前 H5 已成为微信 HTML5 网页的专有名词。常见的 H5 的类型包括幻灯片放映型、交互型、游戏型、测试和答题型、提交表单型及功能型。但无论 H5 的形式怎样变化,都离不开文案的呈现,可以说文案是 H5 的灵魂。H5 文案有不同于其他微信营销文案的地方,创作 H5 文案需要经过"主题→标题→内容→排版"4 个步骤。

1. 确定主题

同其他的文案写作一样,H 在写作前先要确定主题。主题是文案的灵魂,在确定了主题之后,就可以围绕主题写作文案,这样写作出来的文案才是重心稳定、主题鲜明的佳作。一般说来,可以从以下两个方面确定文案主题。

(1) 根据营销目标确定主题。根据营销的目标确定主题是 H5 文案常用的确定主题的方式,在创作文案前,首先要明确写作文案的目的,并确认文案的营销目标是活动宣传还是产品或品牌推广。

(2) 根据消费者层次及心理确定主题。广受好评的文案一般都是站在受众的角度进行考虑的,所以根据受众层次及心理来确定 H5 文案的主题也是一个绝妙的方法。在写作这样的文案前,文案写作人员要了解或者调查受众的类型和心理需求,这样才能更准确地抓住目标受众的心理,引起他们的兴趣,从而达到营销的效果。

2. 取个好标题

H5 标题的拟定方式与微信公众号标题的拟定方法有所不同,H5 的标题不需要花样百出,它最为关键的是要贴合文案的主题,一般情况下可从以下 3 个问题入手写出准确的文案标题。

(1) 明确标题的受众是谁,即明确品牌的目标消费人群定位,这样有助于把握受众的消费心理。

(2) 明确受众比较关注什么。对其关注点的研究有利于文案写作人员确定文案应展现的内容,最大限度地表现品牌、产品或服务的特点和优势。

(3) 明确选择怎样的风格比较好。这时就需要根据对受众群体的定位、心理因素的分析、主题的选择等的综合分析来确定标题风格。

例如,某旅游平台做 H5 营销文案,其受众是有行走或旅游意向的目标消费人群,这些人一般都是有经济实力的年轻人,也很倾向于回归家庭,与家人一起踏上旅程。由此该平台

确定了一个"带妈妈旅行"的内容,并以此为依据确认标题风格,以情怀和温情路线来打动受众。从妈妈儿时也曾渴望环游世界引出,诱使受众带上妈妈一起旅行而拟定"为找到那片海不顾一切"的文案标题;带妈妈去北京、拉萨、杭州、香港等多个地方留下足迹,满足小乡村的妈妈"想去看看外面的世界"的愿望而设定"'女汉子'妈妈的旅行记"这样的文案标题等,都十分恰当。

案例 7 - 4

河南中医药大学附属医院 H5 文案分析

河南中医药大学附属医院"中国时间里的本草智慧"的 H5 文案,通过对二十四节气中不同阶段养生规律的总结,从中医药学的角度将健康养生理念及其实践经验传播宣传,很有场景代入感。该文案其中一页的正文内容如下所示。

＃小雪＃

五音疗愈,改善健康

《昭君怨》《春江花月夜》养肾。

《将军令》《阳关三叠》养肺。

《良宵》《花好月圆》养胃。

《紫竹调》《步步高》养心。

《胡笳十八拍》《江南好》养肝。

此 H5 文案中,来自河南的 24 位中医药文化领域专家,根据每个节气特点"从头到脚"传播健康养生知识,讲述中医传统文化,让传统中医和现代科技创新、现代健康理念相融相通,带领网友共同探寻藏在中国时间里的本草智慧。

3. 制作有创意的内容

H5 文案作为一种内容营销手段,其每一个字词、句子的运用,每张图片塑造的场景、传达的思想和情感等,都会对文案最后的营销效果起到非常重要的作用。创作 H5 文案最关键的就是创意,其表现形式的丰富性,容易激发人的各种不同的创意;创意在 H5 文案中具有存在必然性,只有这样才能充分发挥出 H5 文案这种形式的优势;况且文案越有创意,越能吸引受众的注意力。那么怎样才算有创意的文案呢? 一方面可以从图片和设计场景入手,给受众带来冲击力和新奇感;另一方面可从文字入手来配合图片,营造一种具有感染力的氛围。无论文案是触动人心、激发想象,还是搞笑逗乐,只要能吸引受众,让他们惊叹和佩服,他们就会认为这是一篇非常有创意的文案,还乐意进行分享传播,帮助文案写作人员达到营销的目的。

该文案从一开始就营造了一个刑讯逼供的场景,配合独特的音效让人感到十分惊奇,然后就开始进行"审讯","犯人"最初嘴硬、咬牙坚持,开始施刑之后,刑量一步一步加大,"犯人"慢慢开始喊叫,感觉是受不住刑罚在一步步吐露,他透露的信息实则都是公司的情况,如工作环境、待遇福利等,随着剧情的慢慢进展,最后"犯人"终于忍受不住,招供了! 他"要招"资

> **知识拓展》》**
> 在写作创意文案内容时,还要注意图文的对应,即文案的文字和图片的风格要一致,文字表达图片所要传达的内涵与图片表现文字中体现的感情色彩,两者要相互衬托,相互融合。

深文案、视频特效师、资深美术指导、动画师……整篇文案就如同反转剧一样,令人料想不到这居然是一篇招聘文案,不得不惊叹这个创意真是太棒了。

4. 注意排版

排版对于任何类型的文案来说都非常重要,微信 H5 文案在写作时也要注意排版。微信文案通常在移动设备上显示,其屏幕通常都比较小,因此,文案的长短或字数,在页面中位置的摆放,文字的大小、颜色、字体,都影响着文案整体的感觉和效果。下面就从以下几个方面讲解其排版的要求。

(1)文案的长短。文案不宜过长,传达出要表达的内容即可,一般不超过整个页面的二分之一。例如,前面列举的几个微信 H5 文案,其文字部分都没有超过整个页面的二分之一。

(2)文字的大小。文字大小要均匀合理,但并不要求文字大小一样,只要文字比例恰当,看起来和谐美观就好。此外,主要的句子或一个页面中的主题句可以用大号字体来突出强调,这样页面会显得主次清晰、主题突出。

(3)文字的颜色。文字与图片的颜色要有一定的差别,但不要太跳跃,如红绿的搭配、宝蓝配深紫等,否则容易显得突兀。若背景颜色或图片是深色,文字就用浅色系;若背景颜色或图片是浅色,文字则用深色系,这样图片既不与文字混淆,也不会给受众造成阅读障碍。

> **小思考>>>**
>
> 请结合具体的实例,描述 H5 文案创作的流程。

(4)文字的字体类型。字体类型最好不超过 3 种,并且要与整体风格一致,否则太多的字体类型会显得混乱。

技 能 实 训

1. 实训题目

电子商务微信文案写作实训。

2. 实训目标

(1)通过教师讲解、案例讨论掌握相应知识点。

(2)初步学习团队合作,发挥每一位团队成员的能力,学习小组讨论、分析评价的方法,并对讨论问题进行记录和文字小结,完成案例讨论。

(3)形成初步的独立思考能力。

(4)培养初步的自主学习能力。

3. 实训内容与要求

(1)由教师介绍实训的目的、方式、要求,调动学生实训的积极性。

(2)由教师布置模拟实训题目,题目如下。

分组结合热点事件,为"奥妙洗衣液"写作一篇微信推广文案。要求语言亲切自然,能够体现奥妙强大的去渍功能。(提示:可以当前临近的节日作为背景进行写作)

(3)对学生进行分组、确定各小组的组长和人员分工,学习小组学习方式,制订小组计划,明确团队任务及目标。

(4)由教师介绍电子商务微信文案写作的相关案例及讨论的话题。

（5）各小组进行讨论，并记录小组成员的发言。

（6）根据小组讨论记录撰写讨论小结。

（7）各组相互评议，教师点评并总结。

实训成果与检测

1. 成果要求

（1）提交案例讨论记录：教学分组按 3～5 名学生为一组，设组长 1 人、记录员 1 人，每组必须有小组讨论、工作分工的详细记录，以作为考核成绩的依据。

（2）能够在规定的时间内完成相关的讨论，学习团队合作方式，撰写文字小结。

2. 评价标准

（1）上课时积极与老师配合，积极思考、发言。

（2）认真阅读案例、积极参加小组讨论、分析问题思路较宽。案例分析基本完整，能结合所学理论知识解答问题。

（3）团队配合较好，积极参与小组活动，分工合作较好。

本项目考核检测评价

1. 填空题

（1）微信文案是以_____进行深度分析，利用文字、图片等元素写出的能够进一步引导读者进行消费的文章。

（2）采用微信自媒体运营，通过_____来吸引更多的潜在受众关注自己再通过内容推送来增加与关注者之间的黏度，将潜在受众转化为客户或忠实的粉丝。

（3）_____是根据要推广的内容，将商品或服务的特点单独进行介绍。

（4）故事引导法是通过讲述一个感人、悲伤、喜悦的故事，让读者充分融入_____中，跟着故事的发展阅读下去，在文案结尾，再提出需要营销推广的对象。

（5）公众号是目前微信营销的主战场，它主要包括_____和_____。订阅号和服务号。

2. 判断题

（1）对于电子商务商家来说，微信强大的功能可以让他们直接与客户进行交流，直接回复客户提出的问题，从而获得更高的转化率，促成交易。　　　　　（　　）

（2）朋友圈的文案有一个特点就是要尽量短，最好控制在 2 行以内。　　　（　　）

（3）通常情况下，逆反需求包括审丑需求、反权威需求、自我否定需求、排他需求等。

（　　）

（4）文案标题的内容可以含糊其词或过于抽象，也可为了博人眼球而故作离奇。

（　　）

（5）不少品牌也善于利用微信朋友圈来进行品牌的推广宣传，不仅能扩大受众范围，还能加强粉丝黏性。　　　　　（　　）

3. 简答题

（1）简述电子商务微信文案写作的基本要求。

（2）简述电子商务微信文案的主要表现形式。

（3）简述电子商务微信朋友圈广告写作要点。

（4）简述电子商务微信公众号取名方法。

（5）简述电子商务微信公众号文案标题写作策略。

（6）简述微信 H5 文案排版的要求。

项 目 八

电子商务微博文案写作

学习目标

（1）了解微博文案的定义。

（2）熟悉微博文案的三要素。

（3）了解微博文案在营销中的作用。

（4）掌握微博文案的写作要求。

（5）掌握微博文案的写作方法。

学习重点、难点

1. 重点

（1）微博文案的写作要求。

（2）微博文案的写作方法。

2. 难点

运用电子商务微博文案写作的相关知识分析问题、解决问题。

思维导图

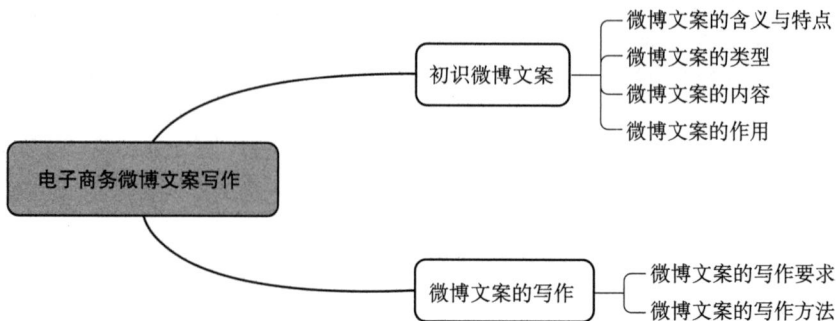

引例

江小白热点文案分享

一提到江小白,浮现在脑海中的是它酒瓶上文艺的语录和清淡的酒香。大众对品牌的感知奠定了品牌在大众心里的印象。"文艺青年""青春小酒"……是"江小白"的品牌烙印。江小白最擅长就是"小众圈"。它在 2012 年横空出世,一时间爆红,但跟其他酒企不同,它从不出现在各大卫视的广告中,很多人认识江小白是通过微博。

江小白凭借对消费情绪的深度挖掘,用直达人心的文案表达征服了很多年轻消费者。例如,"与重要的人才谈人生""低质量的社交,不如高质量的独处""手机里的人已坐在对面,你怎么还盯着屏幕看""我是江小白,生活很简单""一个人,喝酒不是孤独,喝了酒,想一个人是孤独""兄弟间的约酒聚会,应该无关应酬和勾兑"……

堪称句句经典,字字灼心。初识江小白的消费者,最容易被它瓶身的文案所征服,看到它的文案貌似说的就是消费者自己现在的处境,给我们提供了情绪释放的理由。

另外,江小白还善于抓住实时热点,如图 8-1 所示。通过互动式引流增加点击率。

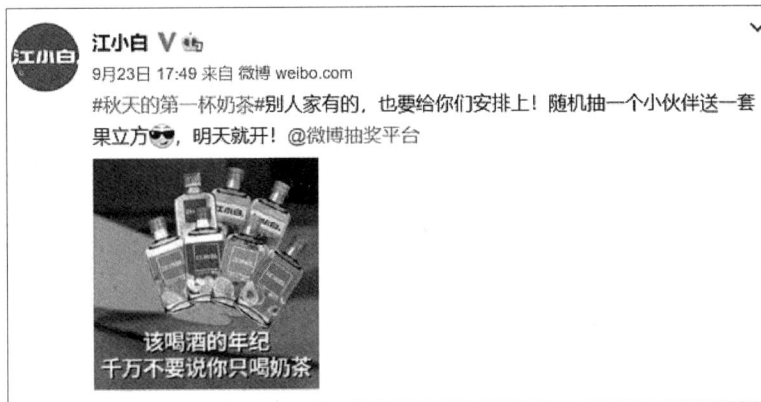

图 8-1　江小白文案图

多年来,江小白的瓶身文案已经成为白酒行业一道独特的风景。创始人陶石泉曾说:做一个有真实态度的品牌,真诚对待消费者,对消费情绪的深度挖掘,用直达人心的文案表达,让品牌回归简单,真诚地跟消费者沟通。

辩证思考:分析以上文案内容,谈一谈江小白微博营销的成功之处。

分析提示:重文案,重场景,采集年轻人不同职业的口语,抢占心智,把情绪场景与江小白酒画等号。江小白的文案之所以打动人心,是因为对用户的心智有足够的了解。

微博已经成为人们日常交流的重要的新媒体平台,该平台具备海量的用户群体和信息资源。因此,电商商家纷纷开始在微博中写作文案来进行商品或品牌的营销推广。

任务一　初识微博文案

与一般的文案写作、文学创作不同,微博文案的写作是非常随意的,微博消费者对微博文案的包容度非常高,无论什么样的形式都可以接受,并积极参与话题讨论。要利用微博来编写电商营销文案,首先应该知道微博文案的一些基础知识。

一、微博文案的含义与特点

微博是微型博客的简称,是一个基于社交关系进行简短信息的获取、分享与传播的广播式社交网络平台,属于博客的一种。无论哪种类型的微博,微博主都可以通过写作文案来进行营销推广。

知识拓展»»

目前的主流微博平台是新浪微博,它作为当今最受欢迎的社交平台之一,在线注册的用户类型非常广泛,包括个人微博用户、企业微博用户、政务微博用户、组织机构微博用户和临时微博用户等。

微博文案简单来说就是发布在微博平台上的文案信息。一篇好的微博文案可以迅速引起消费者的兴趣,为微博博主带来大量流量和较高的关注度。当然,这种流量和关注度可以有效地转化到企业商品上,甚至链接到其他网页中,达到利用微博进行营销的目的。

微博文案注重价值的传递、内容的互动、系统的布局和准确的定位,电子商务文案写作者要熟悉微博文案的写作和推广方法,以吸引更多的用户成为消费者。微博文案的写作虽然比较随意,但也应该具备以下 4 个特点。

1. 短小精悍

现代社会的生活节奏越来越快,极少有人能够耐心地品味大篇幅的文章,忙碌的生活使人们越来越倾向于快餐式阅读。快餐式阅读的特点就是能够在短时间内获取有效信息,不需消费者自己去分析和总结。

因此,在编写微博文案时,要做到短小精悍、言简意赅,字数不能超过 140 字,以 100～120 字为佳,这也是倾向快餐阅读的表现。在编写微博文案时,还要注意文案内容要通俗易懂,让消费者快速接受文章的思想,达到引发思考、快速传播的目的。例如,欧亚卖场在“周年庆”的促销活动文案。该文案浅显易懂,受众很容易就能了解到促销目的与优惠力度,如图 8-2 所示。

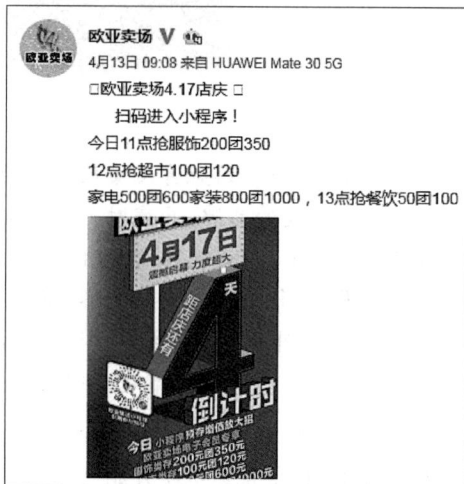

图 8-2 简练精要

2. 主题明确

无论是什么样的文案,都需要有明确的主题,这需要在写作前就做好定位,包括文案的消费者群体、写作目的,是想要提升企业或品牌的知名度,还是促进某个产品的销售等。针对不同的目的,文案的编写也不一样。只要能够达到目标,这则文案就成功了,而不只是简单地查看微博的转发、评论和点赞等内容。如果企业的微博只是用于服务客户,那么明确目标后就能帮助企业更好地说服客户,驳斥客户不合理的要求等。

3. 话题比内容重要

不是每个人都是成功的段子手,都能写出有吸引力的文案。在这种情况下不妨换个思路,从时下的热门话题入手,如图 8-3 所示。如果能够抓住大家关注或者有吸引力的话题,必然能够获得微博用户的关注。注意日常的积累,日常生活的话题、时下热门事件等都是可以积累的内容,只要找准切入的角度,就可以灵活地运用。在刚开始写文案时可能没有头绪和思路,但是只要经过一段时间的积累,不管是对新闻的敏感度,还是寻找素材的渠道,都会有一定的进步。

图 8-3　微博热门话题

4. 互动性强

发布一篇成功的微博文案后,尽量在较短的时间内引起众多用户的共鸣,进而接续转发,达到快速传播的目的。这就要求在文案写作时把握好消费者的心理,并通过自己的经验和一些方法来进行文案的创作。无互动,不营销。当发出微博文案以后,如果引起了粉丝们的兴趣来参与的话,这就是成功的第一步了。然后就是通过互动的方式来留住粉丝继续关注。例如,小米官方微博账号,如图 8-4 所示,通过转/评/赞,让用户拥有参与感、成就感,进而长期关注,成为忠诚的粉丝,后续就容易转化了。

> **知识拓展**>>>
> 　　微博文案写作的过程中还要注意不能夸大其词,尽量使用适当的语言来描述需要表达的思想,保证文案的真实性和可读性。切忌为了吸引眼球而虚构信息、歪曲事实,这样只会适得其反。

图 8-4　小米官方微博账号

二、微博文案的类型

在微博中除了直接编写文案内容，还可以给文案配图、加链接和配视频等，同时也可加上微博的热门话题、@好友或名人等。微博规定，编写的信息不得超过 140 字。如何让这有限的字数表达出更多的含义呢？如果遇到字数较多的文案应该如何处理呢？其实发布微博文案还可以编写长微博文案或者将长微博制作成图片。

下面介绍微博中比较常见的几种文案类型。

1. 文字微博文案

这是一种普通的微博文案，和朋友圈中的纯文字文案一样，如图 8-5 所示。

图 8-5　文字微博文案

2. 长微博文案

这是一种新兴的微博文案类型，是随着微博的发展才出现的。在正常情况下，利用微博一次只能发 140 字以内的内容，因此要想发布超过 140 字的内容就要另想办法。于是,长微博转换工具出现了,该工具可以将超过140字的微博转换成图片,这种图片最多可容纳1万字,转换后的文字清晰,以图片的形式发表,这样就突破了140字的限制,如图8-6所示。

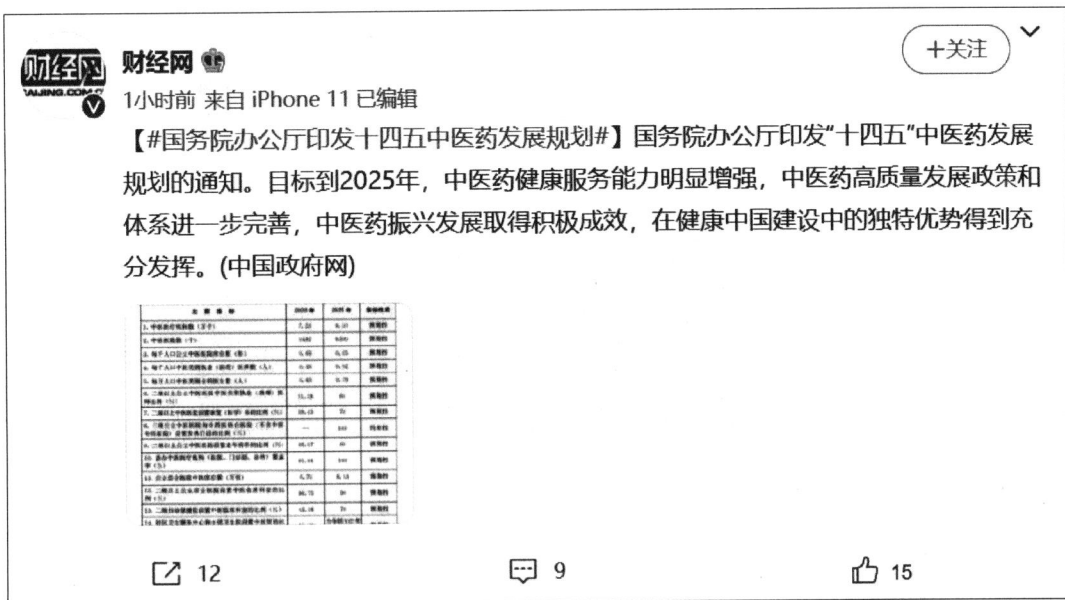

图 8-6 图片式长微博文案

3. 图片和视频类微博文案

微博不仅能发布文字,还能加入图片和视频等多媒体元素,甚至很多微博的博主直接采用图片或视频的形式来进行文案表现。这不仅使微博文案内容变得更加丰富多彩,还能使微博消费者更加直观地查看文案的内容,如图8-7和图8-8所示。

图 8-7 以图片为主的微博文案

图 8-8 以视频为主的微博文案

如果微博文案是以文字描述为主、图片或视频为辅的,那么最好选择具有创意、视觉冲击力强的图片或符合文字描述的应景图片,以增加微博文案的吸引力。

如果微博文案是以图片或视频为主的,就要注重图片和视频所表现的内容,再配以一两句简短而又点题的文字说明。

> **知识拓展»»**
>
> 随着越来越多的小视频 App 出现,视频拍摄、视频剪辑也越来越受大家的喜爱,所以微博上出现了一批专门分享视频的微博博主,以自导自演的小视频来获得关注。

三、微博文案的内容

微博文案要求短小精悍、主题明确,那么应该如何编写微博文案?微博文案中可以包括哪些内容呢?下面简单进行介绍。

1. 简短合适的文字内容

微博的每条消息最多 140 字,但这并不意味每条消息都必须把字数凑够,文字内容越少,包括的信息越多,就越能受到大家的喜爱。在热门微博中可以看到,很多微博的文字都很少,但涵盖的信息往往很多。这也是这些微博能上热门的原因,因为大家喜欢快速浏览微博,而不是把过多的时间浪费在思考某一条微博的内容上。

微博可以被转发,消费者将微博转发到自己的主页时,也可以加上一些文字或表情符号。经过多次转发后,该微博就逐渐成了一条非常长的微博。在浏览时就可以发现,大家的注意力往往集中在字数少的微博上,而不是长篇大论的微博上,这也充分体现了语言简洁的作用。

微博文案的写作实际上是创造有价值的内容。有价值的内容就是对微博用户有用的内容，能够激发微博用户的阅读和参与互动交流的热情。现在微博营销的实际操作有两个不好的极端：一是有些企业账号所发的微博内容绝大部分是冷冰冰的产品信息，缺

少人情味，这样的企业微博账号变成了一个真正的冷冰冰的机器型账号；二是有些企业账号所发的微博内容大都是与本行业、本企业毫无关系的娱乐信息（为吸引普通用户的关注），而对产品信息的发布不及时、不全面。

这两个不好的极端都违背了微博营销的基本原则。为了写好微博文案，可以从以下 3 个方面来策划内容。

（1）发布与本行业相关的有趣的新闻、轶事。在微博文案中，可以客观性地叙述一些行业公开的发展报道、统计报表甚至"内幕"，可以有选择性地提供一些有关公司的独家新闻——真正关注你的产品的微博用户会对这些独家新闻非常感兴趣。当然，重点要突出新闻性、有趣性，如图 8-9 所示。

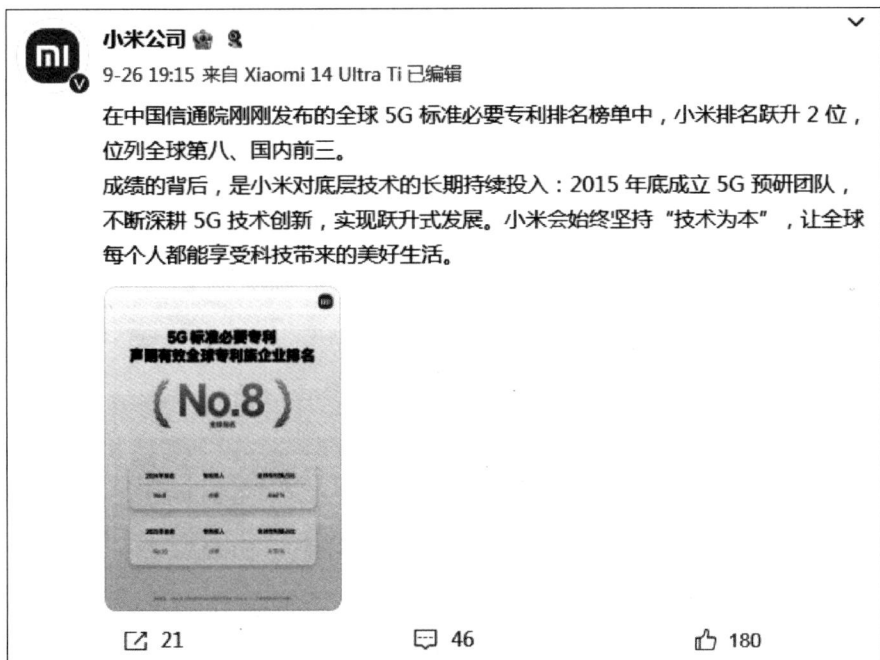

图 8-9　小米官方微博的新闻报道

（2）叙述创业历程。大多数普通人对创业者怀有一种好奇甚至尊敬的心态。企业微博可以有步骤、有计划地叙述自己品牌的创业历程，以及公司创始人的一些公开或独家的新闻——类似一部企业口述史、电视纪录片。例如，小米 CEO 雷军的微博中会发布关于他自己个人情况的一些介绍。

（3）发布与本行业相关的产品信息。搜集一些与产品相关的有趣的创意，有幽默感的文字、视频、图片广告，这些创意和广告不一定都是你自己的品牌，可以是本行业公认的著名品牌。

素养提升>>>

近年来,微博平台尤其受到青少年的喜爱。微博降低了获取知识的门槛,促进了社会知识信息良性循环。同时,微博平台赋予青少年更多表达渠道,给予了青少年更多自我表达的机会与空间,可以使青少年在微博的分享互动中展示自身个性,获得社交的满足感。

2. 微博文案必备的三要素

微博文案主要是通过转发、评论和点赞等互动行为来进行文案的传播的,在写作过程中可以添加 3 个要素,以增加文案被用户查看的概率,扩大文案的传播范围。

(1) @符号。@符号本来用于邮件中,后用于微博中。@相当于一个连接器,其主要作用是指定某一消费者,用法为"@消费者"。例如,编写微博时在微博最后加上"@麦穗宝贝",消费者"麦穗宝贝"就会收到@的提示,可以通过提示查看这条微博。也就是说,"@消费者"后,至少可以保证这一微博会被该指定消费者阅读。如果微博内容好,他也会转发到自己的主页,和粉丝分享这条微博。因此,使用@符号可以提高微博的阅读量和转发量,增强互动,如图 8-10 所示。

图 8-10 被@后分享的文案

(2) #符号。#符号是话题符号,用法是"#话题#",即在话题的前后各加一个"#"符号。微博上有很多热门话题,进入话题中心后,所有添加了"#话题#"的微博都会显示在话题界面中,关注此话题的人都可以看到。因此,为了使微博更容易被搜索到和阅读到,可以在微博中间添加一个或多个话题符号,提高关注度。在文案中添加话题,可以让微博自动与话题连接,让微博被更多的用户看到,这样可以提高微博被粉丝以外人群看到的概率,如图 8-11 所示。

图 8-11　♯话题♯文案

（3）链接。链接的用法很简单，直接将链接网址添加到文案中即可。链接无论是文章、照片、视频、店铺地址，还是想要分享的其他网页文章，都可以利用链接的方法分享给消费者。据相关统计表明，带链接的微博比不带的转发率要高出 3 倍。只要是文案作者认为可以分享给粉丝的内容，都可以用链接的形式放在文案里。如果文案本身能吸引用户的兴趣，那么大部分人都会愿意点击链接查看更多的内容。例如，央视新闻的官方微博（@央视新闻）发布的这条微博中就包含了上面介绍的三个要素，带♯符号的话题、@的两个账号，还在最后添加了视频链接，如图 8-12 所示。

知识拓展>>>

在微博中添加商品链接的方法很简单，输入时先按空格键与前面的内容分隔开，再输入商品的真实链接网址，然后按空格键与后面的内容分隔开，发布后网址会自动生成商品链接和其对应的真实信息。

知识拓展>>>

绝大多数人在微博里添加链接时，习惯将链接放在最后，其实这是错误的。链接放在最后，很多人把文字阅读完也许就会懒得再点击链接查看内容。如果将链接放在微博的四分之一处，其点击率则会增加许多。

四、微博文案的作用

微博和其他的即时沟通平台都不太一样，微博的许多特性是其他软件没有的，如同时具备即时性、群体性、书写性和社交性。微博的这些特性使其深受大众的喜爱，同时也为很多

图 8-12　包含三要素的微博

有思想、有创意的人提供了一个展示自我的平台。

　　微博文案在微博中以独特的广播式信息被流通传播,在资讯高速流动的当代,信息流动的速度越来越快,碎片化的内容也比长篇文案更加适合阅读。文案写作者用数量不超过 140 的汉字分享观点、发布新鲜事、新想法和新情绪,其他消费者则将这些文案信息重新组织、归纳,通过转发实现信息的重新组织与增值,将碎片化的、零散的和泛滥的信息汇聚成新的信息内容。

　　简言之,微博文案可以帮助大家获取更多的有效信息,这种信息的"有效"是通过微博的多次转发、组织和确认实现的。也正是因为微博文案的这种特性,在微博中做推广的人也越来越多,如微博大 V 自己开网店、帮大品牌转发广告文案、编写商品推广文案发布到微博等。微博推广的受众准、转化率高、成本低、见效快、资源多且覆盖广,是新型推广文案的典范。

> **知识拓展》》**
> 　　利用微博文案做推广是微博中比较常见的现象,很多品牌在上线时都会邀请具有一定粉丝量的微博大 V 转发广告,或直接发布广告内容,甚至专门编写一篇营销方案。

案例

周黑鸭热点文案分享

　　周黑鸭文案字数简短明了,在 120 字左右,加入了实时热点,并且加入转发互动增加流量,具体文案如下。

　　热点一:周黑鸭抓住了"秋天的第一杯奶茶"的热点,具体文案如下,如图 8-13 所示。

　　"截至目前,有人请你喝＃秋天的第一杯奶茶＃吗?

　　那要不要一起吃＃秋天的第一顿周黑鸭＃呀?"

　　热点二:运用趣味性文案,实现微博的引流吸粉。例如,周黑鸭自己发的有趣文案,如图 8-14 所示。

　　"嘎啊,嘎啊,嘎啊……

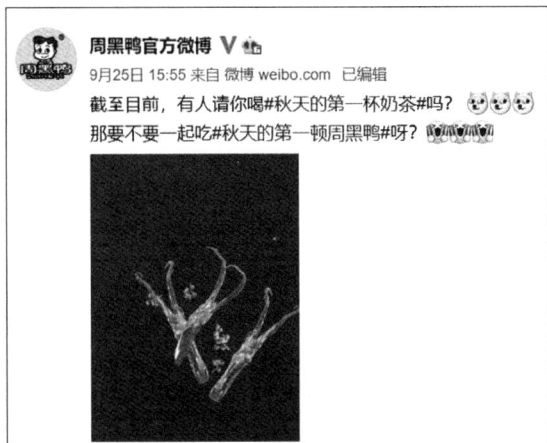

图 8-13 周黑鸭热点文案图

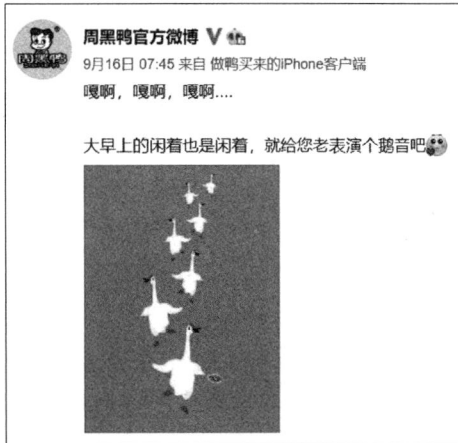

图 8-14 周黑鸭趣味文案图

大早上的闲着也是闲着,就给您老表演个鹅音吧

嘎嘎嘎嘎嘎～自我介绍一下,我是周黑鸭家族的成员之一——秘制黑鸭。下面是我的个人自拍,希望会是你喜欢的那个。

内心 os:你要是不喜欢我的自拍,我定会躲在被子里偷偷地抹眼泪,在心里暗暗发誓,这回你不主动哄我认错,我是一定不会理你的"

周黑鸭的粉丝也配合周黑鸭官微进行了有趣互动回复:

"今天下午周黑鸭到了已经。

我说不吃,它说嘎。

我说真不吃,它又嘎。

老板说吵死了,你再不吃它吵得办公室都待不下去了。

我为了保住工作,只好一个人吃了三盒。"

任务二 微博文案的写作

微博是高度社会化的传播平台,它可以更方便地进行商品、服务或品牌的宣传与推广。微博文案注重价值的传递、内容的互动、系统的布局和明确的定位,要想写好微博文案,文案写作者还需要掌握微博文案的写作要求和写作方法。

一、微博文案的写作要求

无论是编写普通的微博文案,还是编写微博营销文案,都应该按以下要求来写作,以便得到更多的关注度和更高的曝光率,积累微博粉丝,促进商品销售。

1. 标题鲜明

一般的微博文案很少有标题,但如果要编写的是一篇长微博,那么微博的文案可以是长微博的标题,也可以是内容提要,但无论是哪种,长微博都应该设置一个能吸引眼球的文案标题,使消费者在看到标题

> **小思考>>>**
>
> 关注热门微博文案,总结转发、评论和点赞数都很高的微博文案都具有哪些特点。

时会产生继续阅读的兴趣。

2. 内容丰富

在微博上发布的文案，可以幽默风趣，可以有悬念，也可以加入互动内容，这些类型的文案都能引起消费者的兴趣。如果为品牌做营销推广，利用这类文案也能拉近消费者与品牌的距离。在微博中，一篇好文案不一定能受到大家的喜爱；但被大家关注、转发的文案一定是好文案，一定具备某一特质。

写微博文案一定要研究消费者喜欢什么，如微博上很多大 V 喜欢发幽默段子，因为大家日常工作生活压力很大，刷微博看到这样的文案会让人感到很放松，所以大家更愿意关注那些一看就能逗人发笑的微博博主。另外要注意，微博的主要消费者群的年龄是在 14～30 岁，这意味着大多数访问者都是年轻人，因此在编写微博文案时可以尽量将文案内容、文案风格向年轻人喜爱的方向发展。当然，也可以按自己的风格来编写文案，把阅读人群中的属于同一风格的受众细分出来，进行重点维护。

3. 把握时机

电商商家需要利用热点来写作微博文案，以快速引发热度和关注。因此，文案写作者需要在第一时间内找准营销内容与热点事件的关联点，将热点事件的核心点、商品或品牌的诉求点、消费者的关注点这三者结合起来进行创作，只有文案得到消费者的关注和认可，才能引发其产生自主传播行为。文案写作者如果没有把握好文案的写作和发布时间，那么就容易被同类商品或品牌抢占先机。因此，通常以热点事件作为切入点写作的推广文案，其写作和发布工作都应该在事件发生后 24 小时内完成。

4. 关联营销

关联营销就是电商商家不仅为自己的品牌和商品写作推广文案，还与微博上的其他品牌商家进行关联合作，以此生成一个话题，这样的关联微博文案可以形成系列文案，更容易引起消费者的关注。例如，长安马自达发起的热门话题"♯合资新能源价值新标准 EZ6♯"，如图 8-15 所示。

图 8-15　微博中的热门话题

该话题引发了关联营销型的微博文案，既增加了该话题的讨论热度，又宣传了自己的品牌和商品。文案写作者在写作关联营销型的文案时，要注意关联对象与文案之间的匹配度，可以通过对关联对象的特点进行描述来进行联合，也可以通过修辞手法（比喻、夸张、拟人等）将某一事物的特点与另一事物关联起来，以达到出人意料的效果。

5. 注意导语的作用

导语经常出现在一些长微博文案中，好的导语可以通过简短的描述快速体现文案的主要概况，能抓住消费者的注意力，使其对文案内容产生继续阅读的强烈欲望，并能引导消费者点击阅读正文内容。例如，服饰品牌 VERO MODA 的微博文案，如图 8-16 所示。该文案导语与文案主题一致，直接告诉消费者可以春夏款上市，引导消费者点击浏览详细内容。写作导语时可参考以下 3 点原则。

> **知识拓展》》》**
>
> 　　使用关联营销方法写作微博文案时，可以通过"@"功能告知被关联的对象，这个功能可以让关联营销的参与者更好地进行互动和联合营销。

图 8-16　使用了导语的微博文案

（1）简洁。微博对导语的限制是 44 字，因此文案写作者应该尽量使用简单明了的话语，让消费者能够快速理解文案所体现的信息。

（2）符合主题。导语是对正文内容的一个引导性叙述和抽象概括，因此导语要与文案的主题一致。

（3）风格多样化。导语需要尽量让消费者在阅读后产生融入感，使其产生阅读正文的兴趣。因此，文案写作者可以通过使用多种修辞手法来提升文案的趣味性，也可以添加一些时下的流行词汇来拉近与消费者之间的距离，尽可能使写作风格多样化，以吸引消费者的眼球。

知识拓展》》

一般来说，周五是转发微博的高峰时间，平日下午 3 点后发微博会增加转发概率。很多收费服务可监测你粉丝的在线时段，以告诉你何时有最多的受众。

6. 多元素搭配

多媒体技术的运用为微博文案增加了不少吸引力，在微博文案写作上，应充分利用多媒体技术，加入链接、图片和视频等，使文字与其有效地配合，增加信息传播的趣味性和表现力。例如，水果电商世果汇的微博文案，如图 8-17 所示。该文案直接使用视频展示了石榴的果肉，增加了消费者对商品质量的信心。

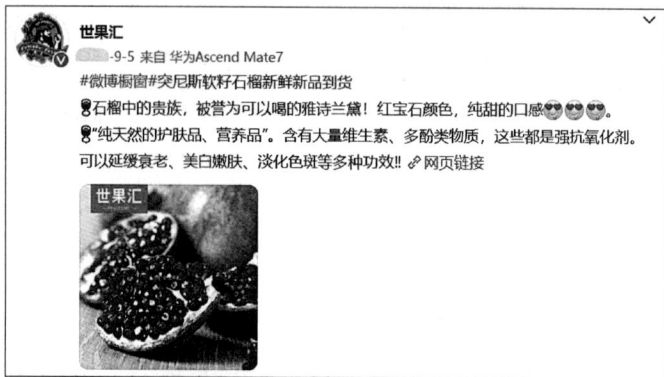

图 8-17　使用了图片的微博文案

二、微博文案的写作方法

微博就像一个公共资讯传播平台，比较开放，消息的引爆速度也很快。微博拥有几亿用户，每天产生的信息数量非常庞大，但用户一般都只会关注自己感兴趣的信息。对于微博营销来说，除了产品自身的价值，还需要策划具有吸引力的内容来吸引用户浏览、转发和评论。

1. 微博文案标题的写作方法

使用微博的过程中，我们不难发现，不少高点击率的微博文案都善于运用符号与各类句式来作为标题元素。标点符号是辅助文字，是书面语的有机组成部分，用来表示停顿、语气，以及词语的性质和作用。微博标题与其他标题一样，都要求能精练简短地表达文案的中心，更快地吸引受众的注意力，而对符号与句式的利用能帮助标题实现这一目的。标题中比较常用的符号有"【】"，""""?""!"等。

（1）"【】"符号。在微博短文案中，常用"【】"符号中的内容表示标题。有些微博文案的开头第一句就承担了标题的责任，既充分表意，又吸引受众的注意力。这时，其实可以将其用"【】"符号标注出来作为首句标题，将这种吸引力扩大。

（2）"，"符号。"，"符号不仅在微博正文中被频繁使用，在微博标题过长时也会被用来分隔、断句，使标题语义更清晰，避免因标题较长却没有断句带来的憋气感与不美观。

（3）"？"符号。"？"符号一般用于表达疑问与提问，在看到问号时，人们总是不自觉地思考所提出的问题，使标题更抓人眼球。

（4）"！"符号。"！"符号一般表示一种惊叹和震惊，还常伴随有一种强调语气，如"双十一超大优惠在这里，就问你服不服！""美容养颜学会这两个动作就够了！"因此，在微博标题中适当运用能传达出某种语气的符号或句式，能让受众对文案主题一目了然。文案写作人员在写作微博标题时，要善用这些符号小技巧。

2. 微博文案正文的写作方法

微博文案正文的字数较少，写作简单，其写法和其他文案的写法类似，唯一不同的是由于受字数的限制，我们需要将文案正文内容进行高度概括。如果正文内容确实很多，可以制作成长篇微博来发布。

> **知识拓展 >>>**
>
> "＃＃"符号除用于标题外，还用于话题。相比之下，在微博标题中使用"【】"符号最佳。

微博文案要受到大家的关注和被别人转发，其内容必须可以引发互动，有争议的话题、另类有趣的评论会得到更多关注和评论。下面总结几种微博文案正文的写作方法。

> **素养提升 >>>**
>
> 文案写作者应把握时代发展动向，紧跟时代脚步，抓住社会热点与营销目标的契合之处，让消费者从多角度了解世情、国情、党情、社情。在特定的条件下，电子商务文案写作者倡导消费者在纵横比较的互动中得到启迪和反思，通过文案使消费者紧跟时代发展动向，树立正确的理想信念、价值观念、道德观念。

1）引入故事

不同寻常和不可思议的事情往往能够引发人们的好奇心理，特别是新闻这种具有真实性、新鲜感，又有话题性的内容，非常具有可读性，能够快速吸引消费者的注意力。

在写作故事类的微博文案时，需要注意以下几点。

（1）可读性。采用新闻故事的写作方法能够更好地进行信息的传播，让人们快速查看到已发布的信息，并极大地丰富信息的背景，增加人们谈论的资本。采用这种方法要特别注意语言的描述，尽量采用积极、生动并具有闪光点的语言来进行描述，这样才能让消费者在环环相扣的故事讲述过程中产生新鲜感与好奇感，增加文章的可读性与趣味性。

（2）亲近性。大部分的消费者都不喜欢广告类的微博，因此要尽量通过较为日常与生活化的方式来进行描述，增加微博文案的生活气息，让人们有一种身临其境的感觉，以拉近与消费者之间的距离。

（3）真实性。既然文案源于新闻，就必须保证文案的真实性，不能为了博人眼球而夸大事实，欺骗消费者。

（4）叙述角度。新闻事件的主体是人，因此要从人的角度来进行写作，可以从人的性格、生活环境等角度来写作，抓住人物有特色的细节、语言特征，以人物细节为突破口，这样才能达到意想不到的效果，使文案具有感染力。

2）带入萌宠

在微博中，很多话题都是自带传播属性的，如萌宠。萌宠是一个现代流行词汇，指的是那些带有"萌"特质的宠物。这种宠物和传统的宠物不同，传统宠物是指养着用于玩赏、做伴的动物。而微博中的萌宠则不一定单指动物，植物、可爱的事物等都可以被称为宠物。

萌宠在微博中自带传播属性，不管是可爱的小狗、小猫、小兔子，还是可爱的多肉植物、玩偶等，都能很快受到大家的喜爱，从而获得大家的关注、评论、点赞或转发，如图 8-18 所示，制作美食视频的日食记官方微博（@日食记）就有一个萌宠"酥饼大人"。

> **知识拓展>>>**
>
> 近两年，微博上的消费者对萌宠的喜爱与日俱增，大家将自己比喻为"铲屎官"。例如，养猫的消费者在发布逗猫照片时配的文案一定是"日常吸猫"，没有养猫的消费者在评论时就会说"云吸猫"。这些都是网络流行语。要想文案契合受众喜好，一定要多看、多想，尽量了解每一个网络热点和流行语。

图 8-18 "日食记"微博

3）加入互动

在微博中互动很重要，不管是什么样的微博，如果在文案中提示了互动的一些关键词，很快就可以引起大家的兴趣，使他们纷纷参与到话题的讨论中。互动的形式有很多，一种是直接在微博评论中评论、转发，另一种是加入热门话题。

微博搞笑排行榜被大家称为"榜姐"（@微博搞笑排行榜），他的微博就充分利用了互动这一关键词，从最开始的纯分享到参与，"榜姐"的粉丝也越来越以加入话题中为乐，其每次发布的互动类微博文案，转发、评论和点赞数量都十分庞大，如图 8-19 所示。

这种互动主要体现在微博文案的评论上，任何人都可以参与到话题中，每个人都可能上热门评论或热门转发。当然，并不是发布一条互动微博就可以了，如果将评论中优秀的、点赞或回复最多的评论整理出来新发一条微博，让大家都觉得参与其中了，这样被关注的概率更高，下次发布微博文案时大家的参与热情也会逐渐增强。

图 8-19 互动式微博文案

除此之外，在微博中还有一种互动方式，就是微博抽奖。有很多品牌的官方微博在开通之初为了增加粉丝量，会联合其他已经有一定粉丝基础的微博大 V 做一些抽奖活动，消费者只要关注、转发微博账号，即可参与抽奖。

抽奖活动在微博中非常常见，很多品牌的账号也会定期发布有关抽奖活动的微博，有的抽奖要求可能是"关注＋转发"，有的可能是"关注＋评论"，有的甚至会随意从评论中挑选几个评论精彩的发奖。因为这种抽奖活动的要求比较简单，所以消费者很容易参与进来，如图 8-20 所示为济南交警官方微博（@济南交警官方微博）发布的抽奖活动微博文案。

图 8-20 互动抽奖式微博文案

4）热点借势

微博文案里面的借势营销是众多文案编写方法中最为常用的，微博借势的方法有很多，如借用网络热点发布微博文案，或者带上当前热门话题等，都属于热点借势。

（1）网络热点。微博上有消费者每年都会自发统计当年的网络热点、网络流行语等，爆红的网络流行语几乎都来自微博，如"YYDS""内卷""躺平""绝绝子""干饭人""凡尔赛""EMO""破防"等；热门话题如"穿秋裤""保温杯""枸杞""油腻中年男""90 后步入中年"等，这些热点和话题都可以作为品牌营销的切入点。

微博博主@胖虎鲸发了一条微博，大谈中年男性"去油腻"的步骤，列了不下十多条，瞬间引来了网友热议。当"中年男人"和"油腻"有了热度，一些品牌的借势营销随即紧跟其脚步而来。如图 8-21 所示的两条天猫官方微博（@天猫）就利用了"保温杯""枸杞""秋裤"等在"双 11"活动中发布了微博文案，引起了大家的关注。

图 8-21　引起热点话题讨论的微博文案

（2）热门话题。微博中的热门话题往往是一段时间内大多数用户关注的焦点，凭借话题的高关注度进行产品或服务的宣传，可以快速获得人们的关注。在选择话题时，还应注意热门话题的时效性，不能选择时间久远的话题。热门话题营销还要注意文案的措辞，不能使用生硬、低俗的话语进行牵强附会的关联，一定要保证文案与话题之间的自然关联与协调，不能引起用户的反感。

5）疑难解答

微博文案要引起用户的关注，其素材除选取新闻故事、热门话题外，还可选取与用户工作、生活息息相关的话题或普遍面临的问题、难题。文案写作者若能针对这些问题给出良好的解决方案，就可以得到用户的认可。如图 8-22 所示为一则微博文案，它通过直

> **知识拓展》》**
> 在利用热门话题进行微博文案的写作时，要注意从正面去挖掘、营销，切记不能进行低俗和负能量的文案创作。

截了当的方式，分享了一个将文件 PDF 格式转化为 Word 格式的网站，因其内容的实用性，既为网站进行了宣传，也增加了用户对该微博文案的好感。

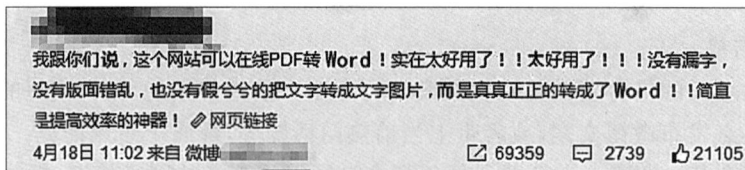

> 我跟你们说，这个网站可以在线PDF转Word！实在太好用了！！太好用了！！！没有漏字，没有版面错乱，也没有假兮兮的把文字转成文字图片，而是真真正正的转成了Word！！简直是提高效率的神器！ ∥网页链接
> 4月18日 11:02 来自 微博　　　　　　　　　　　　　　69359　　　2739　　21105

图 8-22　疑难解答型文案

6）趣味内容

当娱乐成为社会生活的重要元素之一，营销也越来越倾向于娱乐化、趣味化，微博也不例外。娱乐性和趣味性的话题更容易得到广泛和快速的传播，将推广营销信息巧妙地融合在趣味的情节中，可以成为吸引用户关注的有效方式。如图 8-23 所示，这则微博分享的是一个搞笑视频，容易吸引观众查看视频内容，并留言讨论和分享、转载。

除了趣味性的文本内容，微博文案还可以为微博搭配有趣、好看的图片来吸引用户。与

图 8-23　微博趣味性内容策划

文字相比,图片的表现能力更强,可以带给用户良好的视觉体验。图片类文案大多数只包含关键文案,句子简短精炼,或具有创意,或轻松诙谐,非常方便用户快速阅读,比起文字,更容易引起广泛的传播。

7) 逆向思维

逆向思维也叫求异思维,是对司空见惯的、已成定论的事物或观点进行反向思考的一种思维方式。在进行文案写作时,如果能够"反其道而思之",延伸自己的逆向思维,从问题的反面进行深入的探索,树

> **小思考》》》**
> 　　撰写微博产品推广文案,产品种类不限,但要求采用不同的写作方法,并与用户进行互动。

立新思想和形象,那么就可以更快地吸引消费者的眼球,并获得他们的青睐。因此,从反方向突破常规,是一种非常容易吸引消费者注意力的方式。

8) 关联特征

世界上的任何两个事物都能联系到一起,如牛奶和香蕉组合在一起可以成为香蕉牛奶,也能成为牛奶香蕉。写文案也是同样的道理,可以通过修辞手法(比喻、夸张、拟人等)将某一事物的特点与另一事物关联起来,以达到意想不到的效果。但需注意,不同事物之间的联想一定不能生硬,必须确实存在某些共同的特征,这样才能引起消费者阅读的兴趣,并博得他们的好感。

9) 制造话题

用网络流行语来说,微博上的"吃瓜群众"众多,何为吃瓜群众? 就是那些喜欢看热闹并且默默看热闹围观事件的人。很多微博文案都会利用大家喜欢吃瓜看戏的心情,刻意制造矛盾来引起大家的兴趣,使其随时关注事件的发展,这些微博文案往往能从中获取流量和关注。

知识拓展>>>

　　需要注意的是,制造话题的主要目的是获取关注,赢得大家对话题本身的讨论。这个话题一定要是良性的、善意的,我们切不能往恶意话题上倾斜,如恶意中伤其他品牌抬高自己、炒作等,因为这可能适得其反,只赢得一时的关注。

技 能 实 训

1. 实训题目

电子商务微博文案写作实训。

2. 实训目标

(1)通过教师讲解、案例讨论掌握相应知识点。

(2)初步学习团队合作,发挥每一位团队成员的能力,学习小组讨论、分析评价的方法,并对讨论问题进行记录和文字小结,完成案例讨论。

(3)形成初步的独立思考能力。

(4)培养初步的自主学习能力。

3. 实训内容与要求

(1)由教师介绍实训的目的、方式、要求,调动学生实训的积极性。

(2)由教师布置模拟实训题目,题目如下。

为"无线鼠标"新品发布编写一条微博文案,加入一个新话题或热门话题,增加微博文案关注度。

(3)对学生进行分组、确定各小组的组长和人员分工,学习小组学习方式,制订小组计划,明确团队任务及目标。

(4)由教师介绍电子商务微博文案写作的相关案例及讨论的话题。

(5)各小组进行讨论,并记录小组成员的发言。

(6)根据小组讨论记录撰写讨论小结。

(7)各组相互评议,教师点评、总结。

实训成果与检测

1. 成果要求

(1)提交案例讨论记录:教学分组按 3～5 名学生为一组,设组长 1 人、记录员 1 人,每组必须有小组讨论、工作分工的详细记录,以作为考核成绩的依据。

(2)能够在规定的时间内完成相关的讨论,学习团队合作方式,撰写文字小结。

2. 评价标准

(1)上课时积极与老师配合,积极思考、发言。

(2)认真阅读案例、积极参加小组讨论、分析问题思路较宽,案例分析基本完整,能结合所学理论知识解答问题。

(3) 团队配合较好,积极参与小组活动,分工合作较好。

本项目考核检测评价

1. 填空题

(1) 微博是_____的简称,是一个基于社交关系进行简短信息的获取、分享与传播的广播式社交网络平台,属于博客的一种。

(2) 微博文案主要是通过_____、_____、_____等互动行为来进行文案的传播的。

(3) 文案写作者如果没有把握好文案的_____和_____时间,那么就容易被同类商品或品牌抢占先机。

(4) 好的_____可以通过简短的描述快速体现文案的主要概况,能抓住消费者的注意力,引导消费者点击阅读正文内容。

(5)_____是辅助文字,是书面语的有机组成部分,用来表示停顿、语气,以及词语的性质和作用。

2. 判断题

(1) 微博文案在微博中以独特的广播式信息被流通传播,在资讯高速流动的当代,信息流动的速度越来越快,长篇文案更加适合阅读。 ( )

(2) 微博文案要受到大家的关注和被别人转发,其内容必须可以引发互动,有争议的话题、另类有趣的评论会得到更多关注和评论。 ( )

(3) 高点击率的微博文案都善于运用符号与各类句式来作为标题元素。 ( )

(4) 微博文案的写作实际上是创造有价值的内容。 ( )

(5) 发布一篇成功的微博文案后,尽量在长时间内引起众多用户的共鸣,进而接续转发,达到快速传播的目的。 ( )

3. 简答题

(1) 简述微博的特点。

(2) 简述微博文案必备的要素。

(3) 简述微博文案的写作要求。

(4) 简述海报文案标题的创作方式。

(5) 简述写作故事类微博文案需注意的内容。

(6) 简述微博文案正文的写作方法。

项目九

电子商务其他网络文案写作

（1）了解直播平台的写作内容。

（2）掌握直播平台的预告文案、脚本及话术的写作。

（3）掌握抖音短视频文案的写作。

学习重点、难点

1. 重点

（1）直播平台的预告文案、脚本及话术的写作。

（2）抖音短视频文案的写作。

2. 难点

运用电子商务其他网络文案写作的相关知识分析问题、解决问题。

思维导图

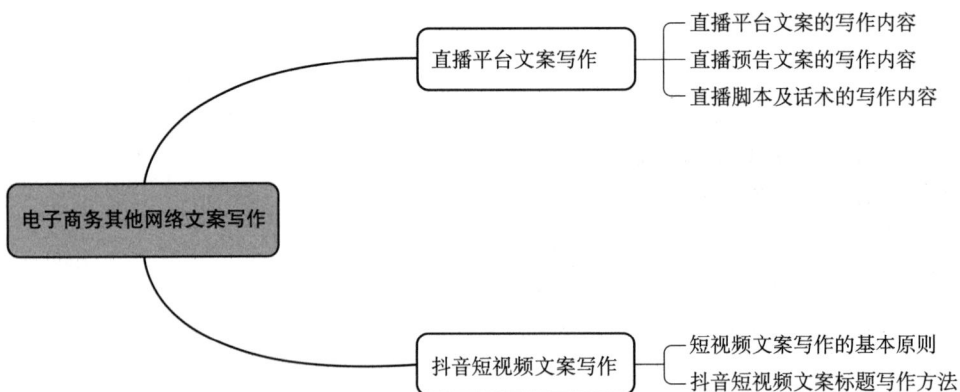

引例

不同题材的短视频文案

1. 激情体短视频文案

比亚迪品牌文案中提到："70年,我们的故事各不相同,但方向又如此相通。从源头的第一滴水开始,在艰难中涌出山缝,聚流成溪;在险峻中穿出山谷,交融成川。奔流于每寸热土,挺立于新能源潮头之上,从一滴水到一方水土,这个名字不断交织,不断壮大,越过汹涌的巨浪,迎向更辽阔的大海。在那里,我们不分你我;在那里,我们乘风破浪,打破旧的格局,踏出新的长空,成就世界级品牌。"比亚迪的这则短视频文案以豪迈的气势表达了成就世界级汽车品牌的雄心壮志,给人以力量。

2. 生活体短视频文案

顾家家居在短视频文案中表达家对人的支撑感。品牌从微小视角出发,讨论人与家的关系,为顾家家居找到和用户建立情感连接的新角度,即做你生活的小小支点。其短视频文案:"别总撑着了,也试试躺着、靠着、趴着。总在赶时间的你,可以坐这儿,等等时间。紧绷的人,躺着躺着就舒展了;累了一天的人,可以借你靠一靠。生活总有一些重量,但也总有一个能接住你的地方。生活,是有些重量的吧,但还好,累了,它托着;困了,它伴着;吃饱了,有它撑着;乏了,就被它拥着。只管加油吧,让它垫着;出发吧,它给你扶着;孤单时,它紧紧贴着。生活总有一些重量,但总有一个能接住你的地方,兜住你的疲惫,宠着你的任性,载着你的思念,抚慰你的悲欢。"

3. 文艺体短视频文案

某服装品牌在短视频文案中以极具文艺范的语言传达了自己的品牌态度:"旅行的尽头,那里什么都没有,空空荡荡,像你自己也不存在,像寂寞在唱歌。一次又一次的旅行,像一次又一次的探望。在草地和天空之间,灌满风的语言。自由的意志,是一个背包就装得下的一场远行,是山涧里的一阵清风。做一件风衣,为秋天送信。用空调衫,隔绝没有分寸感的冷气。初秋,本就是和夏天暧昧不清的关系。和任何一种生活,摩擦久了都会起球。觉得自己会重要起来,就是这样一件风衣。来条有廓形的裤子,也是松下来的一种方式。很大的口袋,装得下春天里的所有期待。"

辩证思考:运营者如何选择合适的短视频文案风格?

分析提示:运营者可以根据产品的类型和气质选择合适的文案类型。

在网络时代,新媒体已经成为电商商家重要的品牌和商品推广平台,甚至成了主要的营销宣传渠道。因为对于电商商家来说,消费者所带来的流量和转化率就是其生存的基础,而以今日头条、抖音等为代表的新媒体平台中就存在大量的潜在消费者。在这些平台中策划和写作推广文案,会为电商商家带来相当数量的消费者,且能完成引流和转化的任务,从而实现推广品牌和销售商品的目标。

任务一　直播平台文案写作

电商商家运用直播手段进行商品推广的方式类似于电视购物,通常以网红主播展示并讲解商品为吸睛点,在直观地展示商品的同时刺激消费者的消费欲望,从而达到售出商品的目的。直播平台推广文案需要写作的内容不多，主要以商品展示为主。

一、直播平台文案的写作内容

直播平台推广文案的写作内容主要包括以下两个部分。

1. 直播预告

在直播前，电商商家可以通过预告先对直播内容进行清晰的描述和介绍，让消费者提前了解直播内容。直播预告部分的文案包括标题、内容简介和预告视频等内容。

小思考>>>
请简要说明直播电子商务文案与传统电子商务文案的不同。

2. 商品描述

直播平台推广文案最重要的内容是商品展示，在直播的过程中，文案写作者要清楚地向消费者展示商品的特点，解答消费者对商品的疑惑，并且这些商品描述内容都需要提前完成写作。

二、直播预告文案的写作内容

直播预告文案的主要目的是吸引消费者的关注，尽可能多地吸引消费者观看直播。因此，直播预告文案的内容一定要简单明了，能够直击消费者的痛点。

1. 标题

一个好的标题应该能够准确地定位直播内容，并引起用户的观看兴趣。直播预告文案标题的字数不宜过多，需要控制在 12 个汉字以内，必须包含商品的核心卖点或具体的内容亮点，目的是第一时间让消费者对直播内容产生兴趣。

1) 直播标题的类型

直播标题可大致分为以下 3 种类型。

(1) 内容型标题。内容型标题主要体现直播推荐商品的功能和特点。例如，服装类直播会重点介绍如何搭配才能凸显身材和气质，因此可拟标题"教你如何搭配出完美夏日着装""今夏'最潮'穿搭""糟糕！是心动的穿搭"等，如图 9-1 所示；美妆类直播会重点介绍新款的商品，如"国货彩妆，重新定义妆容美学"，或介绍美妆商品的使用技巧等，如"轻松一抹，涂出好气色"。

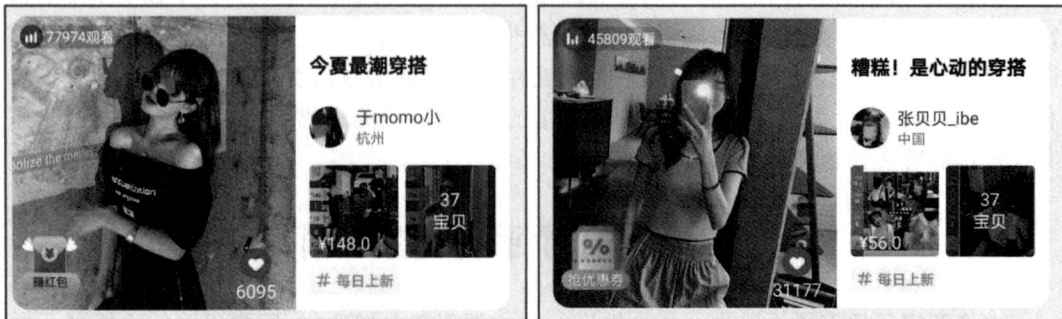

图 9-1　内容型标题

（2）活动型标题。活动型标题大多展示直播间商品的包邮条件、折扣优惠、限时抢购信息等，这样可以通过低价或促销活动吸引大部分用户进入直播间，如"新品一折，福利发不停""品牌女装，折扣秒杀"等，如图 9-2 所示。

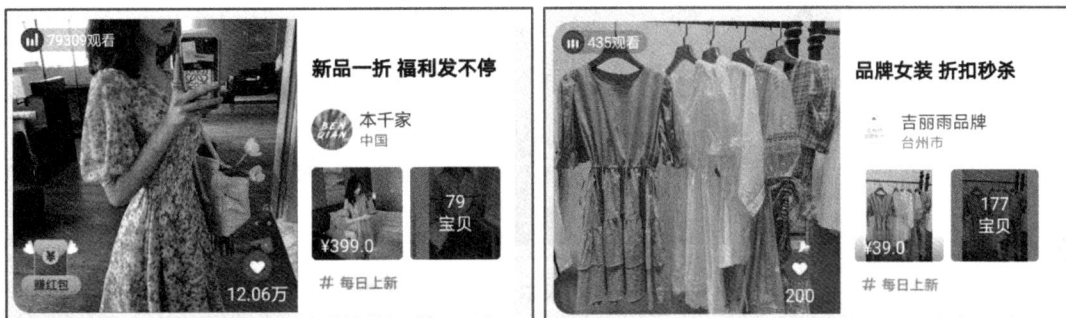

图 9-2　活动型标题

（3）福利型标题。福利型标题与活动型标题很相似，都是展示利益点，让用户心动。福利型标题的内容大多为关注有礼、随机抽奖、直播间赠送商品等，一般是为了"引流"、增加粉丝，用少量的成本吸引流量，为之后的销售做好铺垫，如"关注主播，买鞋送券、送袜""直播间指定款买一送一"，如图 9-3 所示。

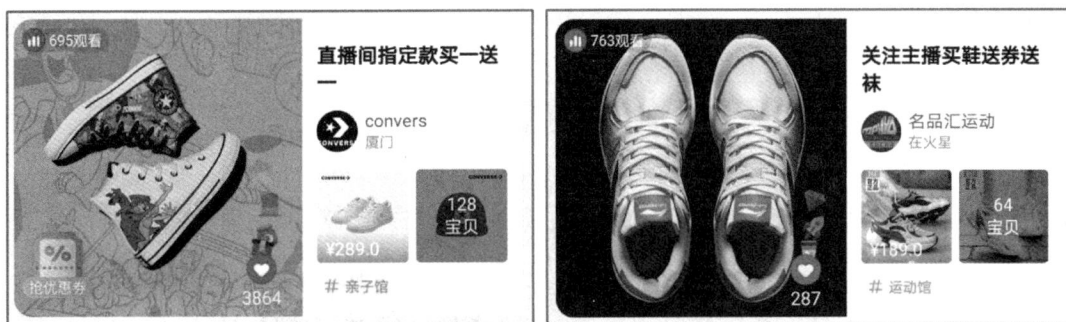

图 9-3　福利型标题

2）直播标题写作方法

直播标题写作可以运用以下 8 种方法。

（1）戳中痛点。所谓戳中痛点，是指以用户在生活中的烦恼为核心，将商品与解决烦恼的方式联系在一起，巧妙地运用到直播标题中。只要能戳中用户的痛点，就一定会引起他们的注意力。

例如，做穿搭直播的文案写作者可以在标题中这样写："美衣让你占中心位：想显瘦的女生一定要这样穿。"这对于想穿衣显瘦的用户来说，能使其产生点进去观看直播的想法。而做家居商品推荐的文案写作者可以在标题中写"枕头不对，一夜难眠"，这对于睡眠质量差的用户来说有着很强的吸引力。"喝水不沾杯的唇釉"对于那些买到质量差、掉色严重的唇釉的用户来说非常具有吸引力，如图 9-4 所示。

要想精准地戳中用户的痛点，文案写作者就要深入挖掘用户的需求，了解他们想解决的问题，并将其与商品的功能和特色联系起来。

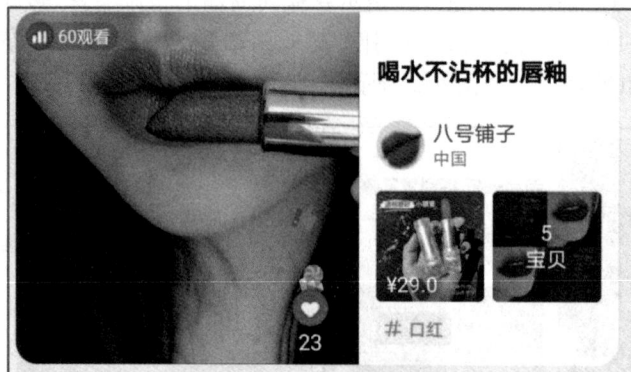

图 9-4　"喝水不沾杯的唇釉"

（2）逆向表达。一般情况下，文案写作者肯定希望用户看到直播广告时能迅速点开直播间进行观看，接受自己的推荐，所以很多文案写作者起的标题是"跌破底价！走过路过不要错过！"如果大家都这样说，用户就会逐渐麻木，不太容易被吸引。因此，文案写作者可以另辟蹊径，运用逆向思维，从另外的角度看事物，逆向表达，从而吸引用户的注意中的"别点"先引起反差，再告诉用户为什么，因为"点就省钱"。如果刚好是用户喜欢的商品，则用户点击进去观看的可能性就非常大，如图 9-5 所示。与之类似的还有"小贵，但有很多人买"等。

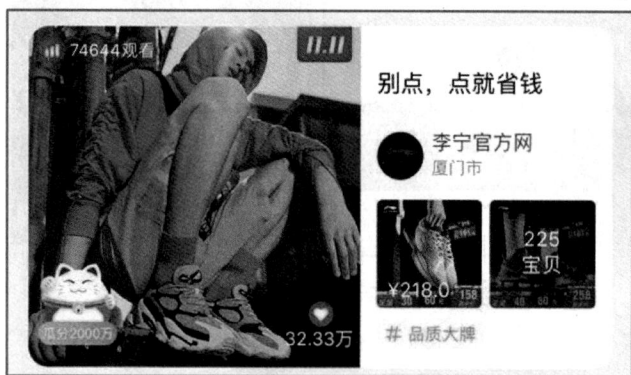

图 9-5　逆向表达

（3）利用好奇心。好奇是人的天性，因此文案写作者可以合理利用人的好奇心来写标题，制造悬念，从而吸引用户的眼球，提升观看直播的兴趣。在标题中提问就是一种不错的制造悬念的方式，如图 9-6 所示。提问的作用在于强调问题的存在，而当人们发现这个问题刚好自己也存在时，他们会对问题进行思考，从而点击进入直播间一探究竟。

（4）借势热点。有热点的地方就会有流量。大部分人都对热点话题感兴趣，所以借势热点也能增加点击率，这就是新媒体文案写作要蹭热点的原因。对于直播来说也是如此，文案写作者可以通过在标题中借势热点来增加观看量。文案写作者所借的热点可以是节日热点，也可以是热点事件。例如，在中秋节到来之际，一些文案写作者就抓住"中秋节"这个节日热点来写直播标题，如图 9-7 所示。

图 9-6　利用好奇心

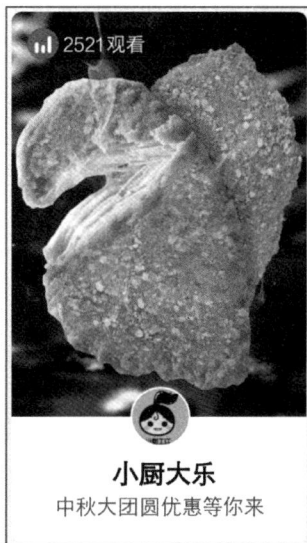

图 9-7　借势热点

　　（5）传达利益点。传达利益点就是给用户传递类似"不仅可以在直播间买质优价廉的商品,还可以学到实用技能,获得实用知识"这样的信息。这种方法抓住了用户想从直播中满足精神层面需求的心理,如"一对一指导,精准解决问题性肌肤""新手都可以学会的化妆技巧"等。如图 9-8 所示为钢琴工艺技师在直播间教大家关于钢琴的知识。

　　（6）传递紧迫感。让标题充满紧迫感是召唤行动的一种表示,感受到紧迫感的用户会迅速点击进入直播间观看直播。例如,"福利大放送！手慢无",这类标题迎合了用户"爱占便宜"的心理,怕错过好货或福利的用户会迫不及待地进入直播间抢购,如图 9-9 所示。

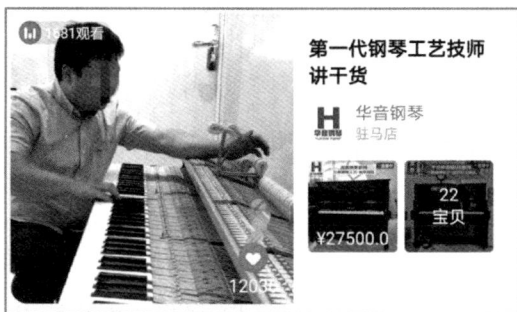

图 9-8　传达利益点

图 9-9　传递紧迫感

（7）制造娱乐效果。现在人们的生活压力很大，所以轻松幽默、带有娱乐效果的直播内容也非常受欢迎，直播标题也可以采用幽默的语言迅速吸引用户的目光，如"我这就是瘦，不接受反驳"等。

（8）巧借数字。在众多直播界面中，用户对单个直播标题的浏览时间往往不会超过1秒，要想在如此短的时间内抓住用户的眼球，文案写作者可以巧借数字，让直播标题变得更加直观和简洁。人的大脑会筛选掉那些同质化的信息，优先识别不同的信息。而在标题中使用数字可以增强标题的辨识度，降低大脑的思考难度，从而迅速吸引用户的注意，如图 9-10 所示。

图 9-10 巧借数字

知识拓展>>>

写作直播预告文案标题的 5 点技巧。

（1）标题要尽量展示品牌或商品的风格。

（2）标题要触及消费者的痛点。

（3）可以在标题中描绘出消费者的使用场景。

（4）标题内容要简单明了。

（5）标题中尽量不要出现价格和优惠信息，可以将其放置到内容简介中。

2. 内容简介

内容简介是对标题的解释或对直播内容的概括，字数应控制在 140 字以内。直播预告文案的内容要简单、不拖沓，可以是介绍直播嘉宾、粉丝福利、特色场景、主打商品故事等内容，文案写作者要从能够吸引消费者的角度来进行写作。

3. 预告视频

预告视频可以是相关的小视频、各种场景的造型秀，也可以是商品的使用视频等，总之要尽量展示商品的核心卖点，突出其与众不同之处。

三、直播脚本及话术的写作内容

一场直播成功与否，决定性因素是文案写作者的内容输出。只要直播的内容有特色，就很容易吸引人。那么，如何打造一场成功的直播呢？撰写优质的直播脚本和话术是关键因素之一。

1. 直播脚本设计

一份清晰、详细、可执行的直播脚本是直播顺利进行，并取得良好效果的有力保障。

（1）整场直播活动脚本设计。一场直播通常会持续几个小时，在这几个小时里，主播先讲什么、在什么时间互动、在什么时间推荐商品、在什么时间送福利等，都需要提前规划好。因此，直播文案写作者需要提前协助运营团队准备好整场直播活动脚本。

优秀的整场直播活动脚本一定要考虑到细枝末节，让主播从上播到下播都有条不紊，让每个参与人员、道具都得到充分的调配。表 9-1 所示为一份整场直播活动脚本的示例。

表 9-1 直播活动脚本

直播活动概述			
直播主题	秋季护肤小课堂		
直播目标	"吸粉"目标:吸引 10 万名用户观看 销售目标:从直播开始至直播结束,直播中推荐的 3 款新品销量突破 10 万件		
主播、副播	主播:××、品牌主理人、时尚博主;副播:××		
直播时间	2020 年 10 月 8 日,20:00~22:30		
注意事项	①合理把控商品讲解节奏; ②适当提高商品功能的讲解时间; ③注意对用户提问的回复,多与用户进行互动,避免直播冷场		

		直 播 流 程		
时间段	流程安排	人 员 分 工		
		主 播	副 播	后台/客服
20:00—20:10	开场预热	暖场互动,介绍开场截屏抽奖规则,引导用户关注直播间	演示参与截屏抽奖的方法;回复用户的问题	向粉丝群推送开播通知;收集中奖信息
20:10—20:20	活动剧透	剧透今日新款商品、主推款商品,以及直播间优惠力度	补充主播遗漏的内容	向粉丝群推送本场直播活动
20:20—20:40	讲解商品	分享秋季护肤注意事项,并讲解、试用第一款商品	配合主播演示商品使用方法和使用效果,引导用户下单	在直播间添加商品链接;回复用户关于订单的问题
20:40—20:50	互动	为用户答疑解惑,与用户进行互动	引导用户参与互动	收集互动信息
20:50—21:10	讲解商品	分享秋季护肤补水的技巧,并讲解、试用第二款商品	配合主播演示商品使用方法和使用效果,引导用户下单	在直播间添加商品链接;回复用户关于订单的问题
21:10—21:15	福利赠送	向用户介绍抽奖规则,引导用户参与抽奖、下单	演示参与抽奖的方法	收集抽奖信息
21:15—21:40	讲解商品	讲解、试用第三款商品	配合主播演示商品使用方法和使用效果,引导用户下单	在直播间添加商品链接;回复用户关于订单的问题
21:40—22:20	商品返场	对 3 款商品进行返场讲解	配合主播讲解商品;回复用户的问题	回复用户关于订单的问题
22:20—22:30	直播预告	预告下一场直播的时间、福利、直播商品等	引导用户关注直播	回复用户关于订单的问题

（2）直播中单品脚本的设计。单品脚本是指针对单个商品的脚本。在一场直播中，主播会向用户推荐多款商品，主播必须对每款商品的特点和营销手段有清晰的了解，从而更好地将商品的亮点和优惠活动传达给用户，刺激用户的购买欲。因此，为了帮助主播明确商品卖点，熟知每款商品的福利，直播运营团队中的文案写作者应为直播中的每款商品都准备一份对应的直播脚本。

直播运营团队中的文案写作者可以将单品脚本设计成表格形式，将品牌介绍、商品卖点、直播利益点、直播时的注意事项等内容都呈现在表格中，这样既便于主播全方位地了解直播商品，也能有效地避免在人员对接过程中产生疑惑或不清楚的地方。表 9-2 所示为某品牌一款电热锅的单品脚本。

表 9-2　某品牌一款电热锅的单品脚本

项目	商品宣传点	具　体　内　容
品牌介绍	品牌理念	××品牌以向用户提供精致、创新、健康的小家电产品为己任，该品牌主张以愉悦、创意、真实的生活体验丰富人生，选择××品牌不只是选择一个产品，更是选择一种生活方式
商品卖点	用途多样	具有煮、涮、煎、烙、炒等多种烹饪功能
	产品具有设计感	①分体式设计，既可以当锅用，也可以当碗用； ②容量适当，一次可以烹饪一个人、一顿饭的食物； ③锅体有不粘涂层，清洗简单
直播利益点	"双十一"特惠提前享受	今天在直播间内购买此款电热锅享受与"双十一"活动相同的价格，下单时备注"主播名称"即可
直播时的注意事项		①在直播进行时，直播间界面显示"关注店铺"卡片； ②引导用户分享直播间、点赞等； ③引导用户加入粉丝群

2. 直播营销语言技巧设计

对主播来说，语言技巧水平的高低直接影响直播间商品的销售效果。直播营销语言技巧是商品特点、功效、材质的口语化表达，是主播吸引用户停留的关键，也是促使成交的关键。因此，在直播营销前，文案写作者应提前拟写好脚本，以便于主播在直播中巧妙地设计直播营销语言技巧。

1）直播营销语言技巧设计要点

语言技巧设计是指根据用户的期望、需求、动机等，通过分析直播商品所针对的个人或群体的心理特征，运用有效的心理策略组织的高效且富有深度的语言。直播营销语言技巧并不是单独存在的，它与主播的表情、肢体语言、现场试验、道具使用等密切相关。因此，设计直播营销语言技巧时需要把握好以下要点。

> **知识拓展》》》**
>
> 很多新手主播经常把语言技巧作为一种模板或框架来套用，但需要注意的是，语言技巧并不是一成不变的，要活学活用。

（1）语言技巧设计口语化，富有感染力。高成交率的直播语言技巧设计的重点是主播在介绍商品时的语言要口语化，同时搭配丰富的肢体语言、面部表情等，使主播的整体表现具有很强的感染力,能够把用户带入描绘的场景中。

例如,主播要介绍一款垃圾袋,如果按照说明书上的文字进行严肃而正式的介绍:"这款垃圾袋的材质是聚乙烯,抗酸碱性能、抗冲击性能、抗寒性能好,安全无异味,袋壁加厚处理,耐撕扯,耐穿刺。"用户听上去可能没有什么感觉。

但是,如果设计一段偏口语化的语言技巧,效果可能会完全不同:"不知道大家有没有遇到过类似的情况:倒垃圾时垃圾袋经常会漏出一些带腥味的液体,味道很难闻,有时候不得不套两个垃圾袋。在超市里买的垃圾袋明明写着是加厚的,买回来一看还是很薄。如果有人遇到这种情况,那你一定要买这款垃圾袋。我特别喜欢它的款式,带着一个抽拉绳,能够非常牢固地套在垃圾桶上。它能承重 10 千克,日常装垃圾完全没有问题,非常方便耐用,直接买就对了。"这样一段浅显易懂的话术加上直播现场的操作演示,能够直接戳中用户的痛点,让用户感受更真实,更容易做出购买行为。

(2)语言技巧信息量适中。文案写作者可以根据直播内容的不同灵活掌握话术信息量,如果想促成用户下单,主播语速可以适当快一些,语言技巧信息量应控制在 150 字/分钟左右;如果要讲专业性的内容,主播语速可以稍微慢一些,语言技巧信息量控制在 130 字/分钟左右,这样更能体现出权威性。

2)直播营销常用语言技巧

按照直播营销的一般流程,直播营销的常用语言技巧内容如表 9-3 所示。

表 9-3 直播营销的常用语言技巧示例

语言技巧应用场景	语言技巧	示 例
直播预告	说明直播主题、直播时间、直播中的利益点	明天下午 8 点,母亲节来啦!一定要锁定××直播间,福利已经为你们准备好啦!转发并直播间关注,抽出 100 位幸运儿平分一万元现金红包哦!
开播欢迎	介绍直播商品情况,介绍优惠或折扣力度	嗨,大家好,我是××,欢迎大家来到××直播间,今天是"618",年中大促销,我为大家带来×款超值商品,今天直播间的朋友可以享受超低直播价哦!
	制造直播稀缺感	嗨,大家好!欢迎来到直播间,今天晚上的直播有超多的惊喜等着你,超高品质的商品都是超低价"秒杀",机会难得,大家一定不要错过哦!
	引导用户互动留言,激发用户的参与感	感谢大家百忙中来看我的直播,大家今天晚上有没有特别想实现的愿望啊?大家可以在评论区分享哦,万一我一不小心就帮你实现了呢?
开播暖场	设置抽奖活动,引导用户参与互动	话不多说,正式开播前先来一波抽奖,今天是母亲节,在评论区输入口号"妈妈我爱你",我会随机截屏 5 次,每屏的第一位朋友将获得 80 元现金红包
引导关注	强调福利,引导关注	刚进直播间的朋友们,记得点左上角按钮关注直播间哦!我们的直播间会不定期发布各种福利
	强调签到领福利	喜欢××直播间的朋友,记得关注一下直播间哦,连续签到 7 天可以获得一张 20 元优惠券
	强调直播内容的价值	想继续了解服装搭配技巧/美妆技巧的朋友们,可以关注一下主播哦!

语言技巧应用场景	语言技巧	示　　例
邀请用户进群	设置福利,体现服务内容的价值	今晚我们为观看直播的朋友们专门建立了一个免费的美妆交流群,欢迎加入,我会不定期在群里为大家分享一些护肤方法和化妆技巧
活跃直播间氛围	强调优惠	这款翡翠手镯市场价格是 16800 元,今晚直播间的朋友们下单只需 7999 元就能买到,可以送给妈妈、送给爱人,真的特别值!
	强调价值	21 天绝对让你的 PPT 水平上一个新台阶!
	使用修辞手法	啊! 好闪,钻石般闪耀的嘴唇!
转场引起下文	提问互动,引出下文	看了刚才的 PPT 演示,不知道大家以前是怎么做的呢,欢迎在评论区里留言哦!
	说明商品特色,引出下文	下面我教大家如何在 15 秒内画好眼线,有人会说这怎么可能呢? 因为我有这款非常好用的眼线笔
激发用户对商品的兴趣	提高商品的价值感	我给大家争取到了最优惠的价格,现在买到就是赚到
	打破传统认知	买这个颜色的口红,是你驾驭口红的颜色,而不是口红的颜色驾驭你
	构建商品的使用场景	穿着白纱裙在海边漫步,享受温柔海风的吹拂,空气里仿佛充满了夏日阳光的味道
	强调商品的细节、优点	这款便携式榨汁机是我用过的榨汁机中最好的一款,它的外观设计和安全设计非常好! 今天我为大家争取到了 7 折的优惠价,买了它绝对超值!
引导用户下单	强调售后服务	我们直播间的商品都支持 7 天无理由退货,购买后如果对商品不满意是可以退货的,大家放心购买
	与原价做对比	这款商品原价是×元,为了回馈大家的厚爱,现在只要×元,喜欢这款商品的朋友请不要再犹豫了,错过今天只能按原价购买了
	限时、限量、限购,制造紧张感	最后 50 件,大家抓紧时间下单吧; 库存还剩 40 件、26 件…… 今天的优惠力度是空前的,这款商品今天商家只给了×件,今后再也不会按这个价格卖了; 福利价购买的名额仅有×个,先到先得! 目前还剩×个名额,赶快点击左下角的购物袋按钮抢购哦!
	强调价格优惠	这个真的很划算,3 包方便面的钱就能买到; 这款液体眼线笔真的值得买,一支能用一年,算下来一天不到 0.3 元
	引导查看商品链接	大家如果想要了解更多的优惠信息,一定要点击"关注"按钮关注主播,或直接点击商品链接查看商品详情
	引导加入购物车	如果大家还没有想清楚要不要下单,什么时候下单,完全可以先将商品加入购物车,或先提交订单抢占优惠名额

续表

语言技巧应用场景	语言技巧	示　　例
下播	表达感谢,引导关注	谢谢大家,希望大家都在我的直播间买到了称心的商品,点击关注按钮,明天我们继续哦!
	引导转发,表达感谢	请大家点击一下右下角的转发链接,和好朋友分享我们的直播间,谢谢!
	强调直播间的价值观	我们的直播间给大家选择的都是性价比超高的商品,直播间里的所有商品都是经过我们团队严格筛选,经过主播亲身试用的,请大家放心购买。好了,今天的直播就到这里了,明天再见!
	商品预告	大家还有什么想要的商品,可以在交流群里留言,我们会非常认真地为大家选品,下次直播推荐给大家
	预告直播利益点	好了,还有×分钟就要下播了,最后再和大家说一下,下次直播有你们最想要的×××,优惠力度非常大,大家一定要记得来哦!

任务二　抖音短视频文案写作

　　与大多数新媒体平台的推广文案类似,抖音短视频推广文案也主要由标题和正文两部分组成。标题展示的是短视频的主题,可以通过借热点、保持神秘感、让消费者产生新奇感和设置悬念等技巧进行写作,以刺激消费者产生点击的欲望。正文其实就是短视频中的台词,需要提前写好,这样才能保证拍摄顺利进行。

一、短视频文案写作的基本原则

　　短视频推广文案是为短视频的内容服务的,目的是向消费者全面展示商品的功能和卖点。因此,写作短视频推广文案必须遵守以下 4 个原则。

1. 真实原则

　　短视频推广文案是通过视频来展示商品的,视频内容可以进行创意性的设计,但因为商品是现实中存在的,所以任何创意都必须基于商品的真实信息,这样才能获得消费者的信任,并最终促成商品交易。

> **素养提升**>>>
> 　　文案写作者在新媒体平台上进行文案创作时,要注意细节,秉持敬业精神,有兴趣和热爱,具备团队责任感和荣誉感,才能把事情做好。

2. 成本原则

　　写作短视频推广文案的目的是通过视频来引导消费者购物,但在构思创意的过程中,文案写作者往往会因为忽视了实现创意的可能性,而使创意在执行过程中因技术限制或者预算限制等原因无法实现。天马行空的创意很容易被写作成文案,但是真正把这些文案转化成短视频却需要付出非常大的代价,这就可能导致制作成本提高,并会影响短视频的完成效果。

3. 大众原则

短视频需要向大多数消费者展示，而不是只向定位精准的消费群体展示。因此，文案写作者需要把推广文案写得通俗易懂，要让短视频的拍摄者和观看者都能明白文案所表达的主题和意义。

4. 全面原则

短视频推广文案就是视频的剧本，文案写作者需要将所有的台词都写作出来，包括各个分镜头，以及针对观众可能提出的问题进行的预设回复等，这些内容都需要出现在文案中。

> **知识拓展»»»**
>
> 对于稀缺的东西，用户普遍容易更快地做出决策，直接点击浏览。因此，标题中带有稀缺内容，更易激发用户点击视频的欲望。

二、抖音短视频文案标题写作方法

抖音是目前很流行的短视频新媒体平台，下面就根据抖音平台中视频推广文案标题的具体例子来介绍其写作方法。

1. 抖音短视频热门标题盘点

对于短视频来说，其文案标题能使消费者快速了解短视频内容并产生记忆与消费冲动。标题写得越好，越容易获得巨大的播放量，而播放量的基数越大，商品销售的转化率就越高。表 9-4 所示为某段时间发布的播放量达到 100 万以上的抖音短视频的标题及其特点。

表 9-4　抖音短视频热门标题及其特点

标　　题	特点
60 平方米，只花 5 万装修，就像住在爱琴海边！	场景化
T 恤热裤的新潮搭配，淑女小可爱随意切换！	好处利益
豆浆机突然爆炸，专业检测结果让人目瞪口呆！	恐吓
真的有甜过初恋的水果吗？	好奇心
不到 1 元 1 斤，便宜的蔬菜却有人参一样的营养	逆向思维
××同款纯白连衣裙，穿出仙女范	名人
端午节的粽子，适合搭配什么饮料？	热点
再不买空调，家里就要变成撒哈拉了	夸张
爱上一个不回家的人，等待一扇不开启的门	流行词

2. 抖音短视频推广文案标题的写作注意事项

除了参考常见的电商文案标题的写作技巧，写作抖音短视频推广文案的标题还有以下 4 点注意事项。

（1）字数适中。对于抖音短视频来说，文案标题的字数太少就可能无法准确地展示商品卖点和文案主题，字数太多则可能会影响消费者的阅读耐心。因此，标题字数要适中，这样才能尽最大可能吸引消费者点击。

（2）使用标准的格式。抖音短视频标题中的文字是有标准格式的，如数字应该写成阿拉伯数字,写作时尽量用中文表达、减少外语的使用等,这样会方便消费者阅读。

（3）使用修辞手法。除陈述句外,标题中还可以使用反问、对比、夸张、比喻等修辞手法来提高标题的表达效果,从而吸引消费者的注意力。

（4）合理断句。抖音短视频面向的是更广泛的消费群体,为了使消费者能迅速理解标题意义,文案写作者最好要对标题进行合理断句。这样不但能使标题包含更多的内容,还可以减少消费者的阅读负担,并能将主题内容表述得更清晰。

> **小思考》》》**
> 高点击量的抖音标题选取技巧有哪些?

技 能 实 训

1. 实训题目

电子商务其他网络文案写作实训。

2. 实训目标

（1）通过教师讲解、案例讨论掌握相应知识点。

（2）初步学习团队合作,发挥每一位团队成员的能力,学习小组讨论、分析评价的方法,并对讨论问题进行记录和文字小结,完成案例讨论。

（3）形成初步的独立思考能力。

（4）培养初步的自主学习能力。

3. 实训内容与要求

（1）由教师介绍实训的目的、方式、要求,调动学生实训的积极性。

（2）由教师布置模拟实训题目,题目如下。

在淘宝网中选择一款运动鞋,为其写作一篇抖音短视频推广文案,要求其内容包括标题和正文,且正文要有两个场景。

（3）对学生进行分组、确定各小组的组长和人员分工,学习小组学习方式,制订小组计划,明确团队任务及目标。

（4）由教师介绍电子商务其他网络文案写作的相关案例及讨论的话题。

（5）各小组进行讨论,并记录小组成员的发言。

（6）根据小组讨论记录撰写讨论小结。

（7）各组相互评议,教师点评并总结。

实训成果与检测

1. 成果要求

（1）提交案例讨论记录:教学分组按 3~5 名学生为一组,设组长 1 人、记录员 1 人,每组必须有小组讨论、工作分工的详细记录,以作为考核成绩的依据。

（2）能够在规定的时间内完成相关的讨论,学习团队合作方式,撰写文字小结。

2. 评价标准

（1）上课时积极与老师配合，积极思考、发言。

（2）认真阅读案例、积极参加小组讨论、分析问题思路较宽，案例分析基本完整，能结合所学理论知识解答问题。

（3）团队配合较好，积极参与小组活动，分工合作较好。

本项目考核检测评价

1. 填空题

（1）_____是指根据用户的期望、需求、动机等，通过分析直播商品所针对的个人或群体的心理特征，运用有效的心理策略组织的高效且富有深度的语言。

（2）_____是为短视频的内容服务的，目的是向消费者全面展示商品的功能和卖点。

2. 判断题

（1）直播营销语言技术并不是单独存在的，它与主播的表情、肢体语言、现场试验、道具使用等密切相关。 （ ）

（2）一场直播中，主播先讲什么、什么时间互动、什么时间推荐商品、什么时间送福利等，不需要提前规划好。 （ ）

（3）想在如此短的时间内抓住用户的眼球，文案写作者可以巧借数字，让直播标题变得更加直观和简洁。 （ ）

（4）要想精准地戳中用户的痛点，文案写作者就要深入挖掘用户的需求，了解他们想解决的问题，并将其与商品的功能和特色联系起来。 （ ）

3. 简答题

（1）简述直播营销语言技巧设计要点。

（2）简述写作短视频推广文案必须遵守的原则。

（3）简述抖音短视频推广文案标题的写作注意事项。

参 考 文 献

[1] 张克夫,李丽娜. 跨境电子商务文案策划与写作[M]. 2版. 北京:清华大学出版社,2021.

[2] 张晓芸,王昌云. 电子商务文案 策划写作、视觉营销与平台推广[M]. 北京:人民邮电出版社,2020.

[3] 喻红艳、陈庆盛. 电商文案创意与写作[M]. 北京:人民邮电出版社,2020.

[4] 孙清华、吕志君. 电商文案写作与传播[M]. 北京:人民邮电出版社,2019.

[5] 廖敏慧、吴敏、李乐. 电子商务文案策划与写作[M]. 2版. 北京:人民邮电出版社,2019.

[6] 付珍鸿. 电子商务文案创意与撰写[M]. 北京:电子工业出版社,2019.

[7] 龚芳、刘宁、焦韵嘉. 电子商务文案策划与写作[M]. 2版. 北京:北京邮电大学出版社,2018.

[8] 孙清华. 超级转化力 电商爆品文案写作指南[M]. 北京:人民邮电出版社,2018.

[9] 陈庆、黄黎、徐艺芳. 移动商务文案写作[M]. 2版. 北京:人民邮电出版社,2018.

[10] 宋俊骥、孔华. 电子商务文案——创意、策划、写作[M]. 北京:人民邮电出版社,2018.

[11] 张国文. 打动人心电商文案策划与视觉营销[M]. 北京:人民邮电出版社,2017.

[12] 兰晓华. 说服力 电商文案这样写才有效[M]. 北京:清华大学出版社,2016.